教育学课程思政

教学案例设计与应用

邓亮 编著

江西人民出版社
Jiangxi People's Publishing House
全国百佳出版社

图书在版编目（CIP）数据

教育学课程思政教学案例设计与应用／邓亮编著．--
南昌：江西人民出版社，2021.11
ISBN 978-7-210-13587-6

Ⅰ．①教…　Ⅱ．①邓…　Ⅲ．①高等学校－思想政
治教育　教学研究　中国　Ⅳ．① G641

中国版本图书馆 CIP 数据核字（2021）第 230060 号

教育学课程思政教学案例设计与应用　　　　　邓亮　编著
JIAOYUXUE KECHENG SIZHENG JIAOXUE ANLI SHEJI YU YINGYONG

责 任 编 辑：邓丽红
封 面 设 计：同异文化传媒

江西人民出版社　出版发行
Jiangxi People's Publishing House
全国百佳出版社

地　　　　址：江西省南昌市三经路 47 号附 1 号
网　　　　址：www.jxpph.com
电 子 信 箱：551904078@qq.com
编辑部电话：0791-86898702
发行部电话：0791-86898815
承 印　　厂：北京虎彩文化传播有限公司
经　　　销：各地新华书店

开　　　本：787 毫米 ×1092 毫米　1/16
印　　　张：17
字　　　数：280 千字
版　　　次：2021 年 11 月第 1 版
印　　　次：2021 年 11 月第 1 次印刷
书　　　号：ISBN 978-7-210-13587-6
定　　　价：56.00 元
赣版权登字 -01-2021-652

课程信息

一、课程简介

教育学课程是教师教育类专业的主干课程，也是师范院校的专业特色课程。目前，该课程所使用的教材为《教育学原理》（项贤明主编，高等教育出版社，2019年版），该教材为马克思主义理论研究和建设工程重点教材，包括有教育学及其发展、教育及其本质、教育与社会发展、教育与人的发展等共十一章内容。本课程通过探讨教育学的基本概念、基本理论与基础知识，具体包括教育与教育学的发展、教育功能、教育目的、教育主体、教育途径、学校教育制度等基本原理，以探究教育规律和教育艺术。本课程以知识逻辑为主线，以问题实践为导向，做到理论性、基础性和前沿性的结合。学生通过本课程的学习，需要掌握教育的基本理论知识和相应的教学实践技能，能够自觉运用相关的教育知识去分析和解决日常生活中的教育现象和教育问题，同时能够树立正确的价值观念，激发积极的教育情感，增强对教育事业的信念和责任感，为将来的学习和工作奠定基础。

二、教学目标

按照知识、能力、情感的三维目标，结合教育学课程的性质特点、学生身心发展特征和毕业要求，设计以下课程学习目标。

在知识目标方面，系统掌握教育学的理论知识和实践知识，增强学生的教育学学科理论素养，能熟练运用所学教育学知识全面科学地分析教育现象、发现和解决实际教育问题。

在技能目标方面，掌握教育教学基本技能，使学生具备初步的学校教学与学校班级管理能力基础，同时让学生掌握行之有效的学习方法，教育理论与实践结合的能力，形成良好的实践能力和反思能力。

在情感目标方面，让学生了解教育在社会主义现代化建设中的地位和作用，理解学校教育在个体发展中的独特价值和重要意义；树立可持续的教师专业发展观和以学生为中心的学生观，让学生坚定将来立志从事教育工作的初心使命，培养对于我国社会主义教育事业的情感认同，投身于社会主义教育事业当中。

目 录
CONTENTS

案例一　知行合一的教育家：陶行知

一、案例（材料）简介

民国时期，承继晚清以来的中西交流，科学、文化、思想、艺术各类大师巨擘层出不穷，百花齐放，百家争鸣，可以说是中国近现代文化发展的最高峰。在教育界，首屈一指当数陶行知。

陶行知先生毕生致力于教育事业，对我国教育的现代化做出了开创性的贡献。他不仅创立了完整的教育理论体系，而且进行了大量教育实践。他的教育思想贯穿于教育的各个部分，打破偶像，破除迷信，挣脱教条的束缚，从僵化习惯性思维中走出来，创立与社会、历史进步相符的新教育。

陶行知在《生活教育之特质》中提出，生活教育有六个特点，即生活的、行动的、大众的、前进的、世界的、有历史联系的。之后，他又把生活教育的方针总结为民主的、大众的、科学的、创造的。他的生活教育理论是一种大众的、为人民大众服务的教育理论，又是一种不断进取创造，旨在探索具有中国特色教育道路的理论，体现了立足于中国实际，"去谋适合，谋创造"的追求。这在教育观念的改变方面产生了巨大的影响。

生活教育理论无论是强调学校教育与社会生活、生产劳动相结合，还是要求手脑并用、劳力劳心并重，都是对学校与社会割裂、书本与生活脱节、劳心与劳力分离的传统教育的反对。这种具有强烈时代气息的教育理论，时至今日，也能为我们的教育提供指导意义。

费正清评价陶行知是杜威博士最有创造力的学生。"他在群众教育运动方面非常积极，为工人和贫苦人民办夜校和各种中心。他开展'小先生'运动，让文盲学好后以他们的新知识教育其他文盲，这样连锁下去……在城市里搞群众教育，被视为叛逆而遭禁止，陶行知就到农村进行教育和农村复兴计划。美国的进步教育用的是现成的学校制，陶行知发现中国的普通群众只能在他们的生活、工作、家庭和车间所在地受教育；在哪里聚居，就在哪里学习。在所有美国训练出来的教育者中间，陶作为一个穷人出身的人，使他成为极不寻常的同情于普通人民的需要的人……"

陶行知自知很有可能是东晋陶渊明后裔，却很少谈及。陶渊明的诗中，不时流露出对人生短暂的焦虑，同时又有顺应自然、乐天安命的人生观念，终不免有消极成分。（陶行知则较少对个人利益的患得患失，占据他心胸与脑海的，是对国家民族前途的担忧，对普通大众由衷的关怀。）他一生都在为大众教育奔忙，夸父逐日般追求理想，西绪福斯推石上山般经营事业，生命不息，劳碌不止。

陶行知先生毕生致力于教育事业，对我国教育的现代化做出了开创性的贡献。他不仅创立了完整的教育理论体系，而且进行了大量教育实践。他的生活教育理论强调学校教育与社会生活、生产劳动相结合，还要求手脑并用、劳力劳心并重。他在群众教育运动方面非常积极，为工人和贫苦人民办夜校和各种中心。

资料来源

王心.民国大先生陶行知传［M］.北京：团结出版社，2016.

二、案例（材料）点评

（一）适用范围

本案例适用于绪论"教育学及其发展"中第三节"中国化马克思主义教育理论的发展"的内容教学。马克思主义教育理论在中国进行传播之后，我国学者不断探索并发展出各种中国的教育理论，其中陶行知所创造的生活教育理论就是坚持马克思主义基本立场，立足中国实际的一种中国特色教育理论。

（二）思政元素

1. 勇于打破常规，走出惯性思维，坚持创新

陶行知先生打破偶像，破除迷信，挣脱教条的束缚，从僵化习惯性思维中走出来，创立与社会、历史进步相符的新教育。因此这鼓励当代年轻人要勇于创新，敢于创新。

2. 坚持教育的社会功能，坚持教育为人民大众服务

陶行知创立的生活教育理论是一种大众的、为人民大众服务的教育理论，又是一种不断进取创造，旨在探索具有中国特色教育道路的理论，体现了立足于中国实际的追求。因此我们当代大学生也要利用自己所学为国家发展服务。

3. 践行爱国的社会主义核心价值观，为国家发展贡献自己的力量

陶行知先生毕生致力于教育事业，对我国教育的现代化做出了开创性的贡献。他较少对个人利益患得患失，占据他心胸与脑海的是对国家民族前途的担忧，对普通大众由衷的关怀。这激励我们为国家发展贡献自己的力量。

（三）课程思政教学目标

1. 知识目标

借助案例分析，学生知道坚持教育社会功能，坚持教育为我国的社会主义建设服务的必要性和重要性。

2. 能力目标

借助案例分析，学生能向陶行知先生学习，勇于创新、敢于创新，能充分运用发挥自己的知识与能力，全身心地投入祖国建设中的伟大实践。

3. 情感目标

借助案例分析，学生感受到陶行知先生为国家发展贡献自己力量、牺牲个人利益的精神，并以此为榜样，进一步激发自己的爱国热情。

（四）相关经验总结

教师在课前可以布置学生搜集有关陶行知先生的相关事迹，让学生对陶行知先生有一个初步印象。在课中，教师可以借助视频等多种形式展示陶行知先生的教育实践，使课堂更具感染力。课后总结时，教师可以启发学生说说自己的感受，教师进行一定点评和总结。

学生沉浸在教师营造的氛围中，更能深切感受到陶行知先生对我国教育事业的贡献。同时作为新时代教育学习者，主动向陶行知先生学习，勇于创新，为祖国教育事业的发展贡献自己的力量。

案例二　要做好先生首先要做好学生

一、案例（材料）简介

马克思主义认为，人类历史的发展是人和社会发展的统一。其中，人的发展推动社会的发展，社会的发展通过人的发展来获得体现。但是，人的发展并非社会发展自然而然的结果。无论是人的素质还是能力的提升，都离不开教育。特别是在历史大变动大转折时期，为了让更多的人适应社会发展的各种新情况新要求，教育的作用就显得尤为突出。教育，必定有教育者与受教育者。由此带来的一个重要问题是，教育者是否需要先接受教育？对此，毛泽东在1957年中国共产党全国宣传工作会议上的讲话中紧密结合知识分子的改造问题明确提出，"要做好先生，首先要做好学生"。知识分子首先是教育者，而"因为他们是教育者，是当先生的，他们就有一个先受教育的任务"。在此基础上，毛泽东还对知识分子为什么要再学习、学什么、如何学以及社会应该如何帮助他们学等问题作了阐述。这些重要思想，对于引领新时代广大教育工作者主动改造自我、全面提升能力素质、积极适应中国特色社会主义事业发展需要，都具有很强的现实指导意义。

马克思在《关于费尔巴哈的提纲》一文中，针对法国唯物主义学说割裂"环境创造人"和"人创造环境"之间的辩证关系的错误观点，明确提出"环境是由人来改变的，而教育者本人一定是受教育的"，从而得出"教育者先受教育"的科学结论。毛泽东提出"要做好先生，首先要做好学生"，可谓与此观点一脉相承。教育者肩负传道、授业、解惑的光荣使命和崇高职责，但要能传道、授业、解惑，首先得明道、信道，先行增强本领，不断提升破解难题的能力。当今时代，信息网络高度发展，知识更新日益加速，新情况新矛盾新问题层出不穷，对教育者提出了新的更高要求。教育者要在这个变动不安的时代真正成为"好先生"，就必须不断加强学习，提升理论水平和实践本领，这样才能真正担负起教育别人的职责和使命。俗话说得好，"一盏昏暗的灯照不亮周围的环境"。教育者如果不首先自己明道、信道，只能是"以其昏昏，使人昭昭"。

习主席指出："在学生眼里，老师是'吐辞为经、举足为法'，一言一行都给学生以极大影响。教师思想政治状况具有很强的示范性。要坚持教育者先受教育，让教师更好担当起学生健康成长指导者和引路人的责任。"正所谓"舍己而教人者逆，正己而化人者顺"。教育者开展教育的效果，不仅在于是否讲得好，也在于是否做得好，只有真正做到"言教"与"身教"相统一，教育的示范引领作用才能充分彰显出来。而要做到这一点，教育者就必须不断接受"再教育"，加强马克思主义理论学习，升华人生境界、锤炼过硬作风、加强道德修养、提高人格魅力，切实做到表里如一、言行一致、以身作则、为人师表。

要做好先生首先要做好学生，是对教育者的要求，也是对党员干部的要求。而要做好学生，首要的是向人民群众学习。马克思主义认识论告诉我们，理论源于实践，而实践首要的就是人民群众的实践。人民是历史的创造者，群众是真正的英雄，"只有代表群众才能教育群众，只有做群众的学生才能做群众的先生。"回顾历史，我们党之所以能够不断发展壮大，并带领中国人民取得革命、建设和改革的伟大成就，一个很重要的原因就在于我们党始终坚持向实践学习、拜人民为师。当前，面对前进道路上的各种矛盾和问题，进行具有许多新的历史特点的伟大斗争，广大党员干部要真心实意做人民群众的学生，认真倾听群众意见，充分汲取群众智慧，自觉深深植根于人民群众的实践沃土之中，努力创造无愧于时代、无愧于人民、无愧于历史的辉煌业绩。

资料来源

许恒兵，张韶梅．要做好先生首先要做好学生［N］.解放军报，2020-08-12.

二、案例（材料）点评

（一）适用范围

本案例适用于绪论"教育学及其发展"中第三节"中国化马克思主要教育理论的发展"和第四节"学习和研究教育学的指导思想"内容的教学。作为一种思想方法和行动指南，马克思主义是我们学习和研究教育学最根本的理论基础，也是我们解决教育实际问题的行动指南。

（二）思政元素

1. 提高教育者自身能力素质，以适应中国特色社会主义事业发展需要

实施科教兴国战略，大力发展科技教育事业，教师起着决定性作用。而时代的日新月异就是教师面临的第一挑战，教育观念、教育方法、业务能力等都必须紧跟时代车轮，不断地更新、拓展、充实、提高。因此，教师要勇于接受新事物，研究新理论，提升自身素质。

2. 加强马克思主义理论学习，以自身过硬作风彰显引领示范作用

教师站在讲台上，不单纯是传播知识，更是一种师德的表现，言行举止都能

对学生起到潜移默化的影响，教师要培养受教育者坚定的理想信念，要培育学生正确三观、强烈爱国主义情感、民族精神等等，因此，接受马克思主义理论"再教育"，用理论精神武装头脑，是教育者应该有的觉悟和精神境界。

3. 向实践学习，拜人民为师

教育者从事教育活动，必须让知识适应时代发展的需要。这种知识从哪里来呢？显然需要参与社会实践活动，向实践学习，向人民群众学习，然后将感性的、零碎的、浅表的知识转化为理性的、完整的、系统的知识，继而将其传授给受教育者。

（三）课程思政教学目标

1. 知识目标

通过案例学习，学生明白为人师者应首先受教育，以前只关注受教育者而忽视教育者本身受教育问题的这种观点是错误的，认识到教育者接受继续教育重要性，尤其是思想政治教育。

2. 能力目标

通过案例学习，学生能够转变思想，将个人的发展与国家、社会、党的发展紧密联系在一起，不断充实自身，完善知识结构；在今后作为一名教育者能够掌握基本立场观点和方法，将理论与实际相联系，融会贯通。

3. 情感目标

通过案例教学，教导学生作为一名教育者，时刻按照严格的标准要求自己，培养学生德业并进、知行统一的品质，激发学生与时俱进、终身学习的精神。

（四）相关经验总结

首先，课前提问学生"教育者除了具备专业知识，还需要具备怎样的能力与品质"，学生相互讨论并回答问题。随后，教师进行案例教学，讲授相关内容，教师也可结合自身经历向学生介绍教育者除了教学工作之外的学习经验。

学生通过此案例学习，对教育者的职业素养有了全新的认知，了解到教育者自身的学习对教育事业发展的影响不容小觑；同时也感受到，教育者"以其昏昏，使人昭昭"是不行的，掌握各种理论思想给学生以正确的指导是教育的重中之重。

案例三　李大钊的马克思主义教育观

一、案例（材料）简介

今年是李大钊诞辰 130 周年。李大钊是中国共产主义运动的先驱、伟大的马克思主义者、杰出的无产阶级革命家、中国共产党的主要创始人之一。在中国教育史上，李大钊也是一位具有开创精神的教育理论家和实践家。他坚持用马克思主义理论来指导教育实践，提出了很多科学的教育理念。回顾李大钊的教育思想，在今天仍有着重要的借鉴意义。

第一，用历史唯物的观点阐释教育的本质。李大钊是马克思主义在中国的最早传播者。1917 年，俄国十月革命的消息传到中国后，他先后发表了《法俄革命之比较观》《庶民的胜利》《布尔什维主义的胜利》《新纪元》等文章和演讲，《我的马克思主义观》系统地介绍了马克思主义理论，在国内思想界产生了很大的影响。当时在北大图书馆工作的毛泽东说，"我在北大当图书馆助理的时候，在李大钊领导之下，我就很快地发展，走上马克思主义之路"。

教育的本质是教育理论的一个根本性问题。李大钊从马克思主义唯物史观出发指出，人类社会的一切精神构造都是表层构造，只有经济构造（即物质构造）才是基础构造，基础构造决定表层构造。经济问题的解决，是根本的解决。教育作为上层建筑，必然要受到生产力、生产方式和经济基础的制约。同时，包括教育在内的上层建筑，对经济基础具有能动的反作用，即社会经济的发展能够为教育提供物质基础，教育的发展也能对社会经济的发展起到重要的推动作用。"不改造经济组织，单求改造人类精神，必致没有效果。不改造人类精神，单求改造经济组织，也怕不能成功"。从唯物史观的视角出发来深刻阐明教育的本质，这正是马克思主义科学理论的具体应用。

第二，平等教育观。李大钊反对社会的不平等，1919 年 2 月，李大钊在《晨报》发表了《劳动教育问题》一文。在文中，他强烈呼吁为工人争取受教育权，说"在教育上、文学上也要求一个人人均等的机会，去应一般人知识的要求"。他主张社会应通过多开设劳工补助教育机关，来改变少数人受教育而绝大多数劳动人民受不到教育的状况。值得注意的是，在那个年代，李大钊就提出了应当重视劳工的休息权，并且指出休息权并不是闲暇玩乐这么简单，少做点工节省出来的时间，正是工人非常宝贵的时间，可以去读书，去补习技能，是使自己得到发展的神圣时间。李大钊的平等教育观不仅体现在为工人争取平等的受教育权，同时还体现在他对妇女接受教育问题的关注。他提出妇女应当享有与男子同等的受教育权，认为接受教育是妇女实现自身解放的重要途径和方法。针对当时社会上对妇女的种种歧视，他指出："占全国民半数的女子不读书不做工，这不是国民的智力及生产力一种大大的损失吗？"

第三，青年教育观。李大钊认为，近代中国之所以贫穷落后，饱受苦难，就在于缺少有理想、有知识、有使命、有担当的青年。中国的希望，首先在于青年人的觉醒，只有青年人觉醒了，才能担当起建立一个新中国的重任。他指出，"旧民族之复活，非其民族中老辈之责任，乃其民族中青年之责任也"。因此，"国家不可一日无青年，青年不可一日无觉醒"。他高度重视对青年人的知识教育和人格养成，尤其注重对青年人的爱国主义教育。他在北大担任图书馆馆长期间，把图书馆作为马克思主义传播的重要阵地，积极引导青年人学习马克思主义基本原理，开拓青年人的视野，丰富青年人的知识，培养他们树立马克思主义的世界观、人生观、价值观。他在《新青年》上刊发的一系列重要文章，唤醒了青年人的斗争精神，为青年运动提供了科学的思想武器。在教育方式上，李大钊注重学校教育与社会活动相结合，强调社会实践的重要意义，号召广大青年到劳动群众中去，走出了一条青年教育与工农结合的新路径。在他的指导下，革命青年主动到农村帮助农民建立协会，开展常识教育，宣讲革命精神，鼓励广大农民为争取自身解放而斗争。

作为中国最早的马克思主义者和共产主义者之一，李大钊对中国的革命事业无限忠诚，对中国的教育事业也付出了艰辛的探索和努力。他提出的一系列具有开创精神的教育理念，对于今天我们积极推动教育现代化，具有重要的价值和意义。

资料来源

戴菁.李大钊的马克思主义教育观［N］.学习时报，2019-09-27.

二、案例（材料）点评

（一）适用范围

本案例适用于绪论"教育学及其发展"中第三节"中国化马克思主义教育理论的发展"内容的教学。马克思主义的教育观不仅是当时那个时代最具先进性的教育理论，而且对于指导当今的教育实践，推动教育现代化更加具有现实价值和意义。

（二）思政元素

1.坚持马克思主义唯物史观，改造人类精神以推动社会发展与经济发展

"不改造经济组织，单求改造人类精神，必致没有效果。不改造人类精神，单求改造经济组织，也怕不能成功"。从唯物史观的视角出发来深刻阐明教育的本质，这正是马克思主义科学理论的具体应用。因此教师在教育学生的过程中不仅要将马克思主义的唯物史观的本质渗透教育教学过程中，而且要引导学生正确认识自身所接受的教育的本质，努力学习科学文化知识，为民族的复兴和国家的繁荣发展而时刻准备着。

2.加强马克思主义的理论学习，贯彻人人平等的教育观

教师肩负着传播知识、揭示真理、教育学生的重任，不仅自身需要加强马克思主义的理论学习，用先进的马克思主义教育观来武装自己的头脑，同时还需要将这些先进的知识潜移默化地传递给学生，教师在课堂上做到生生平等对待，不偏私，公平公正地对待每一位学生，课后与学生平等相处。

3.坚持用思想武装头脑，体会知识教育与人格培养并重

教师身为教育者不仅是教会学生读书写字的"书先生"，更是教育学生学会做人的"引路人"。教师深知"近代中国贫困"与"当代中国强盛"的原因，因此在教育教学过程中要时刻培养他们树立马克思主义的世界观、人生观、价值观，强烈的爱国主义精神和民族主义精神，成为有理想、有知识、有使命、有担当的新时代青年。

（三）课程思政教学目标

1.知识目标

通过案例教学，学生掌握了马克思主义的唯物史观，理解了教育的本质，认识到改造经济组织与改造人类精神同样重要，教育与国家发展是息息相关的，从而更加努力地学习科学理论知识，用知识武装自己的头脑，指导自己的行为。

2.能力目标

通过案例教学，学生在深刻理解教育是人人平等这个观念之后，在今后自己的教育教学实践过程中能够树立平等教育观。

3.情感目标

通过案例教学，不仅可以培养学生正确的马克思主义人生观、价值观、世界观，也可以帮助学生树立爱国主义精神、与时俱进的创新探索精神、人人平等的

教育观等。

（四）相关经验总结

首先，创设情境，用李大钊的求学故事引入本堂课的主要教学观点，接着将本堂课的知识点"马克思主义的教育观"的教学案例进行展示，讲授相关内容，组织学生讨论，马克思主义的教学观对我们当代教师的教学的成长与帮助。

学生通过此案例学习，对教育的本质有了更深入与透彻的认识，对马克思主义的教育观有了全新的理解与学习，为今后自己成为一名教师储备了更充分的理论知识；同时也在案例学习过程中确立了正确的三观，人人平等的教育价值观，培养了强烈的爱国主义精神、与时俱进的创新探索精神。

案例四　马克思主义教育学"五育"理论及其时代意义阐释

一、案例（材料）简介

"五育"理论的思想源流和理论基础

马克思和恩格斯尽管也曾论述人的智力和身体等方面发展的问题，却并未在教育学意义上具体展开阐述"五育"理论。教育学中的"五育"理论本身，应当说是以马克思主义经典作家思想为基础，在马克思主义教育学形成和发展过程中获得的重要理论成果之一。

马克思主义关于人的全面发展学说传入中国，与中国教育实践相结合，并融合了我国优秀教育传统中的相关思想，逐渐形成了指导我国社会主义教育发展基本方针的"五育"理论。1917年4月，青年毛泽东受中华传统教育思想以及当时社会进步思潮的影响，提出了德智体"三育并重"的主张；我国早期马克思主义教育理论家杨贤江，提出了"德育——造就良好之习惯；智育——造就清楚之头脑；体育——造就康健之体魄"的"全人生指导"教育思想；1957年2月，作为一名成熟的马克思主义者，毛泽东在《关于正确处理人民内部矛盾的问题》中提出："我们的教育方针，应该使受教育者在德育、智育、体育几方面都得到发展，成为有社会主义觉悟的、有文化的劳动者。"这一重要论述，把马克思主义关于人的全面发展思想贯彻于社会主义教育的培养目标之中，作为新中国指导教育事业发展的社会主义教育方针，在我国社会主义教育事业的发展过程中长期发挥了指导作用。马克思主义教育学的"五育"理论，以马克思主义关于人的全面发展学说为理论基础，是这一重要理论在逻辑的和历史的过程中不断具体化和系统化的重要理论成果之一。马克思主义关于人的全面发展学说，是马克思主义经典作家在分析批判资本主义生产方式的过程中提出的重要学说。

"五育"理论的内涵解析

马克思主义教育学"五育"理论的主要内容十分丰富，并且随着时代的变化还在不断发展，其基本内涵主要包括以下三个方面：

其一，"五育"通常是指人的发展的不同方面和发展结果，在关于教育方针的表述中，也是更多侧重于这样的指称。1978 年全国人大五届一次会议通过的《中华人民共和国宪法》第 13 条规定："教育必须为无产阶级政治服务，同生产劳动相结合，使受教育者在德育、智育、体育几方面都得到发展，成为有社会主义觉悟的、有文化的劳动者。"关于"德智体"的表述沿用了 1957 年的教育方针。从字面意义上看，这里的"德智体"显然是指受教育者的不同发展方面，而"劳动者"则是这种发展的目标和结果。

其二，"五育"理论在很多语境中还指称我们教育工作的不同方面和侧重点，一些关于教育方针的理论表述中也包含这样的意义。就字面意义而言，"德育、智育、体育"都包含一个"育"字，在其本义上应当是指与人的道德、知识和身体等发展相对应的几种教育活动。毛泽东在关于教育方针的表述中用"德育、智育、体育几方面"这样的表述，而没有用"道德、知识和身体"的表述，实际上侧重强调的是促进受教育者在德、智、体几方面得到发展的教育工作，是我们为了达成人的全面发展而应当重视教育工作的几个方面。我们的教育方针在不同时期有"德智体""德智体美""德智体美劳"等不同表述，反映的是我们对相关方面教育工作的强调，而不是说人的全面发展只包括这几个方面。这也从一个方面说明，"五育"理论是以人的全面发展学说为理论基础的，因此，人的全面发展是一条更为根本的原理。

其三，"五育"理论中的"德智体美"还常常用来指人的教育活动的不同方面。马克思主义教育学认为，人的教育活动过程在本质上是人通过自身作为主体的实践活动而获得发展的过程，而实践中的人总是处于一定社会关系中的"现实的社会的个人"，因此，运用道德伦理处理人与人之间的关系是一切教育活动的要件之一，这也就决定了，无论是德育课还是数学课的教学，所有教育活动都必然包含着道德的方面；人在教育过程中的发展，也是社会客观存在的人类认识成果和"现实的社会的个人"的主观认识之间一种相互转化的过程，作为个体的人和作为人类的发展辩证统一于这种转化过程中，因此，有关认识发展的智育也必然是所有教育活动都不可或缺的一个基本方面；人的生命存在及其生命存在的状态，是人的一切发展的基础和前提，因而所有教育活动都不可能离开体育的方面；当一个教育过程真正取得了某种成功，促成人在某方面获得了发展，人就会进入一个享受和欣赏自身发展的审美状态，所以说，美育也是一切教育活动都应当包含的一个方面。

马克思主义教育学的"五育"理论，是以人的全面发展为理论基础的，这就在逻辑前提下决定了"五育"是不可以相互割裂的，而是有机统一的。也就是说，上述三条含义是统一一体的，不仅作为人的教育活动的不同方面，"德智体美"四个维度是统一一体的，而且在教育工作和人的发展过程中，"五育"也是有机统一的一个整体，否则，我们的教育就无法在逻辑上面对作为"现实的社会的个人"的完整的人。

新时代"五育"理论的现实意义

马克思主义的辩证唯物主义和历史唯物主义学说，是从实践中来并且可以回到实践中接受检验的科学理论。我们认识和理解马克思主义教育学的"五育"理论，最根本的还是要和教育实践相结合。马克思主义教育学关于人的全面发展学说和"五育"理论，是我们在新时代解决教育现实问题最强有力的理论武器。进一步学习、理解和掌握这一理论，在教育实践中更好地运用这一理论，是我们在教育改革和发展过程中不断取得成功的思想保障。（内容有删减）

资料来源

项贤明.马克思主义教育学"五育"理论及其时代意义阐释［J］.南京师大学报（社会科学版），2021（05）：25-34.

二、案例（材料）点评

（一）适用范围

本案例适用于绪论"教育学及其发展"中第三节"中国化马克思主义教育理论的发展"和第四节"学习和研究教育学的指导思想"内容的教学。马克思主义关于人的全面发展学说传入中国，与中国优秀传统的教育思想和我国共产党领导下的教育实践相结合，逐步形成了马克思主义教育学的"五育"理论。

（二）思政元素

1. 坚持马克思主义关于人的全面发展理论，坚持"五育"并举和立德树人根本目标

马克思主义教育学"五育"理论基于马克思主义关于人的全面发展理论，结合中国传统教育思想和教育实践而逐步形成。推行"五育"并举，就是在教学工作和教学活动中将德育、智育、体育、美育、劳动技术教育等有机统一起来，重视德育的培养，积极弘扬中华民族传统美德，引导学生全面发展。

2. 理解马克思主义教育学"五育"理论内涵，将教育理论与教育实践相结合

实践是认识的来源，作为教师，要将马克思主义教育学理论融入实际的教育教学活动中，深刻理解"五育"理论的内涵，掌握"五育"理论要领，进而通过理论指导实践，才能更好地运用马克思主义教育学理论解决教育实际工作中存在的各种问题。

3. 贯彻马克思主义教育学"五育理念"，坚持以人为本的教育理念

作为教师，应该认识到"五育"理论中"德智体美"体现在人的发展的不同方面。在教学过程中认识到学生是独立，完整，处于不断发展中的人，要关注学生自身的特点，因材施教，通过改善教育教学方式，挖掘学生的潜力，为学生提供全面发展的机会，促进每位学生健康成长成才。

（三）课程思政教学目标

1. 知识目标

通过案例学习，学生能够认识到马克思主义教育学"五育"理论的内涵及其时代意义，了解马克思主义关于人的全面发展理论是形成我国教育方针"五育"理论的基础。

2. 能力目标

通过案例分析，学生在走向教学工作时能更加以人为本，注重学生自身特点，通过运用马克思主义教育学理论去解决实际育人工作中的问题，学会引导学生"德智体美劳"全面发展。

3. 情感目标

通过案例学习，学生在今后的教学工作中能够更好地理解贯彻我国的教育方针，坚持马克思主义教育学理论，做到关爱每位学生，坚持"五育"并举，立德树人的理念，努力提升学生的综合素质。

（四）相关经验总结

在教学实践中，首先，教师在要讲解马克思主义教育学理论时，可以让学生表达自己对马克思主义教育学理论的认识。然后，在课堂上展示案例材料，结合具体的时代背景，了解马克思主义全面发展理论是马克思主义教育学形成的基础，理解马克思教育学"五育"理论的内涵，和学生一起共同交流感想，感悟"五育"理论的时代意义。最后，教师对学生交流的结果做一定点评和总结。

学生从案例材料中学习马克思主义教育学"五育"理论，认识到在育人过程中要尊重关注学生发展，做到以人为本，贯彻"五育"有机结合的教学理念，并从案例中"五育"内涵解释中受到启发，明白要理解"五育"理论，就需要从实际出发，结合教学工作进行感悟总结，深化理论认识，进一步指导教育教学中存在的问题。

案例五　走向科学的新时代教育

一、案例（材料）简介

随着经济社会的发展，我国社会主义事业进入新时代，教育各类保障条件有了明显改善，受教育者的已有基础和发展目标也有很大的差异，人民对教育有了新的更高的期待。2018 年全国教育大会提出"培养德智体美劳全面发展的社会主义建设者和接班人"，并指出要在坚定理想信念、厚植爱国主义情怀、加强品德修养、增长知识见识、培养奋斗精神、增强综合素质等六个方面下功夫。这是新时代我国教育事业发展的总目标、总要求，也是摆在每一个教育工作者面前的责任与使命。

教育本身是一门科学

教育是一种社会现象，与人类社会一起产生，共同发展。广义的教育指一切有目的的影响人身心发展的社会实践活动；狭义的教育一般专指学校教育。早期的教育主要依靠教育者的个人经验和师父带徒弟式的个别化教学。随着时代发展，学校教育逐渐成为一项专门的事业，占有越来越重要的地位。

在长期实践中，各国学者们为总结教育经验、探索教育规律付出了艰辛的努力。近代以来，英国科学家培根首次将"教育学"作为一门独立学科提出；夸美纽斯发表了近代第一本教育学著作——《大教学论》；赫尔巴特的《普通教育学》，标志着科学教育学的产生。从此以后，教育作为一门科学正式登上人类学术的殿堂。

19世纪以后，教育学与其他学科一样，朝着科学化、系统化、精细化的方向发展，出现了很多分支，从不同角度论述了教育目的、教育内容、教学过程、教学方法等问题，极大地丰富了教育研究的理论成果。改革开放以来，我国学者开展了大量卓有成效的探索，进一步聚焦教育研究的对象，厘清教育研究的内容，实施科学的研究方法，涌现出丰富的研究成果，形成了教育原理、教育哲学、课程论、教学论、德育论、学科教学法、教育技术学、教育评价等一系列教育专业学科，教育部也颁布了各级教师的专业标准。时至今日，教育是一门科学，教师是专业技术人员的观念已经深入人心。教育研究的价值早就已经超越了日常教育经验的总结，积极探索对教育问题的科学解释，揭示教育规律，指导教育实践。

教育需要其他科学

一切有效的教育过程应该建立在其他科学研究基础之上。教育要遵循两个规律，即教育教学规律和学生发展规律。学生发展规律中一个重要的方面，就是心理学研究的成果。最先明确提出教育要遵循心理学规律的是瑞士民主主义教育家裴斯泰洛奇。他要求教育活动要建立在人的心灵活动规律基础之上，根据儿童本性发展的自然法则选择教学内容、设计教学方法和组织教学流程。现在，教育学与心理学俨然成为一对孪生姐妹，教育教学的各个方面、各个环节，都能看到心理学的影子。在设计教育方法时，我们会自觉遵循美国学者埃德加·戴尔的"学习金字塔"理论，尽可能选择"小组讨论""实际演练"或"做中学""教别人"等让学生主动学习的方法。在知识教学的时候会自觉遵循艾宾浩斯记忆规律曲线，每堂课前面一段时间会复习旧知，每间隔一定时间会组织复习，便于学生巩固所学知识。开展高中学生选课指导的时候会先做霍兰德职业兴趣测试，根据测试结果指导学生选课和开展个人职业生涯规划等等。特别是现代认知心理学、脑科学的很多研究成果，对我们科学组织教学流程、实施精准教学、开发学生大脑潜能等，提供了大量的理论依据和科学方法。

把人类认识自然与社会的成果传递给青少年是教育的一项重要使命。人类对物质世界和精神世界探索的结果，经过理论化、系统化就成为各个学科的知识，各学科丰富多彩的知识经过选择、编排就成了学校教育的内容（教材）。教育要培养适应未来生活并能创新创造新生活的人才，就必须要让他们尽可能学习和掌握最新的科学知识。因此，我们的教材需要不断进行修订，及时将人类最新的科学研究、发明创造成果编入教材，保证学生所学知识能够跟上时代的步伐。

教研支撑教育发展

新时代的教育面临的是一个纷繁复杂而又瞬息万变的世界。社会对人才的创新创造能力提出更高要求，家长希望孩子一直做学霸，每个学生有自己不同的兴趣爱好和理想，学校考试评价方式的改革步履艰难，要办好人民满意的教育，任重道远。因此，中共中央、国务院《关于深化教育教学改革全面提高义务教育质量的意见》明确提出"发挥教育科研的支撑作用"。

只有不断开展教育科研才能把准教育发展的方向。时代发展对人才的要求不断变化，教育应该如何适应这种要求，培养对国家、对民族、对社会有益的人才，需要通过长期、扎实、精准的科学研究，为教育改革发展把握方向、提供方案、探索方法。

只有不断开展教育科研才能提升学校育人的水平。教育科研是教育理论与教育实践之间的桥梁。一个好的教育理论不应用于实践就没有任何价值，教育实践不遵循科学的理论指导就会走上歪路、邪路。广泛开展教研工作，可以不断发现和总结各地行之有效的经验和做法，加强对基层学校和一线教师的实践指导，帮助他们在纷繁复杂的教育理念中去伪存真，去粗取精，选择最适合自己学校、适合自己学科的教育改革理念。

只有不断开展教育科研才能实现教师的专业发展。一个教师，如果满足于述而不作，教而不研，每天重复地备课、上课、批改作业只是眼前的苟且，只有不断研究教育规律和学生成长规律，不断地通过教育科研为学生提供最适合的教育，才是教师职业生涯发展的诗和远方。我们每一位教师都有着不同的个性特长，不同特长的教师，都应该不断通过教育科研，找到适合自己的教学方式，形成独特的教学风格。实践证明，所有的名师、大师，都是教育科研炼成的。即使是教师教育艺术的修炼或者是学生人文素养的培育，也需要教育科学研究来支撑。（内容有删减）

资料来源：

孙智明.走向科学的新时代教育［J］.教育家，2021（09）：17-18.

二、案例（材料）点评

（一）适用范围

本案例适用于绪论"教育学及其发展"中第一节"教育学及其研究对象"的

内容教学。教育学本身作为一门科学，不仅要研究教育现象找寻教育规律，还需要结合例如心理学，管理学等其他科学理论知识进行丰富，此外，教育的发展离不开教育科研的支撑，通过不断发展教育科研把握教育方向，提升学校育人水平，实现教师的专业发展。

（二）思政元素

1. 秉承爱岗敬业的精神，坚持以教育科研推动教师专业发展

为适应实施科教兴国的战略，发展教育事业，进行教育改革，教师起着决定性作用。时代的日新月异不仅要求教师紧跟时代步伐，承担教师职责，兢兢业业，对待教育工作一丝不苟，还要在教育教学中迎接一个个新的挑战，开展教育科研不断更新教育理念、教学方法，不断地拓展自己的眼界、充实自己教育经验、提升自己专业能力。

2. 掌握扎实的理论知识，采用合适的教学方法解决实际教育问题

应运社会的需求，教育学产生并逐渐发展成为一门学科，并随着时代的发展与其他学科融合交叉，不断丰富自身的理论。教师在教育教学过程中，要遵循教育规律解决育人问题的同时，还要开拓思维结合其他学科理论知识，多维度地进行深入思考总结，促进教育学理论的不断发展。

3. 坚持以马克思主义理论为指导，促进教育学科的发展

学生应该认识到教育学作为一门学科不是孤立静止的，教育学不断的发展和丰富正是体现了这一点。学习教育理论，不仅要掌握前人总结的教育基本规律，还要开阔视野，结合其他学科例如心理学，管理学，社会学的理论知识甚至自然科学中的方法论，顺应新时代的需求，与时俱进，在已有的理论知识基础上建立新的理解，不断进行丰富和发展。

（三）课程思政教学目标

1. 知识目标

通过案例学习，学生能够认识到教育学的产生和不断发展成独立的学科，以及教育学在新时代的发展趋向。让学生用动态眼光看待学习教育学，认识到新时代的教育学需要不断依靠科学理论方法和技术，教育学的发展需要与时俱进。

2. 能力目标

通过案例分析，能够培养学生以科学严谨的态度对待教育工作，以动态的角度看待教育学发展，多维度地分析育人过程中出现的问题。通过跨学科知识的运用，开阔学生的眼界，允许学生打破常规，培养学生的创新能力。

3.情感目标

通过案例学习，培养学生爱岗敬业的职业精神，热爱育人工作，在该工作中实现自己的人生价值，秉持精益求精的职业态度，通过教育科研不断总结教育经验，改进教学方法，提升自身专业水平。

（四）相关教学经验以及学生反馈

在教学实践中，首先，教师讲解教育学的产生和发展时，可以让学生表达自己对教育学作为一门学科的认识，谈谈教育学的学科性质和研究对象，然后在课堂上展示案例材料，结合具体的时代背景，让学生认识到新时代教育学的研究要依靠科学，和学生共同交流想法，体会教育学的发展需要与时俱进，紧靠时代需求不断丰富理论与创新方法，最后，教师对学生交流的结果做一定点评和总结。

通过这次学习，学生可以从案例材料中对教育学的产生和发展进行深入了解，教育学作为一门学科具有其自身的学科规律之外，还可以与其他学科交叉融合，解决实际教育工作中的综合问题，不仅如此，在教育教学过程中还要注重教育科研，不断提升自己的专业能力，培养创新思维，改进自己的教学手段和方法。

案例六　试述马克思主义教育思想中国化历史发展

一、案例（材料）简介

中国共产党成立后，在运用马克思主义指导中国实践的过程中，马克思主义教育思想不断中国化。这一过程围绕党在各个历史时期的重点任务，将教育服务政治与服务人有机结合，为中华民族的伟大复兴打下坚实的基础。

（一）1921—1949 年：突出服务革命功能，提供精神动力和革命人才

近代以来，中国人民为救亡图存是主题。中国共产党用马克思主义分析中国的教育问题，提出新民主主义文化教育理论，开始了马克思主义教育思想中国化的进程。这个时期的马克思主义教育主要是围绕提升群众觉悟、普及民众教育、重视干部教育这几个方面进行的。

（二）1949—1978 年：强调建设功能，确立探索社会主义教育制度

这一阶段，中国共产党领导全国人民共同努力，逐步确立了社会主义制度，并使其不断巩固发展，明确了社会主义教育的人才培养目标，培养了大量有社会主义觉悟的人才，为我国社会主义的建设提供了思想指导和智力支撑。用马克思列宁主义武装人民，不断发展普及与提高相结合的教育，并在这一阶段确立社会主义教育方针和目标。1957年，毛泽东提出："我们的教育方针，应该使受教育者在德育、智育、体育几方面都得到发展，成为有社会主义觉悟的有文化的劳动者。"明确确立了社会主义的培养目标。

（三）1978—2012年：改革开放，形成社会主义现代化教育道路

这一阶段，党对教育的重要作用有了更深层次的认识和把握，确立了教育优先发展的战略思想，把人才培养放在各项工作的首要位置，提出了素质教育的发展思路。1978年的全国教育工作会议上，邓小平提出要"提高教育质量"，为社会主义建设造就宏大的知识分子队伍。要造就这样一支队伍，就必须对教育的战略地位有宏观的审视和把握。1993年印发的《中国教育改革和发展纲要》提出建设有中国特色社会主义教育体系的首要原则是"把教育摆在优先发展的战略地位"，从根本上使教育"优先发展"的战略地位得以确立。党的十七大报告将教育作为社会建设的首要工程，从民族振兴的高度提出要办好人民满意的教育。2010年的全国教育工作会议指出要坚定不移落实教育优先发展战略，做好教育经费的统筹保障和支出优化。在人才培养方面，明确教育重在培养人才。教育要"造就具有社会主义觉悟的一代新人"，既包括科学文化知识的教育，也包括思想政治教育，尤其是理想教育。邓小平在多个场合强调对社会主义新人的"四有"要求。"四有"要求的核心和目的就是要培养社会主义的建设人才。人才最重要的素质是拥护社会主义，愿意为社会主义建设做出自己的努力。为了培养这样的人才，邓小平强调教育"应该永远把坚定正确的政治方向放在第一位"。这个正确的政治方向就是社会主义的办学方向。社会主义现代化建设，人才是居于首位的要素，教育的职责和使命就是培养人才。在素质教育方面，1999年的全国教育大会将"素质教育"作为教育改革和发展的主题，目的就是要培养"四有"新人。在推动素质教育过程中，20世纪80年代我国开始启动教育体制改革，颁布教育法律法规，加强和完善教育法制体系建设，极大改善了过去无法可依的行政管理方式。为了更好地推进素质教育，20世纪90年代，党和政府明确提出"科教兴国"战略，教育承担着提高国民素质、培养具有创新精神和创业思维人才的重要任务，再次强调了教育必须走素质教育之路。改革开放的春潮，为各级各类教育发展注入活力。各类教育招生人数逐年增加是我国国民素质提升的见证，国民创新意识逐步提升是素质教育开出艳丽花朵的见证。

（四）2012年至今：突出德智体美劳全面发展，进入社会主义现代化教育

新时代教育坚持立德树人，把职业教育摆在更加突出位置，加快建成一批世界一流大学和一流学科，实现社会主义教育的现代化。

1. 坚持立德树人

2012年党的十八大报告提出："把立德树人作为教育的根本任务，培养德智体美全面发展的社会主义建设者和接班人。"2016年，习近平在全国高校思想政治工作会议上的讲话中指出，立德树人是高校的立身之本，必须以马克思主义为指导，引导学生认识国内外局势，认识自身职责和使命，成为德才兼备的社会主义建设者。2017年党的十九大报告再次强调立德树人这一根本任务。2018年全国教育大会召开，提出要把立德树人融入各环节，贯穿各领域，并把社会主义建设者和接班人的要求从四维的"德智体美"扩展为五维的"德智体美劳"。

2. 推进教育现代化

党的十八大对我国教育发展提出了明确的要求："教育现代化基本实现。"这个目标的达成基于两个实践指标：全民受教育程度和创新人才培养水平，体现为两个效果指标：进入人才强国和人力资源强国行列。党的十九大强调："建设教育强国是中华民族伟大复兴的基础工程。"新时代新征程中，实现中华民族伟大复兴的基本依托之一是做大做强做优教育，建设教育强国。要建设教育强国，必须深化教育改革创新，在巩固已有改革成果的基础上，探索中国特色社会主义教育发展新道路，打造特色，补齐短板，推陈出新，加快教育现代化，形成各级各类教育的高质量协同发展，增强人民的教育获得感，办好人民满意的教育。教育现代化不仅是深化教育改革的直接目标，也是建设教育强国的关键一环。教育现代化进程的不断推进为中华民族的伟大复兴注入了强大的精神动力和人才支撑。

3. 实现高等教育内涵式发展

党的十八大强调要"推动高等教育内涵式发展"，提出了高等教育发展的目标，但没有直接强调其路径。随着实践探索日益成熟，目标更加精准，路径更加清晰。2015年国务院下发《统筹推进世界一流大学和一流学科建设总体方案》，总体规划，动态调整，多元投入，建改并重。党和国家为加快我国高等教育治理体系和治理能力现代化，推动一批高水平大学和学科进入世界一流行列或前列，从国家发展战略的高度对我国"一流学科"与"一流大学"的建设与高质量发展作出了全面规划与顶层设计。习近平立足"两个大局"对"双一流"工程的建设而提出"建设的世界一流大学是中国特色社会主义的一流大学"的要求，给我们

阐述了高等教育发展的背景，集中体现了扎根中国大地办教育的思想。（内容有删减）

资料来源

姚纪欢.试述马克思主义教育思想中国化历史发展［J］.理论视野，2021（08）：19-24.

二、案例（材料）点评

（一）适用范围

本案例适用于绪论"教育学及其发展"中第三节"中国化马克思主义教育理论的发展"的内容教学。马克思主义教育思想传入中国后，不断与中国教育实践相结合，同时还围绕党在各个历史时期的重要任务，逐渐形成了具有中国特色的教育理论，顺应新时代我国教育改革和发展的新要求。

（二）思政元素

1. 教育要始终坚持马克思主义的政治立场，不断丰富马克思主义教育理论

坚定的马克思主义政治立场是马克思主义教育理论的突出特征，是新时代中国特色社会主义教育事业健康发展的重要保证。党的领导是新时代我国教育事业发展的根本保证，也是中国特色社会主义教育的最大优势。案例中马克思主义教育思想中国化的过程中围绕党在各个历史时期的重点任务，将教育服务政治与服务人有机结合，将马克思主义政治立场贯穿于教育的全过程，以党的领导为核心，以思想政治教育工作为重点，以社会主义核心价值观教育为抓手，不断开创中国教育事业的新天地。

2. 教育要坚持以人民为中心的价值追求，实现人的自由全面发展

马克思关于"人的自由全面发展"思想是马克思主义教育理论的重要理论基础，习近平总书记在继承"实现人的自由全面发展"这一核心要义基础上，创造性地提出了"立德树人"为教育根本任务的科学论断，培养什么人才，怎样培养人才，为谁培养人才，是习近平总书记一直强调的重要问题，也是新时代中国特色社会主义教育事业必须明确的首要问题。案例中，我国教育把立德树人作为教育的根本任务，并把社会主义建设者和接班人的要求从四维的"德智体美"扩展为五维的"德智体美劳"，实现人全面发展的同时实现社会主义教育的现代化。

3. 教育要坚持全面整体的改革观，合理有序推动教育现代化

全面整体的改革观是马克思主义教育理论的方法论，是新时代中国特色社会

主义教育事业发展的出发点。全面整体的改革是教育发展的内在驱动力，是中国教育事业不断取得新的伟大成就的根本原因。案例中我国提出建设教育强国，必须深化教育改革创新，解决在教育发展过程中不断涌现的新问题，在实践中不断检验和调适教育政策，探索中国特色社会主义教育发展新道路。

（三）课程思政教学目标

1. 知识目标

通过案例学习，学生能够了解马克思主义教育思想中国化的历程，充分理解马克思教育理论的时代内涵，并引导学生认识自身职责和使命，成为德才兼备的社会主义建设者。

2. 能力目标

通过案例学习，学生能够在未来教学过程中坚持马克思主义关于人的全面发展观，贯彻党的素质教育方针，并把立德树人作为教育的根本任务，培养德智体美全面发展的社会主义建设者和接班人。

3. 情感目标

通过案例学习，学生能够对马克思教育理论产生强烈的认同感，并在未来学习过程中牢固树立社会主义的共同理想，坚定终身为社会主义教育事业奋斗的信念。

（四）相关经验总结

教师在课前可以布置学生查找有关马克思主义教育思想中国化各个历史阶段的任务，让学生对马克思主义教育思想有个初步的理解。在上课时，教师可以邀请学生结合案例回答马克思主义教育思想内涵及其中国化的各个阶段，鼓励学生积极表达自己的看法。最后，教师对学生的发言进行总结归纳，深化学生对马克思教育思想的认识，更加明确自身职责和使命。

学生通过案例学习后，能进一步强化对马克思主义教育思想和党的教育方针的认识，明确新时代教师的使命和担当，改变传统教育理念，并自觉投入到社会主义教育事业伟大实践中，为培养德智体美等方面全面发展的社会主义事业的建设者和接班人而不懈努力。

第一章

"教育及其本质"思政教学案例

案例一　让教师回到本位　让教育回归本质

一、案例（材料）简介

百年大计，教育为本；教育大计，教师为本。办好人民满意的教育事业，教师发挥着立教之本、兴教之源的重要作用。一段时间以来，如何切实减轻一些地方存在的教师负担过重的问题，让他们潜心教书、静心育人，引起广泛关注。

不久前，有媒体调查显示，不少基层教师的时间被"抢"走了：有些教师忙于写材料、填表格，无暇顾及教学；有些学校评比检查任务重，教师疲于应对，拖慢了课程进度；还有些地方的教育部门倾向于从基层学校借调人员，造成老师人均工作负担加重……有的与教学相关、过于频繁，有的则与教学毫无关系，导致基层教师时间精力被分散、课堂主业被耽误。对基层和学校来说，亟待让教师把最宝贵的时间精力配置到教书育人的主业上。

办学有规律、学校有主业。2019年9月，中央全面深化改革委员会第十次会议上通过了《关于减轻中小学教师负担进一步营造教育教学良好环境的若干意见》，要求"严格清理规范与中小学教育教学无关的事项"。有关部门调研发现，教师负担既来自教育内部也来自教育外部，主要表现在督查检查评比考核工作过频、社会性事务进校园过滥、相关报表填写工作过繁、抽调借用教师过多等方面。因此，为教师减负，首要就是找病因、查病灶，找准"负担清单"才能列出"减负清单"。聚焦教师立德树人、教书育人的主责主业，让教师回到本位，让教育回归本质，广大教师就能安心从教、热心从教，学生也能舒心学习、静心学习。

为基层教师减负，要标本兼治，就要从源头上抓起。目前，一些地方的学校、教师之所以难守主业、难务正业，一个重要原因在于形式主义、官僚主义。一些与教学活动无关或关系不大、额外由教师承担的工作，客观上增加了基层教师的负担。在某种程度上，这些问题是基层其他领域存在的形式主义、官僚主义问题在教育领域的折射。正因如此，中央将2019年作为"基层减负年"，中办专门印发通知着力解决形式主义突出问题、为基层减负。抓住必要的、强化亟须的、减少无谓的、去除无关的，从转变作风、树立正确政绩观做起，把治理机制建在前面、把减负政策落到实处，让形式主义、官僚主义失去生存土壤，基层教师承受的负担才会减下来。

党的十八大以来，以习近平同志为核心的党中央高度重视教育事业和教师队伍建设，推出了一系列务实举措。从提高乡村教师生活待遇，到统一城乡中小学教职工编制标准；从职称（职务）评聘向乡村学校倾斜，到实施乡村教师生活补助政策……面向广大人民教师特别是基层乡村教师的政策红利充分表明，以问题为导向，为教师想办法、做实事，才是为教育发展办好事、谋长远。在全社会营造出尊师重教的社会风尚，必将能更好地让广大教师轻装上阵，把精力放在教书育人上，更好地完成本职工作。

习近平总书记强调，发展教育事业，广大教师责任重大、使命光荣。从"负重前行"到享受教学，教师减负需要全社会协同发力，共同营造良好的教育生态。把负担减下来、把待遇提上去，让广大教师在岗位上有幸福感、事业上有成就感、社会上有荣誉感，才能让教师真正成为让人羡慕的职业，培养一支宏大的师德高尚、业务精湛、结构合理、充满活力的高素质专业化教师队伍。

资料来源

李洪兴.让教师回到本位　让教育回归本质［N］.人民日报，2019-11-5.

二、案例（材料）点评

（一）适用范围

本案例适用于第一章"教育及其本质"中第三节"教育的要素与形态"内容的教学。教育具有自身的本质特征，教育本质是教育区别于其他事物的重要标志。古往今来，不同教育学者对于教育本质具有不同的认识和主张。

（二）思政元素

1. 坚持马克思主义唯物辩证法，坚决杜绝形式主义作风

辩证唯物主义认为，任何事物都是内容和形式的统一，如果将二者割裂开来，甚至是对立起来，片面追求形式而缺乏实际内容，这就是形式主义。习近平总书记也曾多次强调要坚决反对形式主义和官僚主义，旗帜鲜明同各种不正之风作斗争。让教师忙于应付检查和评比等行政性工作只会分散教师教育教学的有限精力，这是片面追求外在形式的做法，学校更应鼓励教师回归教育教学。

2. 坚持以课堂教学为主业，落实立德树人根本任务

教师的职责是教书育人，而课堂教学则是落实人才培养的重要主阵地，案例中提到的增加基层教师的与教学工作无关的负担，不仅不利于落实立德树人根本任务，而且不利于教师安心从教、热心从教。

3. 坚持提高和改善教师待遇，营造尊师重教的社会风气

教师是太阳底下最光辉的职业，要让教师热爱教育工作，而让教师热爱教育教学工作的前提条件之一是国家和社会各界能够尊重教师及其劳动成果，让教师感受到教育的意义和价值所在。

（三）课程思政教学目标

1. 知识目标

借助案例分析，学生了解到现实一线教学工作的真实情况。学生明确了教师的主要职责和任务是立德树人和教书育人，教师应当将主要时间用于改进课堂教学和提升个人教学能力等方方面面。

2. 能力目标

借助案例分析，学生在今后的教学实践中能够自觉主动将时间分配于备课和改进教学等教学任务，精湛教学业务，提升个人的教学技能和职业素养，最终成为一名优秀的人民教师。

3. 情感目标

借助案例分析，学生感受到国家对教师行业的认可和厚爱，深化对教师职业的认可度和向往，坚定终身为社会主义教育事业奋斗的信念。

（四）相关经验总结

教师在讲解本案例之前，可以引导学生讨论是否知晓当前教师的具体工作任务等现实情况以及国家出台的关于提高教师待遇的文件内容，鼓励学生畅所欲

言。在学生发言之后再适当点评和补充，让学生了解当前教师工作的具体情况以及国家对教师职业的高度重视，从而激发学生对教师职业的高度认同和无限向往的正向情感。

学生在讨论完案例后，普遍反映让教育回归本质是十分迫切的大事。国家对教师队伍建设的高度重视以及近年来国家对提高教师待遇的举措也坚定了他们终身从教的信念，学生表示愿意为社会主义教育事业贡献力量。

案例二　用爱和智慧推进学校教育现代化

一、案例（材料）简介

教育现代化是指用现代化的教育理念、教育内容，现代化的教学条件、教学手段去完善教育，使教育适应现代化经济社会发展的需要，其核心是人的现代化。从学校层面来说，教育现代化是校长办学思想的现代化和管理理念的现代化，是教师教育理念的现代化和教育方法的现代化，是学生学习理念和学习方法的现代化。《中国教育现代化2035》已绘就中国教育现代化的宏伟蓝图，晋城市城区已举起率先在全省实现教育现代化的旗帜。近年来，我校积极践行"教育的秘诀是真爱"的教育理念，坚持探索"科学＋人本＋创新"的学校治理模式，不断完善"真爱、善管、创新"的发展路径，进一步加强了教师队伍建设，进一步提高了教育教学质量，进一步推进了学校教育现代化进程。

（一）"真爱"让师生幸福

教育的秘诀是真爱。真爱，就是以孩子为本的爱，不是功利的爱；真爱，就是把孩子当作发展中的人、独特的人、具有独立意义的人，不求私欲之利。爱是教育的灵魂，没有爱就没有教育。好老师要用爱培育爱、激发爱、传播爱，享受幸福人生。

要给孩子真爱，就要让老师有幸福感，一个老师不幸福，就不可能塑造出幸福的心灵。为此，我牢固树立为教师服好务的思想，努力做一个亲和型、反思型、服务型的校长，把自己当作普通教师中的一员，诚心诚意地做教师的朋友。教师要发展，我就搭建平台、创造机会；老师有困难，我就把老师的事当自己的事来办。这样做校长，关注老师的幸福感，就会通过老师的努力让每一个学生幸福成长。

关注老师的幸福感，就要拨亮老师的心灯。近年来，我校通过"走出去""请进来"和组织网络教研、校本研训、教学标兵评选等活动，为教师的专业成长倾心助力、搭建平台，涌现出了郭海霞、马丽娟、韩虹、苗健、赵欣欣等一大批省、市教学能手和学科带头人，带动了学校教师的专业成长和教育教学质量的提高。总之，校长努力做到走进教师的心灵，就能拨亮老师们心中那一盏盏心灯，老师们就会全身心投入到工作中，享受工作和事业的快乐和幸福。

（二）"善管"让教师乐教

千道理，万道理，发展才是硬道理。在办学基本条件达标的情况下，学校办学质量的差异和学校的管理水平直接相关，做一个"善管"的校长是我们校长必须面对的课题。学校是教书育人的地方，立德树人是教育的根本任务，苏霍姆林斯基曾说过，校长领导学校，首先是教育思想的领导，其次才是行政上的领导。

近年来，我校坚持不断深化对学校管理规律性的认识，积极探索实施"科学＋人本＋创新"管理模式，教师整体执行力明显增强，最大限度地激励了教师乐教、善教。在做法上可概括为：用全新的理念引领人，用科学的管理鼓舞人，用良好的机制激励人，用有效的活动培养人。比如，用科学的管理鼓舞人方面，我们重点抓了三个关键：制度管理是保障，人本管理是基础，情感管理是手段。在情感管理上，我们努力学会感激教师，除了适量的物质奖励外，更侧重于精神激励。有时，一句赞赏的话语，一个灿烂的微笑，一个赞许的动作，便给教师带来了工作上的动力和心理上的愉悦，这时教师们工作中遇到的烦恼、碰到的困难、经受的挫折，甚至对领导的不满、对学生的抱怨都会被一一化解，从而有效驱动教师的工作热情与内在动力。

（三）"创新"让梦想成真

实现教育振兴梦、中国梦，校长必须有创新精神。创新就是要不断提升学校领导整合教育资源的能力，对教育体系、教育结构、教育观念、教育方法、教育手段、课程教材以及教育的时间和空间等进行创新。近年来，我校重点抓了以下几个方面的创新。

一是德育工作的创新。我校的德育工作经验《让文化提升生命的品位》被教育部命名表彰为全国中小学德育工作典型经验，同时我校还被教育部授予"全国中小学国防教育示范学校"称号。

二是学校文化建设和艺术教育的创新。我校建成了百米长的校园文化艺术长廊，并通过理念文化、制度文化、行为文化、视觉文化、精神文化等，狠抓师生良好行为习惯的养成；我校率先在晋城市成立了"花儿朵朵"学生合唱团，并于2015年10月、2018年11月连续两届获得山西省中小学生艺术展演活动现场展演一等奖，被省教育厅选送参加了教育部组织的全国第六届中小学生艺术展演，荣获全国二等奖。

三是用教育信息化带动学校教育现代化的创新。在信息技术与学科教学实现融合的基础上，我校深度触及了课堂教学结构变革，积极探索信息技术与学科教学深度融合的途径与方法，以"微课"资源建设和"微课"在课前课中课后的有效应用、智能机器人创客教育、航模活动等开启了教育信息化新时代。首先，把营造信息化教学环境、提高师生信息素养和学校教育信息化水平纳入学校发展规划并全面实施；其次，坚持不断创新教与学的方式，形成了符合新课程理念、富有信息化教学特色的课堂教学模式；最后，凸显立德树人，变革课堂教学结构，开发出相关学科的丰富学习资源，扩大了信息技术在教育教学领域的应用成效。此外，我校通过强化机制激励、示范引领、特色打造"三个强化"，实现了信息技术与学科教学深度融合的普遍化、优质教育资源建设和家校共育的常态化、教师成长和学生发展的一体化，进而让学校教师、学生、家长拥有了真真切切的获得感。我校的教育信息化应用案例《"微课""创客"开启教育信息化新时代》被教育部和中央电化教育馆表彰为"全国基础教育信息化应用典型案例"，并在教育部基础教育司和中央电化教育馆举办的全国基础教育信息化应用典型案例展示交流会上进行了交流发言，受到了与会领导和专家的高度好评。2019年11月，第五届中国教育创新成果公益博览会在珠海国际会展中心盛大开幕，我校的教育创新成果《应用现代微课 探索创客教育 建设智慧校园》通过区、市、省、国家层层评审，荣获全国教育创新成果奖，并作为山西展区嘉宾在大会上通过工作坊的形式做了现场交流和展示，受到参会领导、嘉宾和代表的一致好评。

爱是教育的最高境界。在用爱和智慧推进学校教育现代化的道路上，我们将以习近平新时代中国特色社会主义思想为指导，继续加强党对学校教育教学工作的全面领导，坚持育人为本的办学宗旨，把促进每个学生全面发展和健康成长作为学校一切工作的出发点和落脚点，不忘初心、牢记使命奋进新征程，努力把学校办成师生幸福成长的精神家园，为孩子们将来的幸福人生打下坚实的基础！

资料来源

郭太生.用爱和智慧推进学校教育现代化［EB/OL］.中国教育干部网络学院，2019-12-25.https://article.xuexi.cn/articles/index.html.

二、案例（材料）点评

（一）适用范围

本案例适用于第一章"教育及其本质"中第二节"教育的基本内涵"内容的教学。随着社会的发展，教育也不断向前发展，当代教育除了具备现代教育的一些特征之外，还呈现出教育现代化、信息化等发展趋势。教育现代化包括教育观念、教育内容以及教育手段方法和教师素质等方面的现代化。

（二）思政元素

1. 坚持马克思主义关于人的全面发展理论，促进学生德智体美劳全面发展

教师应当把每个孩子看作是发展中的人、独特的人、具有独立意义的人，要不断挖掘学生的潜能、发现学生的特色以及尊重学生的意愿。案例中的学校通过创新德育、艺术教育以及教与学的方式，为学生提供全面发展的机会，促进每位学生健康成长成才。

2. 加强和改进新时代师德师风建设，倡导全社会尊师重教

新时代对教师队伍提出更高的发展要求，师德师风成为评价教师素质的第一标准。学校不仅要严把教师素质关，同时也要关心爱护教师，激励广大教师努力成为"四有"好老师，倡导全社会尊师重教。案例中的学校高度重视提升教师个体幸福感，从而使得教师全身心投入工作，提高了学校教师队伍整体素质和教育质量。

3. 保持文化自觉，以文化自信引领教育改革

文化是一个国家、一个民族的灵魂。文化兴国运兴，文化强民族强。没有高度的文化自信，没有文化的繁荣兴盛，就没有中华民族伟大复兴。案例中的学校重点抓了学校文化建设工作，通过理念文化、制度文化、行为文化、视觉文化、精神文化等使得学校在诸多方面都取得了长足的进步。

（三）课程思政教学目标

1. 知识目标

借助案例分析，学生明确在学校教育管理过程中要以人为本，要重视对教师和学生个体的尊重和关爱。学生能够意识到学校是充满爱的家园，要用真爱待人。

2. 能力目标

通过案例学习，学生在走向教学工作时能够守正创新，能够坚持创新教育教学方式，创新教学内容和授课方式，注重培养学生的创新能力。

3.情感目标

通过案例学习，学生在今后的教学工作中努力尊重和关爱每位学生，公正无私不偏爱个别学生，公正对待每位学生。

（四）相关经验总结

教师在讲解案例的过程中可以展示一些本案例中师生上课的视频和学校师生参加各种各样的特色活动时的图片，让学生真切地感受到以真爱待人所滋养出来的学习文化以及师生的精神面貌，激发教师对从教生活的向往和对师生相处之道的思考。

观察案例中学校的教育管理方式、师生的相处之道以及学校特色活动之后，学生能够感受到遵循以人为本的理念对促进师生发展所起到的重要作用，明确创新理念是推动学校和学生全面发展的第一动力，在今后的教育教学中要促进学校的教育现代化。

案例三 准确把握在线教学的"变"与"不变"

一、案例（材料）简介

一场突如其来的疫情阻断了高校莘莘学子返校的脚步，但却阻挡不了学生们求知的欲望和教师们教书育人的初心。在教育部"停课不停学，停课不停教"的号召下，全国高校迅速行动起来，充分利用各类网络在线教育平台开展在线教学，打响了一场在线教学的攻坚战。

打好"在线教学"这场硬仗要准确把握"变"与"不变"的辩证关系。所谓"变"是教学之"形"、教学之"术"发生了变化，即从线下到线上的教学内容要优化，从线下到线上的教学模式要变化，从线下到线上的教师角色要转化。所谓"不变"是高校牢牢抓住教学质量这条育人的生命线没有变，高校教师教书育人的初心不能变。因此，高校要既要坚守"不变"又要顺应"变"，聚焦课堂、关注学生、引导教师，确保在线教学与线下课堂教学质量实质等效，确保教师安心从教、学生居家安心学习。

以思政塑课程：优化教学内容，做好"课程思政"

教学内容是教学的核心，面对疫情下的在线教学，优化教学内容、凸显思政育人显得尤为重要。

"课程思政"的核心在于在知识传授过程中进行价值塑造，实现课程中见思政，以思政塑课程，让课堂成为传播知识和塑造灵魂的阵地。疫情防控是开展"课程思政"最好的"活教材"。在这场战"疫"中，以习近平同志为核心的党中央带领全国人民打响了一场疫情防控的人民战、总体战、阻击战，既有责任担当之勇、又有科学防控之智；既有统筹兼顾之谋、又有组织实施之能。在线教学过程中，广大教师要将全民战"疫"作为"课程思政"的重要内容，深入挖掘疫情防控过程中涌现的先进典型、英雄人物、感人事迹等思政元素，向学生进行理想信念教育、思想道德教育、生命健康教育、公共安全教育等，充分展现中国共产党人民至上的政治立场和深厚情怀，中国特色社会主义制度的强大生命力和巨大优越性，中华民族万众一心、众志成城的民族精神和磅礴伟力。切实增强"课程思政"的时代广度和厚度，切实赋予专业课程价值引领重任，让广大学生在防疫战疫中坚定理想信念、厚植爱国情怀、锤炼品德修为。

效果无差异化：创新教学模式，确保教学质量

在线教学是由固定时空转向跨越时空的教学样态，对传统课堂教学模式提出了严峻挑战。这就要求教师不能简单套用和照搬传统课堂教学的教学内容、教学方式，而要遵循在线教学规律、创新在线教学模式、发挥信息技术效能，探索可复制、可推广的典型经验和模式，实现线上线下教育效果的无差异化。

广大教师要结合实际采取合适的在线教学方式和学生们乐于接受、易于接受的在线教学形式开展教学，实现在线教学的效率最大化、效果最优化。要突破"我教你学"的传统教学模式，重构在线教学活动的流程、方法，创新开展启发式、探究式、讨论式、参与式等教学，丰富学生在线学习体验，使学生从"被动听"变为"主动学"。要充分利用线上教学便捷性、交互性、个性化等优势，通过限时答题、弹幕讨论、电子版书、课堂作业等方式开展教学互动，增强学生的代入感和参与度，提升教学的吸引力和感染力。要建立教学反馈机制，及时收集学生对在线教学的建议和意见，不断优化教学方法、提高教学艺术。

"隔空不隔爱"：提升教学能力，恪守教育初心

教师是教学的主体，在线教学对教师提出了更高的要求，既考量他们的教学水平和专业素质，也考量他们的人格素养和教育初心。

广大教师要不断增强在线教学能力，克服在线教学的技术恐慌和本领恐慌，将教学思维与互联网思维有机融合，熟练掌握线上教学技能、网络学习心理和媒体传播技术等，让现代教育技术为我所有、为我所用。

广大教师要将教学作为立身之基、将育人作为立身之本，发挥教师主导作用，树立学生主体地位、唤醒学生主体意识。在线教学的"虚拟性"引发了传统师生关系的消解和重构，因此，广大教师要克服"隔空"教学存在的不足，构建起"线上教学＋线下督学"的立体教育场，实现"隔空不隔爱"。一方面，要加强线上教学与辅学，在课上引导学生尽快适应学习模式的新变化，帮助学生营造集体学习氛围，使学生在虚拟的课堂上建立起实实在在的归属感，增强学习积极性；在课后要做好线上学习指导、答疑等教学服务，问生之所需，解生之所困。另一方面，要加强线下的督学和管理，充分发挥教师的主导作用，准确把握学生居家的学习状态、学习感受，指导学生制订学习计划、掌握学习方法，进行自主式、探究式、互助式学习，充分激发他们的学习潜能和学习动力。

在线教学既是挑战也是机遇，既是应对疫情的短期行为也是一场长期的教学革命。高校要以此次线上教学为契机，构建线上线下一体化教育系统，着力推进教育教学改革，写好一流人才培养的"奋进之笔"。

资料来源

丁义浩，准确把握在线教学的"变"与"不变"［EB/OL］．中国教育，2020-3-30.https：//article.xuexi.cn/articles/index.html.

二、案例（材料）点评

（一）适用范围

本案例适用于第一章"教育及其本质"中第一节"教育的产生与发展"内容的教学。突如其来的疫情让世界各国的教学组织形式发生了重大变化，传统的课程教学组织形式已经满足不了当前学生的学业要求，在线教学这种跨越时空的教学样式很好地解决这一问题，面对疫情下的在线教学，优化教学内容、凸显思政育人显得尤为重要。

（二）思政元素

1.优化教学内容，在知识传授过程中实现价值引领与塑造

教师在教育教学过程中要时刻聚焦于课堂，虽然教学模式与教学形式以及教师自己的角色均发生了变化，但教学质量不可下降，教书育人的初心不可变，教师要在自己的线上课堂中向学生进行理想信念教育、思想道德教育、生命健康教育、公共安全教育等，让广大学生在防疫战疫中坚定理想信念、厚植爱国情怀、锤炼品德修为。

2.爱岗敬业，以德施教

线上教学对教师提出了严峻挑战，如何进行线上教学对老一辈教师们来说具有一定的困难，突然改变以往的教学内容与教学方式短时间内很难适应，但为了保证教学质量，教师们仍然不畏困难，秉持着对待教师这份职业的初心与热爱，突破"我教你学"的传统教学模式，重构在线教学活动的流程、方法，创新开展启发式、探究式、讨论式、参与式等教学活动，丰富学生在线学习体验，使学生从"被动听"变为"主动学"，同时用自己的实际行为向学生进行德育教育。

3.弘扬中华民族传统文化，培养学生的创新精神

在线教学对教师来说是一种新式的教学组织形式，在线学习对学生而言是一种全新的学习方式，为保证"停课不停学，停课不停教"，充分利用各类网络在线教育平台开展在线教学，改变原有传统模式，创新教学方式，经历这些实际情况可以帮助学生塑造创新创造的品质，培养他们面对困难勇于开拓探索的精神，为成长为 21 世纪的高素质人才做铺垫。

（三）课程思政教学目标

1.知识目标

通过案例学习，学生学习与掌握了很多线上教学的知识，开阔了自己的眼界与知识面，对于计算机、互联网、多媒体等知识更加熟悉。

2.能力目标

通过案例学习，学生通过线上教学，掌握了动手操作多媒体与计算机的能力，同时通过不同于以往传统教学模式的学习，学生的自主探究能力、合作互助能力、探索创新能力都得到了相应的提升。

3.情感目标

通过案例学习，学生明白了教师在面对线上教学时存在的压力与挑战，明白了教师开展"线上教学+线下督学"的苦心，在今后的学习生活中，会更加努力学习科学文化知识，努力提高自己的成绩。

（四）相关经验总结

教师在讲解案例的过程中可以展示各地教师在进行线上教学的视频和图片给学生，让学生真切感受到此次教学组织形式的巨大变革以及教师在进行教学中所投入和付出的辛苦，另一方面也激励教师在教育教学工作中善于创新创造，与时俱进，源源不断地将最先进的教学内容教给学生。

学生在进行案例的学习之后，不仅对当下世界各国教育教学重大改革有深刻

的理解，对线下教学中教师的严峻挑战有了进一步的认识，还充分认识到自主探究学习与合作互助学习的重要性，更加了解了教育的本质内涵。

案例四　真正的教育应该是家庭、学校、社会的"育人共同体"

一、案例（材料）简介

（一）家庭教育篇

10月10日是世界精神卫生日，2021年我国的节日主题为"青春之心灵　青春之少年"。心理专家表示，虽然社会心理咨询服务体系在不断成熟，但良好的家庭教育仍是化解青少年心理危机的"良方"。面对青少年的一些"小情绪"，家长如果能够早识别、早干预，就能防患于未然。

甘肃省天水市的鹏鹏是一名17岁的中学生。父母发现他与同学关系不融洽，厌学情绪较重，晚上睡眠欠佳。在父母的陪同下，鹏鹏近期来到医院就诊，被诊断为人际关系障碍。"这是一种心理疾病，如果不早干预，就会影响孩子的身心健康。"甘肃省第二人民医院副院长何蕊芳说。

专家介绍，青少年常见心理疾病有抑郁症、焦虑症、强迫症以及学习障碍、人际关系障碍等。很多青少年罹患心理疾病，部分原因是遭受来自父母有意或无意的叠加性心理创伤。因此，孩子出现情绪问题，质疑、批评或贬低孩子的办法都不可取。

"父母是青少年的监护人，家庭是青少年的避风港。由于青少年尚处于大脑发育未完全成熟的阶段，情绪易波动，遇事应对方式还相对幼稚，面对心理障碍时如果没有家长的支持和引导，青少年很容易失去应对的勇气和信心。"何蕊芳说。

良好的家庭教育是预防精神心理障碍的最佳方式。当发现孩子出现情绪波动时，家长首先需要理解孩子的痛苦，肯定孩子为摆脱不良情绪所做的努力，并寻找情绪背后的原因，何蕊芳说。

专家提醒，家庭是青少年心理健康成长的重要"土壤"。父母保持融洽的夫妻关系，可以为孩子营造舒适的成长环境；在亲子关系良好的家庭，孩子会向父母敞开心扉、倾诉烦恼，及时化解负面情绪。

（二）学校教育篇

义务教育最突出的问题之一是中小学生负担太重，短视化、功利化问题没有根本解决。特别是校外培训机构无序发展，"校内减负、校外增负"现象突出。近日，习近平总书记主持召开了中央全面深化改革委员会第十九次会议，会议指出，减轻学生负担，根本之策在于全面提高学校教学质量，做到应教尽教，强化学校教育的主阵地作用。这既指出了当前义务教育发展的根本问题，也明确了学校在解决学生学业负担上的方向和要求。

为此，首先要树立正确的育人观，坚持立德树人、五育并举，为应教尽教扫清观念障碍。中小学阶段学校教育的核心任务是为学生发展打基础，教会学生基础知识，培养学生的良好习惯、基本素养与能力，学校要打破"唯分数、唯成绩、唯特长"的人才观和评价观；要摒弃功利化的办学绩效观，坚持德智体美劳全面发展；要自觉遵守党的教育方针，按照国家规定开齐开足所有课程，为学生的全面发展、健康发展提供保障；把在基础教育阶段应该教的内容尽力在学校完成，不能"校内不讲校外讲""课上不讲课下讲"；更不能因各种原因偷工减料，擅自变更学校课程内容和要求，要主动赢得家长和社会对学校的信任。

其次，要创新教学管理和教学方法，为应教尽教提供保障。有教无类、因材施教是中国教育思想的优秀遗产，也是应教尽教的目的。学校教育要面向全体，不能因为种种原因，人为地设置各种门槛或者戴上有色眼镜，把本来应该为全体学生共享的教学资源有选择地向部分学生开放。要通过缩减班级规模，实施分层教学、项目化学习，运用现代技术手段、个性化辅导机制等，创造性地提供更多样化、更高质量的教育服务，让家长和社会对学校放心。

再次，要不断提高教师专业素质，努力提高应教尽教的质量。实际上，学生作业负担重从某种程度上也反映了教师的专业素质问题，因为不研究，不专业，才不会教，才导致学生负担重。家长乐此不疲地为孩子"补课"，从表面上看是"望子成龙，望女成凤"心切，其实也反映了家长对学校教学质量的信心不足，通过"补"来获得一种安慰。学校要不断提高教师的专业素质和职业道德水平，促进教师深入研究教育教学，优化和创新教学方式和手段，主动承担起"补"的任务，并使"教"和"补"融为一体，相得益彰，以更有效的教学减轻学生学业负担，实现教得轻松和学得轻松的双赢。

最后，要拓展教育资源渠道，为应教尽教创造更多的可能性。应教尽教不仅是学校办学思想的指南，更是对学校办学行为的具体要求。要做到应教尽教，学校必须要有充足的资源保障，在当前师资规模增加还不能适应学生规模增加、教师专业素质还不尽如人意的背景下，学校必须突破现有的时空界限和对公共教育资源的过度依赖，不能"等靠要"，要正确处理学校教育、家庭教育和社会教育的关系，形成资源共享、相互融通的合作机制。

（三）社会教育篇

有一次，我被任命去梅泽堡协助一座教堂的维修工作，便借此机会带着卡尔去向福兰兹先生表示谢意。那天，我问卡尔："卡尔，你觉得咱们给福兰兹先生带点什么礼物好呢？"卡尔显得很惊讶地问："礼物？为什么要带礼物呢？"我说："带礼物是表示对别人的尊敬，是一种表达感谢之意的方式。"卡尔说："爸爸，这样做是不是太拘泥于形式了？我想，对他人的感激应留在心里，这才是最好的感激。送礼太俗套了吧！"

我问卡尔："你怎么有这样的想法？"卡尔理直气壮地说："我在许多书上都读到过，那些成大事的人都不拘于小节，只有没本事的人才请客送礼。"卡尔这样说，自然也有其道理，许多书本都是这样教育孩子的，这是个事实。诚然，教孩子自强自立，万事不求人是一种美德，但是，书本上的知识有时却离现实太远，为此，我不得不向卡尔多讲一些书本之外的事，尤其是在与他人相处方面。

那一天，虽然卡尔没有完全理解我的话，但还是为福兰兹先生准备了一件礼物。当福兰兹先生接到礼物时，高兴地对卡尔说："真没想到啊，我们的小卡尔不仅才华横溢，还非常细心呢。小卡尔，你长大后一定会有巨大成就。"后来卡尔问我："为什么福兰兹先生是那么高兴呢？难道他真的那么在乎那些礼物吗？"现在许多人非常注意培养孩子的纯洁心灵而忽视他们的社会教育，这是一种偏见。我认为，让孩子尽早地了解社会，了解社会中的人，与孩子其他方面的教育同等重要。

资料来源

[1]梁军.良好的家庭教育是化解青少年心理危机的"良方"[EB/OL].新华社，2021-10-9.https：//article.xuexi.cn/articles/index.html.

[2]鲍传友.应教尽教，强化学校教育的主阵地作用[N].光明日报，2021-5-25.

[3]（德）卡尔.H.G.威特.卡尔.威特的教育[M].哈尔滨出版社，2009.

二、案例（材料）点评

（一）适用范围

本案例适用于第一章"教育及其本质"中第三节"教育的要素与形态"的内容教学。教育的形态有家庭教育、学校教育、社会教育三种，只有家庭、学校、社会三者合力才能真正将学生培养成具有完整人格的人，让学生成长成才，最后为国家发展、民族复兴、社会进步做出自己的贡献。

（二）思政元素

1. 言传身教，以身作则，培养全面而有个性的人

学校要充分发挥教书育人的主阵地作用，坚持"五育"并举，使学生的学习更好地回归校园；家庭要充分发挥"第一所学校"的重要作用，切实履行家庭教育责任，家长作为孩子的第一任老师，要注重以身作则、言传身教，树立良好的家风，教育引导孩子养成良好的思想品德和行为习惯；社会要发挥好学生成长实践大课堂的作用，统筹利用好社会各类资源，引导学生全面而有个性地发展。

2. 以学生发展为本，落实立德树人根本宗旨

要坚持把学生的身心健康放在第一位，培养学生良好的思想品质和身体素质；要坚持德智体美劳全面育人，着力筑牢学生的综合素质，为学生一生的成长奠基；要坚持因材施教，遵循学生的成长规律和自身特点，促进学生全面而有个性地发展。

3. 培养学生的社会责任意识和创新精神

学生的社会责任意识是学生的世界观、人生观、价值观的具体体现，学校应努力为每一位学生提供适合的教育，引导学生自觉学习、自主学习，培养其创新思维和实践能力，增强学生文明素养、社会责任意识、实践本领，重视青少年身体素质和心理健康教育，培养社会主义事业的建设者和接班人，构建文明美好和谐友爱的社会。

（三）课程思政教学目标

1. 知识目标

借助案例分析，学生明确了学校教育是其学习的途径之一，家庭和社会教育同样可以为学生的成长发展提供必要的知识，在今后的学习过程中，便会自觉地进行除学校知识外的其他方面知识的学习与积累。

2.能力目标

借助案例分析，学生会自觉在进行学校、家庭、社会教育的过程中，加强自己创新思维能力、动手实践能力的培养，全面发展自己的能力素质，为今后走上社会岗位增强自己的本领和能力。

3.情感目标

借助案例分析，学生在面对困难时会及时与父母沟通，寻求帮助来化解自己的不良情绪；学生明白了教育应该是面向全体学生的，公平公正地对待每一个人。

（四）相关经验总结

教师在讲解案例前可以提问学生是否知道除了学校教育外还存在的其他教育形式，开展小组讨论与交流分享，根据同学们的讨论结果进行适当的引导与点评，最后结合案例向学生传授关于不同教学形式的作用，以及教师、家长、社会三者在对学生的教育过程中起到的重要作用。

学生通过案例的学习与阅读，理解了家庭教育是学生的"第一所学校"，对学生的成长发展起着潜移默化、不可替代的作用，而学校教育是学生教育教学的主渠道和主阵地，对学生"五育"并举是新时代学校教育的重要责任与任务，最后社会有关方面也应该加强与前两者的沟通与协作，达到育人共同体的作用。

案例五　坚持立德树人，建设教育强国

一、案例（材料）简介

党的十九届五中全会明确了"建设高质量教育体系"的政策导向，并确定了到2035年建成教育强国的目标，为未来一个时期我国教育事业发展描绘了宏伟蓝图、明确了奋斗目标。我们要紧紧围绕这一战略目标，坚持立德树人根本任务，全面贯彻党的教育方针，为建设社会主义现代化强国、实现中华民族伟大复兴提供强大保障。

凝聚"百年大计，教育为本"的思想共识

习近平总书记指出："教育是民族振兴、社会进步的重要基石，是功在当代、利在千秋的德政工程，对提高人民综合素质、促进人的全面发展、增强中华民族创新创造活力、实现中华民族伟大复兴具有决定性意义。"教育具有不可替代的重要功能。首先，坚定文化自信要靠教育。辉煌灿烂的中华文化、历久弥新的中华文明，是中华民族自立自强的精神力量，是中国人民奋发有为的精神家园。教育是推动中华优秀传统文化创造性转化、创新性发展的重要基础，是把我国由文化大国建设成为文化强国的必由之路。其次，建设和谐社会要靠教育。培育自尊自信、理性平和、积极向上的良好社会心态，是打造共建共治共享社会治理格局的必然要求。人是社会的主体，培育遵纪守法、爱国敬业、诚信友善的社会公民，是践行社会主义核心价值观、建设社会主义和谐社会的应有之义，这有赖于教育的立德树人功能。最后，实现国家富强要靠教育。劳动者是最活跃的生产要素，科学技术是第一生产力，教育是发展生产力的基础，是推动党和国家各项事业发展的重要先手棋。科技自强、生产发展、经济繁荣、国力强盛，都需要人的综合素质的提高。人的创新能力培养、文化水平提高、综合素质提升，都需要通过发展教育事业来实现。

坚持"国之大计、党之大计"的战略地位

习近平总书记指出："建设教育强国是中华民族伟大复兴的基础工程，必须把教育事业放在优先位置，深化教育改革，加快教育现代化，办好人民满意的教育。"发展教育，必须站位高、视野广、格局大。首先，要以更宽广的视野看待教育。教育是国家发展之基。无论是从统筹国内国际两个大局来看，还是从贯通人类社会历史纵深来看，国家的繁荣富强、民族的自立自强，都离不开教育的蓬勃发展。教育是社会事业之首。在教科文卫体等社会事业中，教育居于首要地位，对其他社会事业的发展起着支撑作用。教育是个人成才之基。人的成长要靠教育，成才更要靠教育。其次，以更高远的站位谋划教育。回顾过去，教育为经济持续发展、社会和谐稳定、国家繁荣富强作出了重大贡献。展望未来，站在新的历史起点，面对新的历史任务，必须从全面建设社会主义现代化国家、实现中华民族伟大复兴的战略高度谋划教育。最后，以更全面的布局发展教育。要推进教育产业高质量发展，大力发展数字教育、网络教育、人工智能教育等。推进教育行业协调发展，在教材体系、育人机制、队伍建设等方面优势互补、形成合力。推进教育事业和其他社会事业融合发展，充分发挥教育的引领和支撑作用。

贯彻"为党育人、为国育才"的总体要求

习近平总书记指出："我们要从党和国家事业发展全局的高度，全面贯彻党的教育方针，坚持优先发展教育事业，坚守为党育人、为国育才，努力办好人民满意的教育。"这一重要论述为我们的教育要培养什么人、怎样培养人、为谁培养人指明了方向。首先，教育要发挥咨政育人功能。我们的教育要牢记为党育人的初心，坚定为国育才的立场，自觉为人民服务、为中国共产党治国理政服务、为巩固和发展中国特色社会主义制度服务、为改革开放和社会主义现代化建设服务。党和国家事业的发展离不开教育的发展，教育的发展也要自觉服从和服务于党和国家事业发展的需要，将咨政和育人紧密结合起来。其次，教育要促进人的全面发展。接受良好教育是人们实现个人价值、获得幸福生活的重要条件。建设教育强国，要立足人民对美好生活的需要，促进人的自由全面发展。最后，教育要体现人民的主体性。我们国家的社会主义性质和党的性质宗旨、根本立场、执政理念等，决定了我们的教育必须体现人民的主体性。要坚持人民的教育人民办，充分保障人民教育权利；支持教育专家、行家里手兴办教育，提升教育质量水平；坚持人民的教育人民管，保障教育为了人民、服务人民；健全党组织治理学校、管理教育的体制机制，确保社会主义教育的性质不变、方向不偏、底色不改。

发展"中国特色、世界水平"的现代教育

习近平总书记指出："解决好民族性问题，就有更强能力去解决世界性问题；把中国实践总结好，就有更强能力为解决世界性问题提供思路和办法。"建设教育强国，必须立足我国独特的历史、文化、国情，坚定社会主义办学方向，坚持走中国特色社会主义教育发展道路。首先，坚持党的教育方针。要坚持马克思主义指导地位，贯彻落实习近平新时代中国特色社会主义思想，坚持社会主义办学方向，落实立德树人根本任务，扎根中国大地办教育，同生产劳动和社会实践相结合，加快推进教育现代化、建设教育强国、办好人民满意的教育，努力培养担当民族复兴大任的时代新人，培养德智体美劳全面发展的社会主义建设者和接班人。其次，贯彻党的教育理论。最后，建设世界一流大学。大学之大，不在于大楼林立，而在于大师云集；不在于规模多大，而在于质量多高。新时代高校应以产生一流学术成果和培养一流人才为目标，不断提高人才培养质量，使学生练就过硬本领、锤炼品德修为，积极践行文化育人的根本任务。

营造"教育大计，教师为本"的制度环境

习近平总书记指出："国家繁荣、民族振兴、教育发展，需要我们大力培养造就一支师德高尚、业务精湛、结构合理、充满活力的高素质专业化教师队伍，需要涌现一大批好老师。"培养造就有理想信念、有道德情操、有扎实学识、有仁爱之心的好老师，首先要坚定教师政治信仰。加强教师理想信念教育，坚定教师对马克思主义的信仰、对中国特色社会主义的信念、对中华民族伟大复兴中国梦的信心。其次要抓好师德师风建设。教师是人类灵魂的工程师、人类文明的传承者，必须做到品字为先、德字为上。师德师风建设，制度是保障，教育是关键。处理好师德师风问题和严管厚爱要求的关系。教师对学生的严格要求，也是高尚师德、良好师风、敬业精神的体现，不能因为抓师德师风建设而忽略了对学生的严格要求。最后要培育教师奉献精神。教师承载着传播知识、传播思想、传播真理，塑造灵魂、塑造生命、塑造新人的时代重任。只有甘为人梯、乐于奉献的教师，才能担当起时代的重任、人民的重托。培育教师奉献精神，关键在于营造尊师重教的社会环境、制度环境、舆论环境，让教师的职业更体面、待遇有提高、保障更充分，确保教师精心钻研、安心从教、潜心育人。

构建更高水平的人才培养体系

习近平总书记指出："要努力构建德智体美劳全面培养的教育体系，形成更高水平的人才培养体系。"这就要求在各个领域、各类人群、各个阶段，都要做到教育的全面覆盖。首先，建立更高质量的学前教育体系。努力打造素质更高的学前教师队伍，进一步完善教师准入退出机制。大力解决农村学前教育师资力量薄弱问题，提高教师待遇水平，解决教师后顾之忧。着力解决与学区房相关的教育资源分配不公问题，保障进城务工人员随迁子女能入学、入好学。其次，构建更为公平的义务教育体系。巩固教育扶贫成果，对农村地区、贫困地区、边疆地区、困难家庭学生的升学、深造，继续给予大力支持、特别照顾。最后，发展结构更优的高等教育体系。进一步优化高等教育区域布局、学科结构，推动高等教育从外延式发展向内涵式发展转变。东部沿海地区要率先建成更多国际一流高校，中西部地区要突出区域特色，积极融入"一带一路"，服务经济发展新格局。建立健全学科专业动态调整机制，加快一流大学和一流学科建设。高水平建设民办院校，使其与普通院校协调发展、融合发展。

资料来源

刘世炜.坚持立德树人，建设教育强国［N］.光明日报，2021-10-27.

二、案例（材料）点评

（一）适用范围

本案例适用于第一章"教育及其本质"中第三节"教育的要素与形态"的内容教学。教育的要素包括教育者、受教育者、教育影响这三者，彼此相互联系、相互作用。为了确保在2035年建成教育强国，就必须坚持立德树人根本任务，全面贯彻党的教育方针，为建设社会主义现代化强国、实现中华民族伟大复兴提供强大保障。

（二）思政元素

1. 坚持党的教育方针，贯彻党的教育理论，坚持走中国特色社会主义教育发展道路

教师作为教育事业的主成员，应该时刻坚持党的教育方针，贯彻党的教育理论，坚持社会主义办学方向，落实立德树人根本任务，扎根中国大地办教育，同生产劳动和社会实践相结合，加快推进教育现代化、建设教育强国、办好人民满意的教育，努力培养担当民族复兴大任的时代新人，培养德智体美劳全面发展的社会主义建设者和接班人。

2. 坚定教师政治信仰，抓好师德师风建设

教师是人类灵魂的工程师、人类文明的传承者，必须做到品字为先、德字为上，用制度严抓和保障。同时要加强教师理想信念教育，坚定教师对马克思主义的信仰、对中国特色社会主义的信念、对中华民族伟大复兴中国梦的信心，使所有教师都能发展成为四有好教师。

3. 培育教师奉献精神，营造尊师重教的社会氛围

教师承载着传播知识、传播思想、传播真理，塑造灵魂、塑造生命、塑造新人的时代重任。只有甘为人梯、乐于奉献的教师，才能担当起时代的重任、人民的重托。同时全社会要积极营造一种尊师重教的良好氛围，从社会环境、制度环境、舆论环境三方面，让教师的职业更体面、待遇有提高、保障更充分，确保教师精心钻研、安心从教、潜心育人。

（三）课程思政教学目标

1. 知识目标

借助案例分析，学生明确了在教育事业中同样要遵循党和国家的领导，教育对坚定文化自信、建设和谐社会、实现国家富强的重要作用。

2. 能力目标

通过对案例中教师需要具备的各种素质的阅读与学习，学生能够在未来步入工作岗位之前及时锻炼好自己的教学业务能力，创新教学内容和授课方式，渗透启发性和探索性的教学内容。

3. 情感目标

借助案例分析，学生会自觉养成甘为人梯、乐于奉献的精神，在学习生活中

助人为乐，在工作上乐于奉献，同时理解教师教学的艰辛与良苦用心，努力学习科学文化知识，为国家的发展奉献自己的力量。

（四）相关经验总结

教师在讲解案例的过程中可以给同学们放映一段视频，视频的内容应该以最近国家对于教育事业的规划和重视为主，让学生真切感受到教育事业的重要性，激发学生对于学习的积极性与日后从事教育事业的热情与信心。

通过对案例中习近平总书记对于教育事业的重大部署以及近些年教育发展的趋势，学生不仅可以了解到时下教育发展的热点问题，明确教育是国家发展大计，当下需要努力构建德智体美劳全面培养的教育体系，形成更高水平的人才培养体系，在今后自己的从教生活中培养全面发展的高素质人才。

第二章

"教育与社会发展"思政教学案例

案例一　认真学习宣传贯彻党的十九大精神：
坚持教育优先发展

一、案例（材料）简介

百年大计，教育为本。习近平同志所作的党的十九大报告围绕"优先发展教育事业"作出新的全面部署，明确提出："建设教育强国是中华民族伟大复兴的基础工程，必须把教育事业放在优先位置，深化教育改革，加快教育现代化，办好人民满意的教育。"这为我们在中国特色社会主义新时代不断推进教育改革发展、大力提高国民素质指明了方向。

党的十八大以来，以习近平同志为核心的党中央高度重视教育事业，坚持把教育摆在优先发展战略地位，对教育工作作出一系列重大决策部署，扎实实施教育惠民举措，人民群众获得感明显增强，促使教育为社会主义现代化建设提供有力的人力支持和知识贡献。

教育改革开放持续推进，关键领域改革取得重要进展，依法治教开辟新的局面。近五年来，根据党中央的总体要求，以拓宽终身学习通道为最终目标，深化考试招生制度改革纳入全面深化改革的关键领域，31个省（自治区、直辖市）落实本地区改革实施方案。依法治教全面推进，教育法、高等教育法、民办教育促进法一揽子法律修订完成。完善以章程为统领的学校内部治理结构，深化"放管服"改革，累计取消15项教育行政审批，依法加强督导体系建设，构建政府、学校、社会新型关系有了新进展。同时，我国已形成全方位、多层次、宽领域的教育对外开放格局，2016年205个国家和地区的40多万人次来华留学，我国成为亚洲最大、全球第三的留学目的国。中外合作办学项目、孔子学院建设顺利开展，我国同不同国家（地区）及国际组织的教育合作交流关系不断巩固，实施共建"一带一路"教育行动，我国教育国际影响力和竞争力日益增强。

....

党的十九大报告在阐释新时代坚持和发展中国特色社会主义的基本方略时，强调坚持以人民为中心，坚持在发展中保障和改善民生，在幼有所育、学有所教持续取得新进展方面提出更高要求，对优先发展教育事业相关重点任务进行新的重大部署。

....

坚持以人民为中心，持续推进教育公平，补齐民生短板。教育公平是社会公平的重要基础。党的十九大报告指出，"必须多谋民生之利、多解民生之忧，在发展中补齐民生短板、促进社会公平正义"，并对促进教育公平作出重要部署。保基本、补短板、促公平，重中之重是推动城乡义务教育一体化发展，高度重视农村义务教育。这是缩小城乡义务教育差距的标本兼治之策，也是促进城镇基本公共服务与农村共享的关键环节，将充分彰显教育权利和机会公平。这项工作重点从县域做起，逐步向有条件的市域扩展。在此基础上，抓住人民最关心最直接最现实的利益问题，不断满足人民过上美好生活的需要，办好学前教育，扩大普惠性学前教育资源，基本普及学前3年教育，提高保育教育质量；办好特殊教育，为家庭经济困难残疾学生提供免费高中阶段教育，更好保障残疾人基本教育权利；普及高中阶段教育，巩固提高中等职业教育发展水平，促进普通高中多样化发展，不断提高新增劳动力平均受教育年限。为此，财政经费将依法向困难地区和困难群体倾斜，动员全社会形成合力，健全学生资助制度，实现家庭经济困难学生资助全覆盖，努力让每个孩子都能享有公平而有质量的教育。

....

总之，我国将通过多种途径和方式，使绝大多数新增劳动力接受高中阶段教育、更多接受高等教育，进而办好继续教育，加快建设学习型社会，大力提高国民素质。展望未来，在"两个一百年"奋斗目标一步步变为现实的同时，一个人人愿学、时时可学、处处能学，学有所成、学有所用、学有所乐的学习型社会必将一步步建成。

资料来源

陈宝生.认真学习宣传贯彻党的十九大精神：优先发展教育事业［EB/OL］.中国共产党新闻网，2018-01-18.http：//theory.people.com.cn/n1/2018/0108/c40531-29750313.html.

二、案例（材料）点评

（一）适用范围

本案例适用于第二章"教育与社会发展"中第三节"教育在社会主义现代化建设中的地位和作用"内容的教学。党的十七大报告提出：优先发展教育，建设人力资源强国。把教育作为现代化建设的战略重点，既符合现代化建设的客观规律，也是教育为现代化建设服务的必然要求，更是社会发展的必然选择。

（二）思政元素

1.坚持中国共产党的领导

中国共产党是中国特色社会主义事业的领导核心。只有坚持中国共产党的领导，才能让教育事业始终向着现代化建设的社会主义方向发展，才能真正保障全国人民接受教育的权利的真正落实，才能最广泛、最充分地调动一切积极因素为教育事业发展贡献力量。

2.强调公平，坚持教育公平

教育公平不仅仅指受教育权利的公平，也包括学生拥有发展机会的公平。所以注重教育公平，有利于提升我国人口的整体素质，还有利于改善偏远贫困山区人民的生活质量和生命质量，从长远看，保障教育公平关乎着一个国家和民族的未来。

3.坚持人民利益为第一位

中华人民共和国是人民当家做主的国家，无论是人民代表大会制度还是民族区域自治制度，都很好地体现了国家将人民福祉置于至高地位。在教育领域也同样如此，普及高中教育、注重特殊教育、完善助学制度等都表明了国家在教育领域不希望有一个人落队。

（三）课程思政教学目标

1.知识目标

通过上述材料让学生了解我国的体制特征，了解中国共产党为国家站起来、富起来、强起来所做出的努力。让学生明白坚持中国共产党的领导就是人民当家做主的体现，中国共产党是国家富强的掌舵人。在课堂时宣讲共产党人的先进事例，让学生知道祖国富强的来之不易和共产党人所发挥的中流砥柱的作用。

2. 能力目标

本案例材料来源于党的十八大、十九大报告。通过简单介绍与解读，教师可以培养学生阅读正式文件的能力，锻炼学生收集资料的本领，让学生知道更多了解知识和获取知识的渠道，简单知晓国家出台的新政策和发展的侧重点。

3. 情感目标

通过本次课程的学习，培养学生对于中国共产党的敬重之心，同时提升对于中国共产党是我国执政党地位的认同感。对于国家所制定的各项政策能够有更高角度的理解和支持。

（四）相关经验总结

近年来，国家对教育事业越来越重视，鼓励开展各类教育论坛大会、不断调整已有的教育政策、出台与时俱进的新政策等行为都为教育事业更好地发展提供了更多的依据和保障。作为教育活动中最主要的劳动者和对象，我们是需要了解相关知识的。

在本堂课后，教师可以通过布置作业，让学生去寻找新闻报进行阅读，提升阅读水平。学习者可以对我国教育政策发展历程进行总结与比较，拓宽对教育政策演变与发展的认识。在实际教学中，教师也应当坚持学习，了解国家最新的教育政策、更新自己的教学观念、提升自己的教育水平。

案例二　丹巴县城区小学本土文化传承不遗余力

一、案例（材料）简介

"嘉绒"是一个地域概念，也是一个族群名称。但无论怎样，两者都是紧密联系在一起的。作为地域概念，它指的是嘉绒藏族居住的地区；作为一个族群名称，它指的则是生活在嘉绒地区的藏族。

在时代的潮流之中，本土文化的脆弱性逐渐凸显，如时代的发展，现代信息技术的发展及渗透等。这些外来文化显示出其强大的生命力，虽然它们的注入使文明程度有了极大的提高，但是很多千百年传下来的本土文化却在无形之中消失，因此，保护这些传统的本土文化势在必行。为此，丹巴县城区小学校因地制宜地开展了多项活动，为保护和传承本土文化尽绵薄之力。

学校成立了以城区小学校校长为组长的本土文化传承领导小组，下设办公室，处理日常事务。学校确立了以"人为本、德为先、质为上"的办学理念。以"增效减负、提升教师专业素养，促进学生全面发展"为目的，努力"构建高效课堂"，制定了"规范＋特色"的学校近期、中期和远期办学目标。大力营造"崇德、勤实、益智、健体"的育人环境。并辅以"传统文化传承从我这里开始"的教育模式。

在办学思路上，主要从政治、经济、文化为研究宗旨，以研究物质文化层面、制度文化层面、精神文化层面方面入手。作为文化引领的教师而言，首先要进行实地考察、采访、收集文字资料、早期的图片、照片、笔录、录音、拍照、摄影的方式进行研究。在研究过程中必须保持客观、公正的态度，多研究、多观察、多翻阅具有科学实践判断力强的资料。从宗教历史研究嘉绒历史，记录嘉绒人民的发展史。

在实际的教学中，首先是嘉绒舞蹈文化的传承。学校聘请校外嘉绒文化人士担任顾问，成立一支舞蹈文化组。收集整理民间歌舞，并用现代技术记录下来进行编排，使之成为一个完整的节目，让孩子们学习。使嘉绒歌舞在学校里生根发芽，在孩子们身上得到完美的体现。

丹巴独特的地形形成了特有的文化，其中，民间故事虽然多以神鬼为主，但是从中也能发现嘉绒文化发展的遗迹。为此，学校成立民间故事收集小组，走村串户，将这些古老的文明记录在案。回到校园里，编写成册，辅以图画，让其成为孩子们喜闻乐见的故事，从而让这些口头传承的文化得以延续下去，并使之发扬光大。

学校组织教师走进村寨里进行考察，观察每个地方的风俗民物有什么不同或区别，进行笔录和拍摄、摄影收集资料。如居住、服饰、饮食、婚姻、丧葬、礼仪、文化艺术、体育娱乐、节庆等。同时，小组可以收集嘉绒地区古代的生产生活工具、用品。为后期打造嘉绒文化博物馆做好准备。

丹巴县石砌技艺历史悠久，为了深入地挖掘丹巴建筑艺术及文化，研究石文化在丹巴的发展历史，以及它的历史背景和建筑艺术，学校成立了石砌文化调查小组，通过前期调查研究，让这些古老的石文化，如现代民居、碉楼、寺院经堂、佛塔等建筑展现在孩子们的面前。学校还在校园里专门开辟一片空间，将这些文化都浓缩其中，让孩子们在本土文化课上，了解到本民族博大精深的文化，从而产生民族自豪感。

通过一段时期的学习，那些古老的文化在这里得到了很好的传承和发展。2020年6月，丹巴县中小学校举办了第一届地方教材的赛课活动，丹巴县城区小学校选送的"嘉绒藏族礼仪"课荣获特等奖。学校的嘉绒藏族歌舞表演在嘉绒风情节中精彩亮相，获得与会嘉宾的好评。

"我们将继续加强本土文化的传承，让我们的文化能在时代中显示出强大的生命力，这是我们责无旁贷的责任。"城区小学校少先队大队辅导员文秀清表示。

资料来源

杨全富.丹巴县城区小学 传承嘉绒文化 乐享文明精彩［N］.甘孜日报，2020-05-12.

二、案例（材料）点评

（一）适用范围

本案例适用于第二章"教育与社会发展"中第二节"教育对社会发展的促进作用"的内容教学。教育的文化功能是指教育具有促进文化延续和发展的功能，具体体现为文化传承、文化选择、文化交流和文化创新四个方面。

（二）思政元素

1. 发展本土文化，发扬博大精深的民族文化，增强文化自信与民族自豪感

丹巴县城区小学在教学的过程中，把加强本土文化的传承摆在了重要位置，在开拓进取新形式的同时，也不忘记对民族文化的保护与传承，投入大量的人力、物力，引导学生们更多了解民族文化，增强文化自信，自觉成为民族文化的继承者。

2. 坚持知行合一、实事求是，指引学生通过实践获取知识

毛泽东同志说过，"实践出真知"，说明真正的知识只有从实践中获得。为更好地传承与保护多样的民族文化，学校专门成立民间故事收集小组，不仅在书本上对文化进行探索，更是深入实地，走村串户，将这些古老的文明记录在案，成为文明的记录者，在实践中探求知识。

3. 以人为本，以德为先，积极探索学生喜闻乐见的文化形式

学生是学习的主体，在教学过程中要充分关注到学生的地位。在民族文化传承过程中，教师们将民间故事收集完成后，回到校园里，将其编写成册，辅以图

画。让其成为学生喜闻乐见的故事，在乐趣中学习，从而让这些口头传承的文化得以延续下去，并使之发扬光大。

（三）课程思政教学目标

1. 知识目标

借助案例分析，增强学生对教育的职责的了解，同时对教育的功能有更深刻的认识。认识到教育不仅是要促进个体的发展，而且对促进文化的更新创造与维护也发挥着重要作用。这些知识的学习，使其以后步入岗位，也能有所思考，用所学的理论方法解决现实问题。

2. 能力目标

通过案例学习，学生对当前出现的一些教育问题有深入的了解，并能利用所学知识，对出现的问题进行批判性的分析。使学生从案例中，学习到一些研究方法，为今后的教学实践积累经验，有能力更好地保护本土文化，传承民族文化。

3. 情感目标

通过案例教学，提升对教育工作的认识，形成现代的多样化的教学观念，增强学生对民族文化、本土文化的重视程度，对相关文化有更加深厚的情感。

（四）相关经验总结

老师在教学过程中，要注意讲述记录传承本土文化的影响，在肯定保护的同时，也要注意对传承部分的讲述。教师引导学生在关注教育的教学目标的同时，也不能忽视作为教育者的其他责任，例如传承传统文化、增强文化自信等。

在教学过程中，可以借助多媒体播放视频播放相关民族文化片段，使这些元素鲜活起来，让学生们更能感受到本土文化的魅力，在潜移默化中增强学生的思想感情。学生在学习过程中，也能做到自主思考，联想身边其他类似的文化现象，提出相关疑问与建议，让课堂氛围活跃起来。

案例三　云端课堂里的文化自信教育

一、案例（材料）简介

习近平总书记指出："文化自信，是更基础、更广泛、更深厚的自信。在5000多年文明发展中孕育的中华优秀传统，在党和人民伟大斗争中孕育的革命文化和社会主义先进文化，积淀着中华民族最深厚的精神追求，代表着中华民族最深层的精神追求，代表着中华民族独特的精神标识。"在新时代，加强全社会的文化自信建设，是奠定中国特色社会主义事业新局面的重要基石，是实现中华民族伟大复兴中国梦的重要保证。推动学校内文化自信教育，是一项重要的时代任务和政治工作

2020年4月，当时全国新型冠状病毒感染的肺炎疫情防控形势非常严峻，任务十分艰巨。习近平总书记对疫情防控做出了一系列重要指示，领导全国上下齐心协力抗击疫情。浙江外国语学院在这场战"疫"中，充分彰显了"青年学子学青年习近平"学习教育的成效，浙外人以坚定的理想信念，饱含国家情怀，将吃苦耐劳的优秀品格，积极融入疫情防控的实际工作中去。

"我国能在短期内遏制疫情并取得胜利，背后支撑着我们坚守到底的伟大精神力量正是中国精神、中国文化……""中外文化交流史"课堂上，中文学院齐钢老师正在给同学们讲授精神文化在抗疫过程中的特殊作用。

在全球抗击新冠肺炎疫情的大背景下，中华文化所蕴含的智慧、理念、气度、神韵涵养了中华民族和中国人民内心深处的自信与自豪。疫情大考中，浙外教师坚守课堂主阵地，以抗击疫情中彰显的中华文化自信为契机，积极开展文化自信教育，加强大学生的社会主义核心价值观引导，增强大学生的文化自信。疫情期间，世界各国援助中国及中国援助他国的物资标语在网上引起一阵热议。在介绍中外文化关系史时，齐老师第一时间将这些素材分享给同学们，并以"山川异域，风月同天""道不远人，人无异国"等诗句为例展开介绍，进而引进中国与日本、朝鲜的友谊源远流长，文化交流由来已久。

在阐述中国儒家文化的特点及其后世影响时，他以我国政府与部分西方国家政府针对疫情采取的不同举措为例，引导学生透过不同政治现象看到背后的文化基因差异。他认为，中国文化主张以人为本，正是这种优良的文化传统，使得疫情暴发时政府首选百姓生命安全第一。齐老师表示，将疫情融入中外文化交流课堂，能使学生在了解和掌握中外文化交流历史事实的基础上拓展国际视野，以跨文化的眼光，重新认识中国历史文化的世界性地位和民族性特色，从而增进对祖国文化的热爱之情和对祖国文化走向未来、走向世界的坚定信心。

像齐老师一样，在浙外的云端课堂，多位老师主动将疫情防控素材引入课堂，引导学生深刻认识和思考抗疫彰显的文化力量。"这场举国上下奋战疫情的场景，让我们看到了全国人民在抗击疫情的'战斗'中所展现出来的迎难而上、艰苦奋斗……众志成城、共克时艰的伟大精神，而这正是中华文化的生动体现。"

在"中国近现代史纲要"课上，马克思主义学院毛巍蓉老师在"云课堂"与同学们分享抗疫背后的历史文化故事。

结合国内外疫情的发展形势及新国史国情教育，在教学安排上，毛老师针对非外语专业的学生特点，分别设置不同的专题教学项目，带领学生围绕疫情主题开展合作探究式学习，学生以小组汇报的形式分享研讨成果。在探讨"武汉是一座英雄的城市"话题时，她引导学生选择一个切入点回望历史，从历史文化角度去分析武汉人民为何能在这场没有硝烟的战斗中作出如此巨大的牺牲："历史铸就了武汉人敢于斗争、不怕牺牲的英雄气概，这种英雄精神在本次抗疫斗争中再次得到升华，武汉人民一直在用实践坚守着对祖国文化的高度自信。"

资料来源

姚祥燕.云端课堂里的文化自信教育［EB/OL］.浙江外国语学院，http：//www.zisu.edu.cn/info/101016570.htm，2020-04-20.

二、案例点评

（一）适用范围

本案例适用于第二章"教育与社会发展"中第二节"教育对社会发展的促进功能"内容的教学，主要包括教育的文化功能。教育的文化功能是指教育具有促进文化延续和发展的功能，具体体现为文化传承、文化选择、文化交流和文化创新的功能。

（二）思政元素

1.增强文化自信，传承民族文化，建立民族自豪感

实现中国梦，是物质文明和精神文明的均衡发展、相互促进的结果。没有文明的继承和发展，没有文化的弘扬和繁荣，就没有中国梦的实现。一个国家、一个民族的强盛，总是以文化兴盛为支撑的，中华民族伟大复兴需要以中华文化发展繁荣为条件，而文化自信是国家兴旺发达的重要支撑，所以我们要树立文化自信，传承民族文化，建立民族自豪感。

2.文化软实力是国家软实力建设的核心任务

体现一个国家综合实力最核心、最高层的就是文化软实力，它事关一个民族精气神的凝聚，而文化自信正是我们亟须的精气神。文化在实现强国梦的征程中有着举足轻重的作用，中华民族创造了源远流长的中华文化，在新的时代，中华民族同样能够创造出中华文化新的辉煌。

3.建设社会主义核心价值体系，筑牢中华民族精神支柱

民族精神和时代精神，是社会主义核心价值体系的精髓，而民族精神和时代精神的培养离不开中华民族 5000 多年文明发展中所孕育的优秀传统文化，而同样一个社会是否和谐，一个国家能否实现长治久安，很大程度上取决于全体社会成员的思想道德素质，只有植根于优秀传统文化的土壤，增强文化认同感，认同其中所蕴含的价值观念和精神追求，我们才能形成正确的价值判断，一个社会才能形成良好的社会风尚。

（三）课程思政教学目标

1.知识目标

思想道德素质和法治素养都是文化自信培养的重要组成部分，教师开展文化自信教育有利于学生树立科学的理想信念，提高学生的思想道德素质和法治素养。

2.能力目标

学习是一个双向的过程，在明确教学理念和科学把握教学内容的前提下，运用新的教学方式，充分发挥师生的教与学的主动性，发挥课堂主渠道作用，帮助学生树立文化自信，引导学生做中国特色社会主义文化的坚定信仰者、积极传播者和模范践行者，积极参与各类文化实践活动，提高学生践行文化自信的自觉和能力。

3.情感目标

通过案例学习，引导学生主动去学习植根于祖国土壤的优秀文化，增强对祖国优秀文化的认同感，同时文化自信不仅是对中华传统文化、红色革命文化、民族民间文化、当代中国文化的理解，也是对世界历史文化、异域民族文化、现代文明成果的包容借鉴，不盲目崇拜外来文化，也不歧视任何外来文化的存在。

（四）相关经验总结

创新教学方式，教师可探索灵活多样的教学方式。在现今科学技术日新月异的背景下，许多学生自我意识强、追新求异、思维活跃，新媒体使用熟练。可以灵活采用视频教学、专题教学、互动教学、实践教学等多种互相配合的方式，提高学生的学习兴趣，加深学生的认知和理解，让课堂教学内容真正落到实处，取得更好的教学实效。

第三章

"教育与人的发展"思政教学案例

案例一 爱心企业家资助母校，不忘初心弘扬正能量

一、案例（材料）简介

说到爱心企业家，咱们武进有很多。那今天，咱们要说的这位爱心企业家张敏，给自己的母校捐赠了200万元，成立了"张敏双百万教育奖励基金"。赶紧去看一看呢。

今年55岁的张敏，是漕桥小学1976届、漕桥中学1980届高中毕业生。1998年，张敏创办了一家纺织企业，如今，她又转型升级，开办了一家文化公司。事业上取得成绩的她，也不忘初心，回报自己的母校。

常州和乐文化传播有限公司董事长张敏："我母亲原来是那里（漕桥小学）的老师，我也在那念书，我现在觉得自己各方面都比较成功，就想对我们的母校做一些贡献、做一些付出。就有这个想法，叫作饮水思源吧！"

9月2日上午，"张敏双百万教育奖励基金"捐赠仪式在漕桥初级中学举行。张敏承诺分别向漕桥初级中学、漕桥小学各捐赠100万元，分10年捐出。

常州和乐文化传播有限公司董事长张敏："主要用于对优秀老师和学生的鼓励和奖励，以及对贫困学生的资助。分十年捐就是为了每年和学校的老师校长做个交流，了解学校的变化和发展。"

在漕桥中学90周年、100周年校庆时，张敏就捐资数万元资助学校。今年3月份，张敏提出了捐赠双百万的想法。漕桥初级中学丁校长知道后，专门和张敏进行沟通。

漕桥初级中学校长丁国荣说："她是一个热心公益，记挂母校，非常有责任心的企业家。今年三月我们也特意去拜访了一下，沟通非常轻松。"一入座，她就说想为母校做些事儿。我捐100万元，随便你们学校怎么弄，我为母校做些事真的很开心。

2013年漕桥中学退休教师孙国华把毕生积蓄190万元捐给了自己学习、工作、生活了近30年的母校，在漕桥初中设立了"孙国华奖励基金"。去年教师节，武进90岁的退休教师储振民也将生平60万元积蓄，全部捐献给了礼嘉镇坂上初级中学，成立文明奖励基金。前有孙国华、储振民老师的裸捐事迹，现在又有张敏校友的慷慨资助。近年来，越来越多这样的爱心人士、慈善企业家，关心教育、投入教育，在我们中间传递着社会正能量。

漕桥初级中学校长丁国荣说："我们在职老师和全体学生内心中是触动非常大的。虽然我们教育环境地处乡村，教育资源不是很丰富，但是学生都表示不会辜负社会各界的关心，教师们表示会好好工作、学生们会努力学习。争取办好家门口的学校！让社会各界对我们的关心得到回报！"

本报也要为所有爱心人士的行动点赞，感谢他们对教育事业的资助。正如张敏所说的那样，她希望通过自己的捐赠，能带动更多社会力量参与进来，支持教育事业的发展。本报也希望能有越来越多的爱心人士，一起来为武进的教育事业出一份力。

资料来源

佚名.爱心企业家资助母校，不忘初心弘扬正能量［EB/OL］.阳湖网.http：//www.wjyanghu.com/yhw/hotspot/lxbbt/2017-09-11/31708.html.

二、案例（材料）点评

（一）适用范围

本案例适用于第三章"教育与人的发展"中第二节"教育促进个体发展的功能"内容的教学。教育的个体发展功能是教育对个体发展的积极影响和作用，促进人的发展是教育的本体功能，教育通过培养人，培养社会所需要的人，间接促进社会的发展。

（二）思政元素

1. 饮水思源，关注母校发展

爱心企业家张敏在离开母校十余年时间后，依旧挂念母校的状况与发展情况。在自己事业上取得一定成就后就一心想着反哺母校，多次给予学校资金援助，助力母校更好地发展。

2. 勤俭节约，抵制铺张浪费

企业家张敏在自己物质生活富足的情况下，依旧提倡勤俭节约，抵制铺张浪费。将自己所得无私奉献给社会，帮助社会上需要帮助的人，体现了乐于奉献的传统中华美德。

3. 薪火相传，形成助学良好风气

该校在过去的几十年里，不断有历届校友回馈母校，捐资助学设立各类奖学金以帮助母校更好地发展。他们这种行为不仅仅为学校发展提供了资金支持，在社会也会带动更多的爱心企业家关心教育发展，有利于传播社会正能量，形成良好社会风气。

（三）课程思政教学目标

1. 知识目标

借助案例分析人物所包含的优良品质，学生尝试从所描述的人物身上发现其他优良品质。也可以进行此类主题班会的分享会，让学生充分挖掘身边的例子，深刻理解榜样身上的优良品质。

2. 能力目标

通过案例教学充分锻炼学生发现美的眼睛，尝试从身边人身上发现值得自己学习的行为习惯或者精神品质。同时，也可以对自己进行分析，发现自己身上的优点与缺点，正视自己身上的不足之处，对于学生的良好品质教师应当适当表扬，这样有利于学生的身心发展。

3. 情感目标

通过材料的阅读与讲解，让学生了解乐于奉献等优良品质，让学生有"喝水不忘挖井人""滴水之恩，应当涌泉相报"的意识和想法。让学生从小树立回报社会的理想，在成长的路上拥有一颗感恩的心。

（四）相关经验总结

通过上述例子的讲解后，教师应与学生进行及时的互动，让学生们积极发言，说出他们所知道的相类似或者相关联的人物或者事例。这样既能达到"举一反三"的效果，也能让学生参与到整个的教学活动之中，还可以教导学生养成观察生活留意生活的习惯。在课堂的最后，教师应当对课程的主题进行总结与升华，同时还应当引导学生形成"喝水不忘挖井人"的观念。

课后，从学生的所写所感中可以知道，学生们通过这堂课的学习和课后资料的补充，认识了很多慈善家（如邵逸夫先生、许加印等），发自内心地表达了他们的敬佩之心和感恩之心。也从侧面让学生们知道他们所拥有的教学环境的来之不易。

案例二　六旬教师变身"网络主播"

一、案例（材料）简介

疫情当前，四川省资阳市口腔职业学院的老师们变身"新手主播"，纷纷各显神通，站在"云端"讲台，为学生们直播授课。在这群教师中，六旬教师陈超面对网络教学，迎难而上，从小白做起，不断学习网络教学技术，完成教学任务。

做"主播"他是认真的

"没有想到 50 后的我，还能体验网络在线授课。"陈超是一名 50 后，他形容自己的网课教学之路纯属"逼上梁山"。平时的他不玩抖音，不使用短视频软件，对直播更是用得少。

为了不耽误学生的学习时间，他在各种直播平台进行选择，购买直播需要的耳机等工具，经过一番对比，他建立好公共选修课"应用文写作"班级群，下载腾讯课堂，买来耳麦，重新安装无线路由器，反复进行测试后，收拾好"直播间"，认真备课。

"有生之年我体会了一把网络主播的角色。"第一次上网课，他没有直接进入"应用文写作"课程主题，一段简短的"欢迎词"埋下伏笔之后，他把同学们拉回到上学期的"军事理论"课，用一小节课的时间，和同学们共同面对难以回避的这场没有硝烟的"疫情"防控战。

直播讲课与课堂是不同的，没有课堂浓厚的学习氛围，他没办法一眼看到每个学生的学习状况。"学生大都是 00 后，我是 50 后，和他们有一定的代沟。"为了调动学生的积极性，他会对关键词不断进行提醒，聊聊身边的事情，用自己的经历感染学生，让学生感兴趣，拉近与学生的距离。有了初期的铺垫与热身，第二堂网课学生们变得更加积极，和同学们互动之后，学生们提出自己的问题，献上虚拟鲜花时，让陈超感到欣慰。

"上课讲得很仔细，陈老师不仅教给我们专业知识，还给我们分享生活实例。"该校口腔医学技术专业尹美琪同学告诉记者。

做老师，他是尽职的

"主播与老师是不同，不能光活跃气氛，还是要以学生学习为主。"陈超认为，在网络教学的过程中，老师们学习的是主播吸引观众的手法，直播的重点还是要在学习上。如今，手机已经离不开人们的生活，但他并不希望这些00后学生只是传说中的"叶公好龙"，使用手机不仅仅只用于娱乐，也可以利用碎片化时间学习进步。

顺应时代的发展，他从原来的板书教学，学习使用办公软件，到如今的直播教学，虽然让他感到有些吃力，但凭着活到老学到老的精神，努力学习技能让自己的教学更加生动。"社会在发展，网络上的内容各式各样，如何能利用在线教育终生学习，这是我思考的方向。"为了一名教师，他认为自己只是数码时代的原住民，00后学生们用起手机来得心应手，在疫情之下，在线教育也被相应地带动了，如何教会学生不停留于表面娱乐，终身享受在线教育的成果？对于老师来说，这既是机遇，也是挑战。

"你需要不断学习，才能跟上学生的脚步。教书育人的过程中育人非常重要。"在在线授课的这段日子里，他感触颇深，他认为自己必须有真实的东西，在教学过程中，透过生活经历感染学生。教学不能再停留于表面，还要让学生学会反思，在课堂上不断延伸，从教学到生活，最后形成良好的社会价值观。

"疫情期间，我和学生共同成长。"作为一名基础教育部的老师，一堂课要讲的内容不是表面的课堂知识，他希望学生能够正确认识应急状态下的情绪反应，学会在逆境和危机中成长。

资料来源

刘佳雨.活到老学到老 六旬教师变身"网络主播"[EB/OL]，2020-04-15.

二、案例（材料）点评

（一）适用范围

本案例适用于第三章"教育与人的发展"中第三节"教育促进个体发展的条

件"内容的教学。具体体现为教育工作者要把"育人为本"作为教育工作的根本要求，把学生作为教育活动和发展的主体，不断坚持教育创新，达到更好的教育效果，实现立德树人的根本目标。

（二）思政元素

1. 坚持在自己的岗位上精益求精，保持正确的前进方向

作为一名教育从业者，在工作中应该做到精益求精，抓好教学的每一个细节，"你需要不断学习，才能跟上学生的脚步。教书育人的过程中育人非常重要。"在在线授课的这段日子里，陈超老师保持着活到老、学到老的心态，拥有不断创新、不断挖掘的工匠精神，努力在线上营造最佳的学习氛围。

2. 保持思想的解放，弘扬与时俱进的时代精神

随着科技与经济的不断发展，当今世界发生着深刻的变化，我们身处的社会也正在不断进步，只有不断学习、与时俱进、适应新技术，才能更好适应社会的发展。陈超老师即使是一名50后，也在保持思想的进步，不断学习，始终在探索中前行。

3. 坚定理想信念，在把握机遇中发展前行

在从事某项职业时，总是难免会遇到挫折。疫情期间，教师职业也受到了冲击，如何有效地教促使学生有效地学都成了考验教师的一大难题。走出"舒适圈"，尝试新教法，陈超老师尽管在刚尝试时会觉得困难，但在学习后不断进步，促进了教学质量的提高。学生在面对新环境时，我们应教会他们一方面需要坚定自信，多去尝试，另一方面也要在历史发展的潮流中，把握发展机遇，坚持学习与进步。

（三）课程思政教学目标

1. 知识目标

借助案例分析，让学生对教育途径有更深入的了解，在将来的职业生涯中，灵活地运用各种教学方式，最大限度地发挥课堂主渠道功能的同时，也将科技充分运用起来。

2. 能力目标

通过案例学习，鼓励学生积极地面对社会环境的变化，锻炼自身，紧跟时代步伐，拥有与时俱进的能力、不断创新的能力、面对复杂环境沉着冷静面对的能力。

3. 情感目标

通过案例教学，培养学生精益求精的精神品质，在学习和生活中，能够以更高的标准要求自己，学会不断地探索与创新。

（四）相关经验总结

该案例运用于教育学课程中，一方面帮助同学们在学习基本知识的同时，进一步强化终身学习的观念；另一方面，引导学生在运用新技术中也要注重不断创新与进步，让他们从现实出发，更深刻感悟新媒体技术所带来的学业变革。注重联系教学实际，带给他们更加深刻的体验。

经过本案例的学习，学生对终身学习观念有了更强烈的认同感。学生普遍反映，要向陈超老师学习，不仅要进一步加强课下作业的完成，相关理论知识的巩固，也要把握时代发展，多学习一些新媒体技术，将来运用于课堂，助力学生成材。

案例三 "疼痛青春"，关注校园欺凌

一、案例（材料）简介

可能不经意间给你起的一个外号，一句看似稀松平常的玩笑话，学生时代一件无足轻重的尴尬小事，许多年后仍然成为你不愿记起的糟糕回忆。在调查中记者发现，相比直接的肢体冲突，许多学生和成年人表示冷暴力对身心的杀伤力要更大。

最近网上有一部热度很高的电影《悲伤逆流成河》，此电影就是以校园欺凌事件为背景拍摄的。影片披露了这个社会和校园欺凌对孩子成长的影响。尽管这部电影台词过于文艺而显生硬，也不够接地气，然而却是一部更能令人深省的关于校园欺凌的影片。很多童年在校园中遭受过同学"欺负"或者"欺负"过同学的观众，在影片中都找到自己当初的影子。

电影高潮也是最震撼人心的就是最后自杀催人泪下的那一段！"谁杀了顾森湘我不知道，但是杀我的人，今天可就全在这里了。"

"疼痛青春"是导演情绪体验的目的，通过创伤的弥合来消解美丽校园、宁静弄堂中或有声或无声的"暴力"。在提供青春期少女的心理状态时，导演将主人公易遥的心路历程分解为三个不同阶段：

首先，身体阶段。区别对待的蓝色校服、倔强的短发、排他的目光以及被动传染的性病。对于那些身体、心智都尚未成熟的少年，易遥成了他者眼中的异类。看客通过将易遥妖魔化，让自己融入这个集体之中，如同唐小米。施暴者亦是孤独而又自卑的，将易遥暴露于阳光下受人践踏的同时，也将自己隐匿于易遥灰暗的影子之中，以便得到暂时安全感。

其次，心理阶段。勇于表达自我，将柔软的本我展现给他者。影片通过画面的特写与虚焦，让易遥释放地躺在彩色的球之中。球的圆滑质感与弹性，将易遥的身体创伤包裹，这种包裹并非细沙般窒息式的单色状态，而是充满了可呼吸的缝隙与斑斓的彩色，这也是全片唯一拥有的一抹亮色。

最后，反抗阶段。与母亲的和解与海边的控诉。反抗亦是一种和解，无力的少女从逃避自我到正视压力，在不断寻求自我救赎的道路中与自我和解。从沉默的忍受到委屈的接受再到积极反抗，易遥通过海边大声地呐喊痛斥看客们的冷血与麻木，当女主沉入海底的瞬间，导演也达成了与全片的感性和解。

在初高中的学生正是敏感的青春期，你的某句话就可能会给别人带来一辈子抹不去的痛。伤害过别人的人在回想起这些事的时候简单说一句"开玩笑的""不记得了"来掩饰，我们的良心真的不会痛吗？校园欺凌的可怕在于杀人于无形，却不自知其丑恶，本是向阳而生的年纪，却笼罩在流言蜚语与欺负凌辱的阴霾之中，直逼人心存绝望而向死。

愿所有施暴者，都能反躬自省。愿所有人的青春，都能被温柔以待。

资料来源

倪骏.《悲伤逆流成河》：情绪体验式的文本表达［N］.中国电影报，2018-10-24.

二、案例（材料）点评

（一）适用范围

本案例适用于第三章"教育与人的发展"中第一节"人的身心发展及其影响因素"内容的教学。教育的目的是促进学生身心和谐发展，影响学生发展的因素很多，学校应该营造良好的育人环境，为学生的健康成长提供和谐的场所，成为学生身心健康发展的乐园。本案例同时适用于第九章"教师与学生"中第三节"学生"内容的教学，具体包括学生身心发展的特点、学生的相关权利与义务等。

（二）思政元素

1. 培养学生团结友爱的优秀品质

学校和班级是一个大家庭，我们班每个人都是其中一分子。团结、互助、友爱是人生必不可少的道德品质，只有拥有这种优秀的品质，我们才能担当起建设祖国的重任，社会才能和谐发展。学校是解决校园霸凌的桥头堡，而家庭教育，又是辅助学校教育最重要的手段。或者这样说，学校教育和家庭教育，两者是相辅相成的，两者都极其重要，缺一不可。校园霸凌问题归根结底是教育问题，避免校园霸凌的发生，不是家庭或学校某一方的责任，而是两者相辅相成，合力保护。

2. 育人为本，德育为先

教育环境本身就是多方面的，霸凌问题固然是环境的一方面。学校应该从根本入手，立德树人。通过道德养成教育，让学生形成向善向上的思想品格，形成健康积极的人格，团结友爱、互助互信，携手前进。让社会主义核心价值观深入人心，校园文化积极阳光，每一个孩子都能在学校里获得成长的机会。

3. 树立法治观念和守法意识

政府各部门联合出台法律法规应对校园暴力事件，这是一个非常重要也非常有价值的举措，但是它往往缺失了一个更关键的步骤——普法教育。出于对法律的敬畏，大家会尽力避免去触碰道德上就说不过去的问题。期望每个人都心存善意以维持社会安定和谐是不可能的，期待大家共同遵守规则以保证社会秩序则是可执行的——所以要让那些不能从心底里带着友善的人，了解到我们的约定，了解到破坏规矩是要伤害到自己的。

（三）课程思政教学目标

1. 知识目标

老师可以利用自习课的时间带领学生观看相关的法制节目，普及法律知识、防范校园欺凌。

2. 能力目标

学生在老师的模范行为影响和带动下，更加积极主动去了解校园暴力带来的恶劣影响，杜绝校园暴力，创建和谐校园。

3. 情感目标

通过道德养成教育，让学生形成向善向上的思想品格，让社会主义核心价值观深入人心，形成健康积极的人格，团结友爱、互助互信，携手前进。

（四）相关经验总结

课前，老师可以让学生查阅有关校园霸凌的资料，并进行归纳整理。课中，老师利用多媒体软件播放校园霸凌的视频，并分小组进行讨论。课后，老师对同学们的发言进行总结。

校园欺凌最直接的危害是令受害者在心灵及肉体上感到痛苦，我们的学生都处在身心发展的关键时期，应该享有一个健康良好的学习环境，应该受到家庭、学校、社会等多方面保护。面对校园暴力，遇到危险或可能发生危险时，要主动、及时地和老师、家长、公安人员取得联系，积极争取学校、社会和家庭的保护和帮助。

案例四　把"教育改变女孩人生"坚守到底

一、案例（材料）简介

张桂梅创办起了全国第一所全免费的公办女子高中——云南华坪女高。建校12年，张桂梅和她的教师们带领1800多名女孩走出大山，走进了大学的校门。"只要我还有一口气，就要站在讲台上。"张桂梅说。

"今年华坪女高的高考成绩'两头'比较突出，600分以上的相对历届较多，但今年达到专科成绩的学生也多，达9人之多，往年就两三个。"张桂梅说。作为在云南待了大半辈子的东北人，张桂梅对待学生成绩时的"苛刻"，一如她一生的倔强和坚韧。

1974年10月，张桂梅响应党的号召，随姐姐从东北来到云南，支援边疆建设，此后的时间里，她把全部身心献给了祖国西南边陲贫困山区的教育事业。1996年，张桂梅的丈夫因胃癌去世，不久后张桂梅放弃了大理优越的工作环境，申请调到深度贫困山区华坪县。她放弃进入全县条件最好的华坪一中，选择在全县师资最弱、条件最差的民族中学任教，并承担起4个毕业班的语文和政治课教学任务。1997年4月，张桂梅被查出患有子宫肌瘤，需立即住院治疗。但为了不耽误初三毕业班的教学进度，她偷偷把检验结果藏起来，直到7月份把学生送进中考考场后，才住院接受手术。得知张桂梅身患重病，县妇联主席和工委女工委主任同时看望了她。几天后的县妇代会上，全体代表为这个"外来的姑娘"捐款。有人借钱捐款、有人把给孩子买衣服的钱捐了、有人捐了自己回家的路费……县领导说："张老师，你放心，我们再穷也要把你的病治好。"手捧着这山乡的情义，张桂梅的泪水夺眶而出："华坪给了我第二次生命，我想为华坪做些事。"这一坚持，就是20多年。从那时起，张桂梅的生命就和华坪、教育扶贫连在了一起。

打破女孩缺失文化的恶性循环。在担任"儿童之家"院长过程中，张桂梅对女孩接受教育的重要性认识得愈发深刻。这让她意识到，贫困的女孩成为贫困的母亲，贫困的母亲又将养育贫困的下一代，"恶性循环一直存在。""只要母亲的素质高，孩子的素质就高。要解决偏远山区的贫困问题，就必须从提升妇女素质入手。"由此，张桂梅萌发了创办一所免费女子高中的想法。从2002年起，她开始为这个看来"根本无法实现"的梦想而四处奔走。"要办一所免费女子高中？你是不是有神经病？"张桂梅的"宏伟蓝图"遭到不少人的质疑，但张桂梅没有放弃，为此饱尝了常人难以想象的辛酸。在省、市、县各级党委的支持和社会各界的捐助下，张桂梅的办学梦想最终实现。2008年8月，全国第一所全免费的女子高级中学建成。9月1日，来自丽江市华坪、永胜、宁蒗等深度贫困县的94名贫困女孩走进了女子高中的校园。

要对得起肩上的责任和使命。学校是建起来了，如何留住孩子却成了难题。为留住这些学生，家访成了张桂梅最重要的工作。一次家访，到了山下，司机告诉张桂梅，车上不去了。学生的家在山顶，仅有一条不到半米宽的山路，路的一边是万丈悬崖，走路的话需要6个小时。为了节省时间，张桂梅搭乘乡政府工作人员的摩托车上山。"当时坐在车上，我都不敢低头，摩托车稍微歪一点，就会跌入悬崖粉身碎骨。"想起当时的场景，张桂梅至今心有余悸。学校创办初期各方面都很艰难，整个学校只有一栋教学楼，没有食堂、厕所，学生和女教师挤在教室里睡觉，男教师睡在楼梯间。女子高中建校半年时，17名老师，9人辞职，只剩下8人。张桂梅坐在学校的旗杆下抹泪："怎么办？学校是不是办不下去了？"哭完后，她回到办公室去整理学校的档案时意外地发现，留下的8名教师中，居然有5名是党员，加上自己，学校有6名党员。"只要有党员在，就没有办不成的事。"张桂梅心中暗想。"我说咱们开始重温入党誓词。我们没有钱，就在二楼画了一个党旗，把誓词写在了上面。我们宣誓，没宣誓完，全哭了。"从那之后，学校开始了军事化管理，每件事都被张桂梅严格限制在规定时间内。看似有点残酷，但她们对得起自己肩上这份责任和使命。

她播撒的爱在流动和传递。"太出乎我的意料了，高一刚进校的第一课，校长并不直接谈高中阶段的专业学科，而是让我们抄写党章。"就读于南方医科大学的毕业生邓婕回忆，"经过高中三年红色文化的熏陶，我变得坚强独立、吃苦耐劳、勤奋勇敢了。"这是张桂梅的"特殊教育"。张桂梅在探索中制定了"唱红色歌曲、忆红色历史、读红色著作、记红色名言、看红色影视、塑红色课堂、办红色校报"等教育教学方针，坚持每周开展"五个一"党性教育活动（一律佩戴党徽上班、每周重温一次入党誓词、每周唱一支革命经典歌曲、每周开展一次党员理论学习、每周观看一部具有教育意义的影片），她努力"让教育走得更深更远"。

"有人说我爱岗敬业，有人说我疯了，也有人说我为了荣誉。有人不理解，一个人浑身是病，却比正常人还苦得起。支撑着我的，是共产党员的初心和使命，让我直面这片热土时，心里不愧。"张桂梅说。

一个叫何先慧的女孩，对11年前的那一幕记忆犹新。2009年，华坪县中心镇河东村，张桂梅来到学生何先慧家里家访。看到何先慧的妈妈衣着单薄，在地里割韭菜，张桂梅把身上穿的新棉衣脱给了她。知道这件事后，何先慧的眼眶湿润了。她家境贫困，初中毕业后没钱上高中，是华坪女高接纳了她。现在，何先慧已经是一名中学教师。每到周末，她就会去华坪县儿童福利院帮忙。只要张老师打一个电话，她就会无条件支持。因为她知道，张老师播撒的爱，在流动和传递……

资料来源

韩亚聪."燃灯"校长张桂梅：把"教育改变女孩人生"坚守到底[EB/OL].中国妇女网，http://www.cnwomen.com.cn/2020/12/15/99216328.html，2020-12-15.

二、案例（材料）点评

（一）适用范围

本案例适用于第三章"教育与人的发展"中第一节"人的身心发展及其影响因素"和第三节"教育促进个体发展的条件"内容的教学。教育的直接目的在于影响人，促进人的发展。教育要实现促进个体发展的功能，需要确立"以人为本"的教育理念，要确保学生的主体地位，也要不断创新教育理念和方法。

（二）思政元素

1.发扬红色传统，传承红色基因

红色文化见证了"没有共产党就没有新中国"的历史，具有独特的价值功能，有利于弘扬和践行社会主义核心价值观。张桂梅积极探索，制定红色文化教育教学方针，让学生在高中三年接受红色文化的熏陶，真正用红色教育对学生价值观进行深刻塑造，学习共产党人坚定理想、艰苦奋斗的伟大精神，引导学生逐渐树立起坚定的理想信念，主动当好红色基因的传承者、实践者。就读于南方医科大学的毕业生邓婕回忆，"经过高中三年红色文化的熏陶，我变得坚强独立、吃苦耐劳、勤奋勇敢了"。

2.不忘教育初心，勇担教育责任

习近平总书记指出："我们党近百年来所付出的一切努力、进行的一切斗争、作出的一切牺牲，都是为了人民幸福和民族复兴。正是由于始终坚守这个初心和使命，我们党才能在极端困境中发展壮大，才能在濒临绝境中突出重围，才能在困顿逆境中毅然奋起。"张桂梅在建设这所女子高中初期，难免有困顿逆境时刻阻拦着她前进，但她咬牙克服并坚信"只要有党员在，就没有干不成的事"。领导带领全校师生实行"特殊教育"，共同接受红色文化的熏陶，为社会主义教育事业培育合格的建设者和接班人。

3.坚定理想信念，成就教育梦想

习近平总书记曾说："对想做、爱做的事要敢试敢为，努力从无到有、从小到大，把理想变为现实。要敢于做先锋，而不做过客、当看客。"张桂梅在担任"儿童之家"院长过程中，愈发认识到女孩接受教育的重要性，所以萌发了创办一所免费女子高中的强烈愿望。实现梦想是艰难曲折的，面对其他人的质疑以及现实中的其他难题时，她并未放弃。就像汪国真在《热爱生命》中所说的那样："我不想是否能够成功，既然选择了远方，便只顾风雨兼程。"既然有"敢为天下先"的勇气，便要尝遍世人所不愿意的辛酸苦辣，唯有这般，才配得上常人所得不到的珍惜，而张桂梅校长的确做到了，创办起了全国第一所全免费的公办女子高中——云南华坪女高。

（三）课程思政教学目标

1.知识目标

通过案例学习，学生明确受教育的权利是女性应当享有的基本权利，"坚持男女平等基本国策，保障妇女儿童合法权益"是党治国理政的重要理念和内容。

2.能力目标

掌握基本的教育法律知识，当受教育权受到侵犯时，懂得运用法律武器捍卫自己的合法权益，成为一名学法、懂法、用法和守法的新时代新人。

3.情感目标

能够切实感受到女性是推动社会向前发展的重要力量，没有女性哪有人类，产生对于女性的敬畏和感激之情；培养学生在实现梦想过程中拥有坚忍不拔、永不言弃的崇高品质。

（四）相关经验总结

在教学中，可以组织学生就性别差异这个问题展开讨论，注意在讨论过程中要引导学生正确看待导致性别差异的原因以及社会上存在的性别歧视等问题，尤其要注意让学生明确男女平等的观点，以及教育在消除性别差异过程中的主要作用。

学生们了解了张桂梅校长的事迹之后，纷纷表示深受感动；部分同学认为性别差异无论是在我国还是外国其实都不同程度地存在，但是在党和政府的领导下，通过社会各界和每个人的共同努力后，明显感受到我国在教育上存在的性别差异在逐渐缩小。

案例五　庞贝病少年高分考上南开大学

一、案例（材料）简介

辽宁沈阳男孩王唯佳是一名庞贝病患者。他身体极度瘦弱，每走一步都很艰难，连睡觉都必须戴着呼吸机。就是这样一个少年，今年高考考出了662分的好成绩，被南开大学录取。他用坚强与乐观诠释了"命运以痛吻我，我却报之以歌"。

初中时确诊庞贝病，每晚靠呼吸机入睡。王唯佳来自辽宁省沈阳市法库县西二台子村，和同龄人相比，他显得很瘦弱，1米74的身高，体重还不到90斤。他所患的庞贝病，学名叫作Ⅱ型糖原贮积症，患者体内由于缺少一种酶，导致葡萄糖没法为肌肉和器官提供能量。小时候的唯佳跟正常孩子一样也能自由地跑跳，上初一后，他发觉自己跑不快，单次跳绳只能跳十几个，还出现了脊柱侧弯，走路经常摔跤。之后，经过DNA诊断，他被确诊为晚发型庞贝病。由于无法负担高昂的治疗费用，唯佳不能足剂量地使用药物，病情一直在发展。特别是到了青春期，由于骨骼发育速度增快，他的身体变形更加严重。走路、跑跳，对他来说都成为奢望，甚至每天睡觉，他都必须佩戴呼吸机，否则就会出现呼吸暂停。

忍着病痛刻苦学习，高考考出 662 分。因为脊柱侧弯严重，为了能直立，他必须将身体束缚在坚硬的矫正模具里。即使如此，他丝毫没有放松对学习的要求，一直成绩优异。进入高中后，他更加努力。在老师们看来，唯佳很要强，如果想给他特殊照顾，他会觉得不好意思。一页页笔记记录了唯佳的勤奋和努力，但是一个十几岁的少年，每天都经受着病痛，又怎能没有情绪崩溃的时候。一次期末考试，唯佳在去考场的路上，走着走着，因为身体原因突然摔倒，门牙磕掉了一大块，满嘴都是血，还有二十多分钟就要考试了。"我当时就想，我都活成这样了还考啥试？我去厕所用凉水洗脸，洗完之后感觉好点了，我想，我都这样了，学习再不好那我该咋办？还得考试！"坚定了逐梦的方向，再苦再累，唯佳都咬牙坚持。对他而言，一天到晚长期坐着上课是一件颇为艰难的事。坐两节课，他就会感到非常累，"很多人说，高中学习就像上战场，不仅拼的是脑力，还有体力。我在体力这方面，和正常的同学相比，差距还是很大的。"唯佳知道自己的困难，但从不放弃。平时上课累了，跟不上教学进度，他就课下花更多时间补回来。凭借着不懈的努力，王唯佳敲开了大学的校门——今年高考，他取得了 662 分的好成绩。"世界以痛吻我，我却报之以歌。既然已经得病了，如果再自暴自弃，不就是顺了它的意吗？我反而要越做越好，活出更精彩的人生。"

在关爱中成长办，免费辅导班回报社会。饱受病痛折磨的唯佳能如此坚强乐观，和他所处的环境也有很大关系。很多陌生人向唯佳伸出援助之手，还资助了他的医药费。为了尽可能给唯佳提供便利，他所在的班级一直没换过教室，始终在一楼，唯佳的座位也是离门口最近的。为减轻这个农村家庭的经济负担，学校还给唯佳的妈妈安排了一份保洁工作，并给娘俩安排单独宿舍。唯佳也用乐观的态度感染着身边的人，帮助唯佳的爱心志愿者说："他身上有种'我命由我不由天'的劲。"高考后，唯佳利用假期回馈社会，他开办免费补习班，每天给同村的 6 个孩子辅导高中课程。严重变形的脊柱让唯佳的上身始终保持前倾，为了不摔倒，他必须用力让腰部挺直，这对于庞贝病患者来说，每一秒钟都是煎熬。上课时，唯佳经常得用力扶着桌子，汗水顺着脸颊淌下来。他说，他想要帮助更多村里的孩子，让他们也有机会考上理想的学校。

被南开大学录取，"感谢支撑我逆风飞翔的好心人"。唯佳高考的第一志愿是南开大学计算机专业。一方面因为喜欢，另一方面是因为天津已经将庞贝病纳入医保，可以减轻家庭负担。就在8月21日，唯佳接到了南开大学的电话，他已经被成功录取。网友纷纷点赞：生活中的强者，致敬。庞贝病给了王唯佳无法挺拔的身体，但也让他收获了更多的善意和爱。唯佳说，他要感谢每一位支撑他逆风飞翔的好心人。而我们每个人，也从唯佳逆风飞翔的勇气与姿态中，收获了感动与力量。

资料来源

裴奔，李姜楠等. 庞贝病少年高分考上南开大学，"命运以痛吻我，我却报之以歌"[EB/OL]. 中国教育报，http：//www.ytcutv.com/folder355/folder356/folder379/folder387.html，2020-08-24.

二、案例（材料）点评

（一）适用范围

本案例适用于第三章"教育与人的发展"中第一节"人的身心发展及其影响因素"内容的教学。学生是能动的人、是发展中的人，学生是以学习为主要任务的人。学校教育在个体发展中具有独特的价值，在教学中既要注重培养良好的班集体，也要关注学生个体的特殊性，做到因材施教，促进全体学生的成长与发展。

（二）思政元素

1. 弘扬独立自主、勤劳勇敢的优良品质

中华民族历史上经历过太多的磨难与挑战，但从来没有被压垮过，因为中国人民自强不息，绝不屈服，勤劳朴素，踏实肯干，在逆境中愈挫愈勇，不断在磨难中成长和奋起。男孩王唯佳身患庞贝病，连最基本的睡觉和走路都是奢望，即便如此，他不轻易放弃，在学习上没有丝毫懈怠，忍受着病痛的折磨，克服前进中的重重阻力刻苦努力学习，充分彰显了中华儿女自强不息、勤劳肯干的优秀品质。

2. 发扬敢于有梦、勇于追梦、勤于圆梦的蓬勃朝气

苏格拉底说，"世界上最快乐的事，莫过于为梦想而奋斗。"有梦想的人生是充满希望和快乐的，因为心中有梦，脑海中便有了前行的方向，脚下便有了通往理想的道路，人生开始变得有意义，再苦再难，有坚定的理性信念支撑着我们不断前行。男孩王唯佳坚定了逐梦的方向，尽管每天经受着病痛，但一路咬牙坚

持，终于扼住命运的咽喉，越做越好，考上理想学校，活出更加精彩的人生！

3.传承中华民族知恩图报的传统美德

我们不仅需要学会回报他人的恩德，更需要懂得回报祖国、回报社会。少年王唯佳在成长过程中除了有母亲对他的悉心照顾，还感受到了很多陌生人对他的关爱以及学校对他的关照，这些温暖的人们成就了一位懂得感恩的学子。高考结束后，王唯佳利用假期开办免费补习班，以自己的力量去帮助更多逆风飞翔的孩子们，知恩图报，回馈社会。

（三）课程思政教学目标

1.知识目标

引导学生了解中华民族历史上经受的巨大磨难与挑战，在面对挑战时，中国人民的态度和做法；让学生了解中国古人刻苦学习的经典故事，并且理解勤奋刻苦，持之以恒在学习中的必要性。

2.能力目标

注重培养学生较强的抗压抗挫折的能力；让学生能够不断完善自我，提高自学能力；让学生学会感恩，懂得回报家人、回馈社会，报效祖国。

3.情感目标

让学生感悟到积极乐观的人生态度对于个人成长、社会发展的重要价值；体会到帮助他人、成就梦想的巨大满足感；产生对中华民族百折不挠、伟大复兴的坚定信念。

（四）相关经验总结

在教学中，教师可以先提出问题让学生介绍一下自己了解的古人刻苦学习的故事有哪些，再鼓励学生讨论有哪些值得学习的地方，鼓励学生传承古人勤奋刻苦、踏实努力的优秀品质，让学生明白这既是个人学习的必要，也是民族发展的必须。

学生纷纷表示被励志少年王唯佳的事迹所感动，他的经历给予他们极大的鼓励和震撼。学生承诺在今后的学习生活中要更加努力刻苦，因为和王唯佳以及古人相比自己学习中的某些困难简直不算什么，多加把劲是可以克服的，会团结同学，互相帮助，共同取得进步。

案例一　智慧教育构建智慧校园

一、案例（材料）简介

A.I. 赋能智慧校园，广东智能教育实践共同体成立

2019 年 12 月 1 日上午，第四届学校（基础教育）创新发展研讨会的人工智能分会场上，华南师范大学附属中学和科大讯飞倡议并联合广东省其他 8 所中学共同成立"广东智能教育实践共同体"。该研讨会由教育部学校规划建设发展中心主办，旨在研讨教育现代化发展趋势，探索新时期学校形态变革趋势和未来学校构建模式，推动基础教育学校创新发展。

因材施教，未来学校形态可期

智慧校园作为应运而生的一个时代热点，正成为新时期教育事业发展的"神助攻"。中国人工智能学会中小学工委会副秘书长、华南师范大学附属中学信息与通用技术科科长黄秉刚在发表《应用人工智能，创造美好生活》主题报告中表示，人工智能对于学术研究的场景可以有很大的发展空间，中小学的人工智能就是帮助师生为未来做好准备的。其实，人工智能与教育结合的可行性与优越性早已硕果可见。

佛山市顺德区第一中学副校长彭任清在他题为《"互联·深度"未来课堂建

设》的演讲中多次提到使用科大讯飞智慧教育产品为顺德一中师生和教学成果带来的变化。他表示，近三年由于"互联网＋"的技术相对普及，顺德一中寻找到一条教育与技术结合的道路，较好地解决教和学的关系，学校通过挑选"种子老师"开始探索并使用智慧教育产品，最终普及越来越多的老师，让课堂生态实现巨大改变，正因如此，学校办的开放日和研讨会引起全国教育工作者的广泛关注。

技术将会为教育带来何种变化？彭任清认为，技术是教育的手段，不必过多评价，"做了再说"，他提到使用智慧教育产品之后的两个变化：一是高考重本率去年是 84%，今年是 90%；二是老师习惯使用智慧教育产品并越用越好之后，教学成绩也随之不断改善。

建构生态，A.I. 赋能智慧校园

华南师范大学教授、博士生导师、教育技术学博士穆肃在论坛上发表了《智能教育与教育均衡》的报告，她对人工智能如何运用到教育展开了分享，她说，"老师要了解学生需求，明智地教，仅靠自己的经验是不行的，因为学生太多了；学生要真正智慧地学，了解在某个阶段应该如何解决学习的困难；学校要进行科学的管理，利用数据、分析数据来支撑学生"。穆肃对中山一所生源一般的学校印象深刻，由于该校老师长期坚持使用智能语音训练平台对学生教学，这些学生最终敢于开口说英语，而且这些学生的英语听说考试成绩与中山最好的中学不相伯仲。"我们为什么不可以让我们的学生去跟机器对话呢？通过反复训练真正学会使用语言，这非常重要"，她认为，在人工智能技术支撑下，要让中国的教育更加和世界接轨，让学生有能力使用老师教给他们的方法综合解决问题。（部分有删减）

广东佛山：构建区域智慧教育新生态

2020 年 7 月，教育部公布"基于教学改革、融合信息技术的新型教与学模式"实验区公示名单，广东省佛山市南海区的教育信息化发展模式成功入选。近年来，依托于互联网、大数据、人工智能等技术，广东省佛山市南海区全面推进教育信息化建设，推动区域教育教学高质量发展。

全面布局，推进教育信息化建设与应用

广东省佛山市南海区率先建成了全国首个教育城域网，作为区域教育信息化发展的大动脉，教育城域网承载了南海区教育教学、信息管理等多项功能。随着南海区成为"国家教育信息化试点区"，全区信息化基础建设加速推进。

相对于硬件设施的大规模普及，南海区更强调"应用"价值，坚持"以应用促建设"的发展理念，促进教育信息化生态内循环。为确保区域信息技术在教育管理、教育教学等方面的常态化应用，南海区以教育信息网络中心为抓手，全区200多所学校实现联网，形成教学资源共享、教育管理网络化的区域大平台；南海区紧抓教师队伍建设，对教师进行网络信息应用能力培训，为教育信息化建设与应用提供人才保障。

目前，南海区中小学校已经实现"三通两平台"全覆盖，课室多媒体电教平台全覆盖，信息技术课程开设全学段覆盖。在南海区的全面布局下，区域教育信息化基础环境逐步形成。

"云"领未来，推动教育的深层变革

南海区基于良好的信息化基础环境，紧跟前沿技术，区域教育信息化水平不断提高。自2017年以来，南海区为推进教育教学改革和教育信息化融合创新应用，启动了一系列改革项目，有效推动了"课堂革命"。电子书包、朝阳课堂、朝阳微通、南海教育云等网络云平台不断涌现，形成了教学、教研、评价、教育管理的全方位智慧教育体系，推进区域教育的深层变革。

以南海教育云（以下简称"南教云"）为例。2018年，南海区校园网站集约化建设项目——"南教云"正式启动。该平台以云计算为关键技术，依托大数据、智能化与教育的深度融合，形成了一体化的数字教育资源体系，实现了教育信息技术与教育行政管理、教育教学业务深度融合发展。

据悉，南海区为每位中小学教师都配备了专属云盘，该云盘可与国家、省、市、校的教育资源库联通，包括了30多个优质应用、20多万条优质数字资源，教师可通过课堂展示、作业推送、教研分享、微课上送等功能，优化教学结构，提升课堂效率。教师作为教育教学的实践者、探索者，通过云平台、信息技术等手段，不断促进教学方式的创新变革。

未来，广东省佛山市南海区将继续探索适应当下信息社会、满足新时代创新人才培养需求的新型教学模式，构建南海区教育信息化应用新生态，推动区域智慧教育高质量发展。

资料来源

［1］龙锟.A.I.赋能智慧校园，广东智能教育实践共同体成立［N］.广州日报，2019-12-02.

［2］国新文化教育研究院.广东佛山：构建区域智慧教育新生态［EB/OL］，2020-09-04.

二、案例（材料）点评

（一）适用范围

本案例适用于第四章"教育目的"中第四节"素质教育与创新人才培养"的内容教学。创新人才培养需要创新教育，创新的教育需要教育各个要素的创新及其整体的创新，包括教育观念创新、教育方法创新、教育技术创新等。因此，培养创新人才，需要凝聚社会力量，齐心协力，共同营造创新人才成长的空间和支持系统。

（二）思政元素

1. 在借鉴创新中谋求发展

在今天，创新能力实际上就是国家、民族发展能力的代名词。尤其身处科技社会，各行各业的人们都可以依托互联网，推进信息化建设，促进社会与自身的发展。教育领域也不例外，通过新平台在借鉴创新中，可以提升教学力量，促进教育高质量发展，以此谋求教育领域更大的进步。

2. 弘扬中华传统美德，弘扬敢为人先的改革精神

新时代的教学发展，必须继续弘扬改革开放时期前人所留下的敢为人先的精神，大胆实践探索，才能更好地促进教育的变革与发展。在科技引领未来的时代，为促进教育深层变革，推动科技"云"领未来，使教育更好地为社会主义国家服务。

3. 鼓励学生在学习过程中，树立科学精神，崇尚正确价值观

科学的规划与方法，以及人工智能的运用为开拓大家的思维、推动各行各业的发展都起了促进作用，这也为教育工作者精准帮助和教育每个孩子带来了可能性。教师通过人工智能的帮助，从简单重复的劳动中解放出来，可以投入更多的精力到每个孩子的变化之中，推动他们培养正确的世界观、人生观、价值观，帮助他们规划人生蓝图，成为有思想有觉悟的中国公民。

（三）课程思政教学目标

1. 知识目标

借助案例分析，让学生对于教师作为教育教学的实践者、探索者有更深刻的认识，并能够关注到互联网所带来的教学的变革，能够充分运用所学，通过云平台、信息技术等手段，不断促进教学方式的创新变革。并且能够认识到，无论选择何种教学方式，都是为了推动学生成才。

2. 能力目标

通过案例学习，学生了解到教学途径多样化、教学方式多样化，推动"教"与"学"的变革，实现优质教育资源区域共享。并且能够进一步响应国家号召，借力互联网与教育深度融合，在岗位上促进教育领域的综合改革，进一步在教育内涵发展上提质增速。

3. 情感目标

通过案例教学，逐渐培养学生突破原有的传统教学教研模式的意识，寻求实现教学的精准化转变的新模式。对在线教学平台产生认同感，对促进我国在线教学模式的变革创新有信心。

（四）相关经验总结

该案例运用于教育学课程中，一方面老师可以借助现有的教育信息平台，向学生展示在当下教育信息化基础建设如何加速推进以及发挥重要作用；另一方面，也可以引导学生们多学习信息化相关理念与知识，对教育信息化的作用有更深刻的认识，对推动未来教学有深刻作用。

经过本案例的学习，学生对人工智能与教育结合的可行性与优越性有了更深刻的认识。在学习过程中，能够结合实际对教育的不同方式与不同途径所产生的功能进行深入思考。但在教学过程中，教师不仅要培养学生的思考能力，也要注意将所学进行输出，锻炼学生的实践能力。

案例二　全面和谐发展——苏霍姆林斯基教育思想

一、案例（材料）简介

瓦·阿·苏霍姆林斯基（1918—1970）是苏联著名的教育实践家和教育理论家，生于乌克兰。1933年从七年制学校毕业，经一年师资训练班训练，开始担任农村小学教师。他以函授方式学完了师范学院语言文学系课程，1939年取得中学教师合格证书。1948年起，他被任命为乌克兰一所农村十年制中学——帕夫雷什中学的校长，一直到1970年去世时止，他始终在此工作。他一边从事实际工作，一边坚持进行教育科学研究，一生中写了40多部教育专著，600多篇科学论文，近1200篇供儿童阅读的童话、故事和短篇小说。苏霍姆林斯基一生卓越的教育实践和先进的教育思想，赢得了崇高的声誉。他的著作被认为是近几年来罕见的自成体系的"先进教育经验的完整的总结""学校生活的百科全书"。作为享誉世界的教育实践家、教育改革家和教育思想家,他创造了一种"活"的教育学,更影响了中国一代又一代的教师。

苏霍姆林斯基教育思想的精华是什么呢?"培养全面发展的和谐的个性",把全体学生都培养成全面、和谐发展的人,是苏霍姆林斯基(以下简称苏氏)始终坚持的一个明确的奋斗目标。他的关于人的全面和谐发展的教育理论是他的教育思想的精华。

苏氏认为教育就是要培养全面发展的和谐的个性;认为实现人的全面、和谐的发展是建设共产主义的最重要的任务之一。苏氏所理解的全面发展,首先包含有多方面的意思,就是要求必须使德、智、体、美、劳等方面都得到发展,忽视哪一方面都是不可以的。其次更体现着发展的深度和广度,即明确要求各个方面需要发展到何种程度。苏氏指出,通过教育使受教育者在智力、品德、身体、劳动和美感等方面都具备一定条件,或达到一定要求,才可称得上全面发展。

苏氏理解的和谐发展,是在阐述全面发展的基础上进行和完成的,是对全面发展的补充、完善和提高。他说:"在我们所教育的人身上,高尚的道德品质,丰富的精神世界和体质的健全发展,应当合二为一。教育者的本领和艺术,在于他每时每刻都能够清醒地把握住这种和谐发展的实质。一个共产主义新人,并非所有良好特点和品质的机械堆积,而是他们和谐结合的统一体。"培养全面和谐发展的人就必须进行全面和谐的教育。学习教育和教育过程的统一整体包括德育、智育、体育、美育和劳动教育这样几个部分,这几部分总是有机地相互联系和相互渗透的,不可能孤立地发展。他说:"所谓和谐教育,就是如何把人的活动的两种职能配合起来。"

关于全面和谐发展教育理论的实施,内容博大精深,这里着重论述一下为实现人的全面发展,必须提供和创造的客观条件。苏氏认为有两点最重要:

一、创设良好的环境。第一,利用大自然的教育作用。他把利用自然、保护自然、改造自然作为强有力的教育手段。他坚信,大自然是美育的重要来源;从赞赏家乡自然美景到引发对祖国的热爱——这是德育的内容和有效途径;第二,充分发挥学校物资设备的教育作用。苏氏要求学校尽可能创造足够的物质财富(如必要的场地、建筑物、学校园地、资料、实验设施等),使学校的教育条件呈现丰富多彩、生动活泼的格局,构成形式多样的学生精神生活背景。第三,做到学校教育、社会教育和家庭教育一体化。

二、建立和谐的师生关系。苏氏认为要实现人的全面和谐发展，教师与学生之间要建立起和谐的师生关系。苏氏常说，教师是最人道的职业。每个人从儿童时期开始，其知识领域的开拓、文明习惯的养成，以至个性、人生观、道德观的形成，都对教师起着主要作用，有时甚至是决定作用。他说，受教育者是教育者的一面镜子，信念只有用信念去确定，志向只有用志向去培养。第一，建立和谐的师生关系，教师首先要热爱孩子。他认为，热爱孩子是教育艺术的基础。教育技巧的全部奥秘也就在于爱护儿童。他要求教师把"整个心灵献给孩子"。第二，教师必须相信孩子。要相信每个孩子都可以教育好，都能成为好人。苏氏认为，教育者要善于发现深藏在每个青少年身上的"宝贵财富"，给予信任，加以适当的引导。第三，教师必须了解孩子。他认为要与孩子多交往做孩子的朋友。这就要求学校创造条件，开辟多种课外活动吸引学生，使之根据各自不同的兴趣爱好投身到各种的兴趣活动小组；也要求教师不单纯是一个教书匠，不仅会上课，跟学生只在课堂上见面，而且要求教师有多方面的兴趣——智力兴趣、劳动兴趣、创造活动兴趣，并要积极广泛地参加指导学生的各种课外小组，跟学生打成一片。

当前，我国正在深化教育改革，全面实施素质教育，学习苏氏的全面和谐发展的教育思想，有助于我们对如何开展素质教育作进一步的思考和探索。

资料来源

曾庆明.全面和谐发展——苏霍姆林斯基教育思想简介［EB/OL］.个人图书馆官网，http://www.360doc35.net/wxarticlenew/878870436.html#，2019-12-11.

二、案例（材料）点评

（一）适用范围

本案例适用于第四章"教育目的"内容的教学，具体包括教育目的的内涵以及马克思主义关于人的全面发展学说和素质教育与创新人才培养等方面的内容。从内容上讲，教育目的主要包括两个方面的内容：一是培养为什么社会服务的人，二是培养什么素质的人。我国的教育目的是培养德、智、体、美、劳全面发展的社会主义建设者和接班人。

（二）思政元素

1.坚持马克思主义关于人的全面发展理论，在育人工作中做到以人为本

作为教师应该引导学生坚定不移地坚持马克思主义的全面发展教育观，从苏霍姆林斯基的观点和思想中汲取养分，时刻牢记社会主义是实现人的全面发展的

必要条件，共产主义是实现人的全面发展的充分条件，只有把教育同生产劳动结合起来，才能实现人的全面发展。

2. 坚持马克思主义理论，明白实践是认识的来源，是发展的动力，在教学和生活中要做到实事求是，独立思考

苏霍姆林斯基的影响之所以能够如此深，其重要原因之一，就是他始终脚踏实地，立足于实践，从教师到校长，在不断耕耘教育中，真正面对学生的心灵、根据实际情况提出自己的观点，而不是唯上唯书是从。其实事求是、实践精神是值得我们学习的。对事物的判断中，我们要注意信息数据的可靠性，同时在教育学生的过程中要做到具体问题具体分析，从实践中总结探索教学规律。

3. 坚持马克思主义理论，学会用发展动态的眼光看待问题，不断总结创新

苏霍姆林斯基的思想理论具有极强的预见性和指导性，能够解释、控制和预测我们今天的教育现象和事实，因而能让每一个读者感受到他研究的问题、阐述的观点、表达的思想和情感仍然具有鲜活的生命力量，能有效地启示和指导今天的实践与变革。我们在接受苏霍姆林斯基思想观点的同时，也要求日后的教育研究中动态发展地看待问题，在原有的基础上不断创新，不断继承发扬全面发展的教育思想。

（三）课程思政教学目标

1. 知识目标

通过案例介绍苏霍姆林斯基主张的教育观点和思想，学生深入了解马克思主义关于人的全面发展的教育思想内涵，以及如何实现教育目的的条件，让学生秉持实事求是的工作学习态度，在实践教学中深入贯彻马克思主义全面发展思想，培养德智体美劳和谐发展的人才。

2. 能力目标

通过案例学习让学生能够在深入了解全面和谐发展的教育思想内涵的同时，坚持贯彻马克思主义全面发展的教育目的，将教育与生产劳动相结合，以人为本的必要性；以及通过对苏霍姆林斯基的生平介绍，从中明白勇于实践，独立思考的重要性，要求学生秉持实事求是的态度去面对教学工作。

3. 情感目标

通过案例学习，学生从案例（材料）中了解到苏霍姆林斯基生平事迹，从他的全面和谐发展的教育思想中汲取养分，以及感受到对教师的要求和期望，明白在育人工作中以人为本的重要性。

（四）相关经验总结

首先，教师在正式上课前布置学生预习章节内容，让学生提前收集有关这章知识的材料，对章节内容有个大致的了解。其次，在课堂中教师向学生展示案例，引导学生观看并分析案例，并提出相应的教育思想的问题让学生思考，并以小组的形式进行讨论，围绕主题进行探究性学习，挖掘本章节的思政元素。最后，由教师进行点评，对学生的讨论结果进行概括、总结和提升。

学生通过对案例的分析，能够对所学理论知识更深入地了解，同时也更加深刻地意识到全面和谐发展教育的必要性，为培养德智体美等方面全面发展的社会主义事业的建设者和接班人而不懈努力。

案例三　潍城区和平路小学：
让绿色环保理念从垃圾分类开始

一、案例（材料）简介

潍城区和平路小学是一所国办小学，始建于 1929 年，坐落于潍城区和平路与福寿街交叉口东北角，东临美丽的白浪河，占地面积 4586 平方米，建筑面积 3616 平方米。现有 14 个教学班，在校生 587 人。有教职工 48 人，其中专任教师 46 人。多年来，学校秉承"创办学生喜欢、家长满意、社会认可的优质学校"的办学宗旨，以创办人民群众满意的教育为目标，开设"七彩"校本课程改革，全面实施素质教育，京剧、太空泥塑、绿色学校创建等特色课程成效明显。

2004 年，学校成立了潍坊市第一支红领巾绿色环保志愿者中队，率先开展绿色环保教育。2006 年学校即获评首批山东省绿色学校。当时整个社会对环境保护的概念还不清晰，社会关注度和参与度都较低，学校提前关注到了这个社会问题，及早落实劳动教育的课程设置，并下大力气在多个维度推进劳动教育的开展，其中一门劳动教育课程就是垃圾分类课程。

在设置好垃圾分类课程的同时，学校多措并举，制定长远教学规划，形成长效工作机制，稳步推进垃圾分类教学的开展和提高。

因为起步早，定位高，所以很快就取得了一定的成效，提高了学校的办学满意度和社会知名度。近年来，学校秉承绿色环保理念，更加重视劳动教育，把劳动教育纳入学校的"七彩"校本教程里；教学过程中，把劳动教育和德育教育融合在一起，用德育指导劳动教育，用劳动教育来践行德育教育，取得了显著成效。

资料来源

佚名.潍坊市中小学校劳动教育系列典型案例展示［EB/OL］.澎湃网.
https：//www.thepaper.cn/newsDetail_forward_8289487，2020-7-15.

二、案例（材料）点评

（一）适用范围

本案例适用于第四章"教育目的"中第二节"我国教育目的的理论基础"内容的教学，具体包括马克思主义人的全面发展学说以及马克思主义教育与生产劳动相结合的理论。同时本案例还适用于第五章"人的全面发展教育"中第五节"劳动技术教育"内容的教学，包括劳动技术教育的目标以及劳动技术教育的内容等。

（二）思政元素

1. 培养学生的爱心和奉献意识

习近平强调，实行垃圾分类，关系广大人民群众生活环境，关系节约使用资源，也是社会文明水平的一个重要体现。潍城区和平路小学紧跟时代步伐，从细微处着手，提前布局，开发劳动教育课程，制定递进式教学计划，进行绿色环保教育，形成长效机制、推动学生乐于付出的品格的养成。

2. 培养学生的社会责任感

通过学生的引领示范作用，让更多人行动起来，培养垃圾分类的好习惯。全社会人人动手，一起来为改善生活环境作努力，一起来为绿色发展、可持续发展作贡献，让学生意识到自己是社会发展中的一分子。

3. 劳动教育和德育教育相结合

马卡连柯说："劳动教育最大的益处在于人的道德上和精神上的发展。"学校在教学过程中，把劳动教育和德育教育融合在一起，用德育指导劳动教育，用劳动教育来践行德育教育，取得了显著成效。

（三）课程思政教学目标

1. 知识目标

通过案例学习，学生们能掌握劳动教育的基本知识，包括内涵、意义等，同时能学会垃圾分类的基本原理，学会节约使用资源，为绿色发展、可持续发展做贡献。

2.能力目标

通过案例学习，学生在老师教学指导下把劳动教育和德育融合在一起，用德育指导劳动教育，用劳动教育来践行德育。

3.情感目标

通过案例学习，学生们能认识到垃圾分类对广大人民群众生活环境的重要意义，提高社会环境保护意识，增强社会责任感与使命感。

（四）相关经验总结

首先，课前老师布置预习任务，让学生查阅有关劳动教育的资料，对劳动教育有个大概的认识。其次，课中展示案例，提出问题引发学生思考，并分组进行讨论。最后，课后老师对学生的发言进行归纳总结，深化学生们的认识。

通过案例的学习，学生认识到劳动教育在学习、现代生活中都具有重要的意义，劳动教育不应该只是一个口号，而应该落实到具体的行动当中，从一点一滴的小事做起。

案例四　在大学语文课程中渗透思政教育

一、案例（材料）简介

随着社会经济的不断发展，社会对人才的需求从知识型变成全面发展的高素质创新型人才，这就促使针对大学生的教育方法有所转变。思想政治教育是素质培养的向导，在"课程思政"理念的指导下，围绕"立德树人"的根本任务，将大学语文与思政教育相结合。可以在教学内容上达到一科多教的目的，提升教学效果。由刘春静和刘传琴主编，西北工业大学出版社出版的"十三五"规划教材《大学语文》，编选的篇目除几篇现代作品外，都是古典诗文，尤以秦汉和唐宋作品居多。

"人文传承""智慧心灯"主题，从国学经典《论语》《老子》到传统文化的入门读物《弟子规》，让学生了解文化经典，树立文化自信，感悟仁者爱人、无为而无所不为的深刻内涵。一个民族的文化自信来源于民族的文化经典；一个人的文化自信，来源于深厚的经典修养。学生阅读文化经典。就像是和古人谈心，可以从中汲取智慧、经验和为人处世的原则，体会中华文化的博大精深、源远流

81

长，体会中华文化的核心思想理念和人文精神。如《论语》治学十则中，子曰："学而时习之，不亦说乎？有朋自远方来，不亦乐乎？人不知而不愠，不亦君子乎？"朱熹评价说它是"人道之门，积德之基"，反映出孔子做事做人的态度，当以学习为乐事，做到人不知而不愠。在教师主导下，可以拓展阅读孔夫子学而不厌、诲人不倦、举一反三、注重修养、严格要求自己等主张，教会学生学习，让学生在主动、自觉的学习活动中，逐步培养自学的能力。

"洞明世事""浩然正气"主题，从《大学》"三纲八目"，《中庸》的"君子慎独"到岳飞的《满江红》、文天祥的《正气歌》，引导学生认识修身、齐家、治国、平天下的人生追求阶梯，要求学生加强自觉性，按照"道"的原则修养自身；通过民族英雄的事迹感受正直高尚人格的魅力，培养学生的家国情怀。儒释道文化的汇通、兴盛将家国情怀与君子的出世、入世结合得十分完美。孟子的"穷则独善其身，达则兼济天下"成为天下知识分子共同的心声和遵循的操守。《大学》是古代"四书"教育中最先学习的一部经典，相对短小易懂，被称作"初学入德之门"，是中国知识分子从此走入系统学习、走进道德世界的基础学问。而"大学之道，在明明德，在亲民，在止于至善"，作为最开篇的一句话，就是整部《大学》的"三纲领"。习近平总书记在北京大学座谈会上的讲话中，就引用这句话深刻论述了社会主义核心价值观对于个人、民族、国家的重要性。"国无德不兴，人无德不立"，我们要认真领悟，把它贯彻落实到日常教学工作中，让学生学会做人，奠定树魂立根的素质基础。

"胸怀天下""历史长河"主题，从屈原的《哀郢》到杜甫的《秋兴八首》，从李斯的《谏逐客书》到贾谊的《过秦论》，跨越历史的长河，讲述爱国志士的人生起伏，体会他们忧国忧民、感时伤世的情感，品味古代的政论家们以史为鉴的精彩论述，激励学生树立社会责任感，将个人发展与国家社会发展紧密结合。自古文史不分家，从战国七雄争霸到秦王统一六国，再到秦王朝的迅速灭亡，勾勒出一幅幅波澜壮阔的历史画面，从中汲取经验教训，以培养大学生正确的使命意识、忧患意识、担当意识为前提，逐渐引导大学生树立社会责任感。

"真爱华章""诗意人生"主题，引导学生感悟真爱的力量，体会自觉追求美好精神世界的价值。《蒹葭》中可望而不可即的伊人，可以理解为青年对理想信念的追求，尽管会遇到一些挫折和阻碍，但他矢志不渝。陆游写和唐婉在沈园相逢之事，真情流露，自然天成，表现了诗人对爱情的坚贞不渝。《春江花月夜》把诗情画意和人生哲理融为一体，汇成一个流光溢彩、浑然忘我的奇幻境界，引导读者感悟美的真谛。拥有人文情怀的人，对不同人都会以平等尊重的目光看待，会对每件事都十分重视，对待每一件事都精益求精，这正是职业院校培育学生"工匠精神"的要求。

资料来源

王珺.大学语文课程中的思政元素——以西北工业大学出版社《大学语文》为例［J］.青年与社会，2019（3）.

二、案例（材料）点评

（一）适用范围

本案例适用于第四章"教育目的"中第四节"素质教育与创新人才培养"内容的教学，包括素质教育的具体内涵以及创新人才培养的路径等。同时本案例还适用于第五章"人的全面发展教育"内容的教学，学校教育教人行善、求真、健体、审美，并最终使人成为社会事务的承担者。

（二）思政元素

1.引导学生拥有人文情怀

拥有人文情怀的人，对不同人都会以平等尊重的目光看待，会对每件事都十分重视，对待每一件事都精益求精，这正是职业院校培育学生"工匠精神"的要求。"真爱华章""诗意人生"主题，引导学生感悟真爱的力量，体会自觉追求美好精神世界的价值。

2.培养学生的家国情怀

"国无德不兴，人无德不立。""洞明世事""浩然正气"主题，从《大学》"三纲八目"，《中庸》的"君子慎独"到岳飞的《满江红》、文天祥的《正气歌》，引导学生认识修身、齐家、治国、平天下的人生追求阶梯，要求学生加强自觉性，按照"道"的原则修养自身；通过民族英雄的事迹感受正直高尚人格的魅力，培养学生的家国情怀。

3.引导学生树立文化自信

一个民族的文化自信，来源于民族的文化经典。一个人的文化自信，来源于深厚的经典修养。学生阅读文化经典，就像是和古人谈心，可以从中汲取智慧、经验和为人处世的原则，体会中华文化的博大精深、源远流长，体会中华文化的核心思想理念和人文精神。"人文传承""智慧心灯"主题，从国学经典《论语》《老子》到传统文化的入门读物《弟子规》，让学生了解文化经典，树立文化自信，感悟仁者爱人、无为而无所不为的深刻内涵。

（三）课程思政教学目标

1.知识目标

在语文的听说读写训练中，融入思想教育，恰似春风化雨，渗入学生的心灵深处，浸润学生的人文精神，提高学生的思想政治修养和人文素养，起到润物细无声的作用。

2.能力目标

课堂教学解读经典文学作品，在线阅读了解历史人物故事，培养学生对国家、民族的感情，培养学生的家国情怀和人文情怀。

3.情感目标

学习历史，从中汲取经验教训，以培养大学生正确的使命意识、忧患意识、担当意识为前提，逐渐引导大学生树立社会责任感。

（四）相关经验总结

课前，让学生通过查阅语文课本，找出与思政教育有关的内容，并做好记录。课上，学生分享自己所搜集的内容并谈谈自己的感想，学生分组讨论，老师进行补充。课后，老师布置相关作业，在教师主导下，可以拓展阅读，学习学而不厌、诲人不倦、举一反三、注重修养、严格要求自己等主张，教会学生自主学习，让学生在主动、自觉的学习活动中，逐步培养自学的能力。

案例五　人工智能时代创新精神的培养

一、案例（材料）简介

1997 年，美国 IBM 公司的"深蓝"（Deep Blue）超级计算机以 2 胜 1 负 3 平的成绩，战胜了当时世界排名第一的国际象棋大师卡斯帕罗夫。"深蓝"的运算能力当时在全球超级计算机中居第 259 位，每秒可运算 2 亿步。在今天看来，"深蓝"还算不上足够智能，主要依靠强大的计算能力穷举所有路数来选择最佳策略："深蓝"靠硬算可以预判 12 步，卡斯帕罗夫可以预判 10 步，两者高下立现。而围棋一直被看作是人类最后的智力竞技高地，据估算，围棋的可能下法数量超越了可观测宇宙范围内的原子总数，显然"深蓝"式的硬算在围棋上行不通。

2016 年 3 月，"阿尔法狗"（Alpha GO）与围棋世界冠军、职业九段棋手李世石进行围棋人机大战，以 4 比 1 的总比分获胜。"阿尔法狗"是第一个击败人类职业围棋选手、第一个战胜围棋世界冠军的人工智能程序，由谷歌（Google）旗下 DeepMind 公司戴密斯·哈萨比斯领衔的团队开发。2016 年末 2017 年初，该程序在中国棋类网站上以"大师"（Master）为注册账号与中日韩数十位围棋高手进行快棋对决，连续 60 局无一败绩；2017 年 5 月，在中国乌镇围棋峰会上，它与排名世界第一的世界围棋冠军柯洁对战，以 3 比 0 的总比分获胜。围棋界公认"阿尔法狗"的棋力已经超过人类职业围棋顶尖水平，在 GoRatings 网站公布的世界职业围棋排名中，其等级分曾超过排名人类第一的棋手柯洁。DeepMind 公司由哈萨比斯与人工智能专家谢恩·莱格（Shane Legg）和连续创业者穆斯塔法·苏莱曼（Mustafa Suleyman）共同创办，该公司聘请了机器学习领域的一流研究人员，主要是大学生。

在这场世界瞩目的围棋大赛之后，人们对人工智能的认识将进一步加深。DemisHassabis 表示，AlphaGo 用于下围棋的高效算法是一种通用型的算法，这种算法可以推广到其他算法，把人工智能运用到各个领域。从"深蓝"到"阿尔法狗"，这 20 多年的发展似乎也在预示着，人工智能终将改变人类的生活。

资料来源

周洁. 从"深蓝"到"阿尔法狗"，人工智能发展的一大步［J］. 新民周刊，2020-05-13.

二、案例点评

（一）适用范围

本案例适用于第四章"教育目的"中第四节"素质教育与创新人才培养"内容的教学。创新的事业，人才是关键，教育是基础。当前，素质教育以培养学生的创新精神为重点，突出创新人才的培养。这是时代的呼唤，也是现阶段素质教育的重点。

（二）思政元素

1. 创新是一个民族进步的灵魂，是国家兴旺发达的不懈动力

70 年来，我们党在领导人民从站起来、富起来到强起来的历史性飞跃中，发扬创新精神，不断完善中国特色社会主义制度，取得了令人瞩目的成就。"唯创新者进，唯创新者强，唯创新者胜"，在新的历史方位下，发扬敢为人先的创新精神，为创建新中国汇聚磅礴动力，具有特殊而重要的意义。

2. 坚持一切从实际出发，理论联系实际，注重实践

创新是对一切优秀成果的吸收和转化。人工智能从"深蓝"到"阿尔法狗"，通过技术人员在前人所取得的研究成果的基础上不断更新算法和程序进而投入实践之中，人工智能时代不断取得变革。在互联网十分发达的今天，信息资源相当丰富，只有经过实地考察和现场体会别人采取的创新做法，才能够在此基础上为我所用。

3. 发扬协作共进、精益求精的工匠精神

协作共进的团队精神以及精益求精的品质精神是新时代工匠精神的基本内涵，老子曾言"天下大事，必作于细"。做好一件事情在于一个人对于这件事情所取得的成果品质的追求，而同样做好一件事情离不开与他人的团结合作。协作共进而不是各自为战，团队间的分工合作才能集思广益，共同进步。

（三）课程思政教学目标

1. 知识目标

创新是一个民族进步的灵魂，是一个国家兴旺发达的不竭动力。一个没有创新能力的民族，难以屹立于世界民族之林。通过案例学习，将学生的思维"组织"到老师的思维之下，使每个学生能够顺利接受老师所教授的内容。从"深蓝"到"阿尔法狗"人工智能的发展让学生明白，在这种与机器人、人工智能相竞争的时代，只有善于创新、培养创新意识和创新思维，我们才能避免被淘汰。

2. 能力目标

我们优秀的中国传统文化之中就蕴含着丰富的创新精神与思想内涵。创新精神植根于中华民族千百年来勤劳智慧的实践，形成于兼收并蓄各种思想文化的有益成果之上。通过案例学习教师引导学生植根于我国优秀传统文化的土壤，培养创新精神和创新能力。借助于对外开放这一时代背景，善于打破惯性思维，积极主动参与到创新实践活动当中。

3. 情感目标

创新植根于我国优秀传统文化之中，教师引导学生增强对我国传统优秀文化的认同感以及增强对传统文化的文化自信。同时创新来源于不同民族文明的交流与碰撞之中，自古以来，中华民族注重与其他文明交流、互鉴、融合，从而博采众长、推陈出新，教师引导学生运用批判性思维对待外来文化，以包容的心态对待外来文明。

（四）相关经验总结

作为教师应关注时事要闻，找到时事和专业知识的交叉点，在课堂上自然引出并加以引申，在潜移默化中对学生进行创新精神培养教育。教师方法上，教师为学生创造多样的实际情境，促使他们能够提出一定数量的高质量问题，启发学生多向思维的意识及习惯，培养学生开放性思维，要将创新精神的培养教育贯穿于专业教育和技术教育始终，渗透于教学过程的每一个环节，要发挥课堂教学的人文素质教育功能。与此同时，加强实践教学，在实践中激发学生的潜能和创新精神，注重创新能力和创新精神的和谐培养。

第五章
"人的全面发展教育"思政教学案例

案例一 要"懂法",更要"守法"

一、案例(材料)简介

(一)

某晚凌晨 1 时许,大二学生小王正在学生宿舍里睡觉,睡梦中忽听见楼下传来阵阵喧闹声。仔细一听,原来是宿舍边上的某超市员工宿舍发出的。小王此前已向宿舍管理员提出意见,要求他们保持安静,但均未收到实际效果。这次,小王实在忍无可忍,于是下楼一探究竟。走到门口,小王发现员工宿舍的门开着,于是推门进去。突然,外面冲进来几个人,对着小王一阵拳打脚踢,并被扯下上衣,拍下照片。他们告诉小王,要想拿回照片,必须交 5000 元现金。第二天,小王心有不忿,纠集部分社会人员与该员工谈判,谈判不成继而动武。混乱中,双方人员均有受伤。

在得知小王受伤的消息后,学院马上将此事报学校保卫科,并建议小王报警处理。班主任向小王详细询问事发经过,了解事情的前因后果,在得知小王担心受到打击报复后,一方面稳定小王的情绪,另一方面通过学校保卫部门了解公安机关对该事件的处理,配合公安机关调查了解案件、搜集证据。同时,向小王的家长通报该情况,向小王所在班级的主要学生干部说明情况,在家长和学生干部的共同配合之下，保证小王的人身安全。

对小王进行法制教育，明确其使用武力手段解决问题的做法是错误并且违法的。告知其国家相关法律法规及学校校纪校规，教育其要相信法律，不要使用"私力"救济手段，更不要使用武力手段解决问题。

（二）

福建省学校内"敲诈勒索学生"案件频频发生。在福州地区"敲诈勒索"甚至有了本地的顺口溜，美其名曰"搓垢"，可见其校园暴力的严重性。"敲诈勒索学生"案件可分为两类：校内和校外。福建省内个别学校安保制度的不健全，造成很大部分案件发生在校内。部分学生在上网成瘾或其他急需钱用，家里又不给或不好向家里伸手而又没有钱的情况下，就开始敲诈勒索弱小同学的钱物而违法乱纪。最常见的情况，被和自己同一个学校，有的是因为有点小小的摩擦或者说小小的过节而被敲诈。也有的是没有半点原因，而无端地被敲诈的。

（三）

某一年的 2 月 18 日凌晨，某校音乐系 14 届学生孙某、李某酗酒后到学校门口的农行 ATM 机持卡取款，因该时间段为银行统一结账时间，所以未能如愿取款。两人遂用手、脚、打火机等攻击防爆显示屏，导致 ATM 机损坏。事后，两人接受罚款，并分别受记过、严重警告处分。上述恶意破坏金融设施行为，已经构成违法犯罪行为，鉴于该校与银行良好合作关系方面的原因，对方才没有起诉，否则上述两位学生将会受到法律的严惩。两位同学没有遵守校规，按时返校就寝；缺乏起码的法律常识，法治意识淡漠酿此大错，给家庭造成损失，给学校和社会均带来不利影响。

资料来源

［1］佚名.大学生法制教育案例［EB/OL］.百度文库，https：//wenku.baidu.com/view/5075b8edf9c75fbfc77d，2016-08-12.

［2］佚名.校园法律案例小故事［EB/OL］.我爱美文网，https：//www.cddlwy.com/meiwen/132698.html，2019-07-28.

二、案例（材料）点评

（一）适用范围

本案例适用于第五章"人的全面发展教育"中第一节"德育"内容的教学，具体包括社会主义公民意识教育和民主法治教育等内容。

（二）思政元素

1. 培养法治意识素养，推动社会主义法治国家建设

国有国法家有家规，学校有校规，无法不成方圆，无论我们是何种身份，都应该遵守相应的约束制度，只有这样，学校管理才能井然有序，社会和国家才能安定。

2. 形成科学立法、严格执法、公正司法、全民守法的法治氛围

社会要"人人为我，我为人人"的和谐氛围，更要法治氛围，相信法律，从心底里信仰法律，维护自身合法权益。

3. 弘扬法治思想，加强法治教育，适应国际新形势

当今世界的主旋律是和平、发展。高校必须紧跟时代发展的要求，顺应国际潮流，改变传统的教育模式，建立符合国际要求的教育体系。中国作为一个崛起的负责任的大国，必须团结世界各国人民，努力完善法律制度，担负应有的国际义务。

4. 中国特色社会主义制度自信

坚定制度自信，既是对过去我国辉煌成就的充分肯定，又是对推进国家治理体系和治理能力现代化改革目标的充分自信。正是因为这些刚性制度的存在，我国才能井然有序、长治久安。

（三）课程思政教学目标

1. 知识目标

借助案例分析小王、孙某、李某的事迹，可以增强在校学生的法律法规方面的知识，明确生活中哪些行为属于违法犯罪行为，例如，打架斗殴、校园内盗、敲诈勒索、毁坏国家公物行为严重者等等，避免出现这类严重的违法犯罪行为，遇上违法犯罪行为后的正确应对措施是什么，最直接安全的手段是报警处理。借助"福建省多起敲诈勒索"的案例，学生的法律知识会进一步得到丰富，法治意识会增强。

2. 能力目标

通过案例学习，学生可以增强自己的法治意识，用正当的法制手段来保护自己的人身安全和用法律武器来帮助别人维护合法权益，不做违法犯罪行为，同时也能向身边的同学传递法治思想，让大家遵守法律法规和校纪校规，营造一个和谐法治的社会氛围，至此建造一个人人懂法、人人守法的法治社会和法治国家。案例中小王要是及时报警处理，而不是采取私自拉帮结派报复的行为，也不会造

成两败俱伤的惨痛局面，所以我们要有守法用法的能力，更要有保护自身安危的能力。

3.情感目标

学生通过案例的学习，在思想上已经能对违法行为形成自己正确的认识，有明辨是非善恶的能力，摒弃和抵制违法犯罪行为，这类法律思想政治教育不仅能培养学生的法治意识，更在一定程度上能让学生形成良好的法律信仰，努力成为中国特色社会主义法制的自觉遵守者、忠实崇尚者和坚定捍卫者。同时法治意识强的学生，能够自觉遵守国家法律法规，积极投身于社会主义建设，为国家的进步做出自己的贡献，实现自己的人生价值。

（四）相关经验总结

在全面依法治国的大环境下，大学生必须要掌握良好的法律知识，具备必要的法律素质，法制教育有助于提升高校思想政治工作的科学化。作为教师该如何做呢？首先，教师在课堂中应该摆脱"填鸭式"的教学方法，法治知识教育的形式和内容应该多样化，考核方法应该合理化。其次，要从法律知识教育到法律信仰教育的转变，培养青年大学生的法律素养，因为"法律必须被信仰，否则将形同虚设"。授课教师要精心挑选与法治建设相关的案例，运用分组讨论、模拟法庭等教学方法，加深学生对重要法律概念的认知，让学生切身体验如何运用法治思维和法治方式维护自身权利、化解矛盾纠纷。再次，在方式上要实行课堂讲授与课外实践结合，精心挑选与法治建设相关的案例，运用分组讨论等教学方法，加深学生对重要法律概念的认知，让学生切身体验如何运用法治思维和法治方式维护自身权利、化解矛盾纠纷最后要实现高效教育管理法治化，营造民主、平等的校园生活，使学生在学校生活中处处受到法律理念的熏陶，逐步形成对法律的尊重和信仰。

大学生肩负着全面建成小康社会的历史重任，他们在学习科学知识的同时，其法律意识、法治观念如何，将直接关系和影响我国社会的法治建设。因此学生在校应该认真学习法律知识，提高自己的法律素养，将基础法律知识牢牢记于心中，同时遵守国家的法律法规、学校的规章制度，成为尊法、守法、爱法、懂法的好公民，坚定中国特色社会主义制度自信。

案例二　传统家书思想中的教学价值

一、案例（材料）简介

做好高校思想政治工作，要充分发挥思想政治理论课的主渠道主阵地作用。借助优秀传统文化对大学生进行思想品德教育是高校思政课教学的必然选择，也是塑造大学生正确世界观、人生观以及价值观的重要保证。中国传统家书是优秀传统文化的浓缩品，也是古人生活经验以及生活智慧的结晶，是家风、家规建立、传递和传承的重要载体。充分利用家书承载的情感、文化精神对大学生进行思想品德培育，既可以丰富高校思政课教学内容，也为大学生的职业规划以及学习生活带来启示，使其顺利成长为社会道德建设的中坚力量。

中国书信文化对于传统文化传承发展有着促进作用，传统家书作为书信文化中的特殊组成部分，是我国古人情感表达、事件相告的重要载体。自古以来，我国就极为重视亲情、友情，情感表达是人与人社会交往之中珍重双方情感的重要表现之一。在古代由于通信设施不完善，情感以及事情交代都是以书信作为载体，对于地域之隔的古人而言，书信所承载的信息不仅仅是书信交代内容，同时也承载了写信人的情深义重，在当时社会环境的影响下，写信人在信中对于当时的环境都有所描述，中国传统家书也就成为社会变迁以及文明发展的重要记录载体。

个别大学生存在价值观错位问题，个别大学生还存在宿命论、拜金主义以及享乐主义等消极人生观，尤其是拜金主义以及享乐主义被个别大学生所推崇，而这与我国社会主义道德建设方向存在极大的差异性。有的大学生对于国家民族利益并不关心，而对于个人的利益得失却极为在意，对于国家、社会以及个人这 3 种关系并未能正确衡量与理解。由于他们缺乏对中华优秀传统文化的了解，不关注祖国壮丽的山河文化，对中国革命史缺乏敬畏之情，这种种因素导致了个别大学生对于价值观的追求愈发物质化、金钱化，为此需要对高校大学生进行传统文化教育，帮助高校大学生了解到优秀传统文化的传承重担。

随着智能手机的大范围推广，高校大学生可进行网络课程学习、网络购物等相关内容，给高校大学生的学习生活带来极大便利，但是由于互联网平台的信息量庞大驳杂，大学生在进行有益高质量信息学习研究时，无可避免会被不良信息文化所侵扰，最终导致个别大学生的身心健康发展受到影响。在抖音、快手等短视频 APP 应用于智能手机后，大学生在网络环境中花费的时间精力要远远超过学习阶段的时间精力，在网络环境之中大学生难免会出现迷失方向的行为，导致他们的思想品德出现滑坡情况，因此对于高校大学生进行思想品德重塑极为重要。

虽然我国大力提倡并建设社会主义文化，践行社会主义核心价值观，帮助高校大学生树立文化自信，但无法否认的是在社会生活中仍旧存在权钱交易以及个人利益至上的不良社会风气，高校大学生意志力较为薄弱，极易受到不良社会风气的影响，在未能看到事情全貌前妄自下定论，无法正确认识不良文化所带来的负面影响，因此需要思政教育课程帮助高校大学生认清不良文化、不良风气的本质，引导他们自觉抵制网络以及社会上的不良文化侵扰。

优秀的传统文化是中华民族几千年的智慧结晶，包含的精神和文化都是促进国家发展、个人进步的重要动力。优秀传统文化中蕴含的爱国精神、诚实精神以及敬业精神等，对于高校大学生思想品德培养都有着一定的借鉴价值。但自觉阅读经典著作的学生太少，对中国传统道德文化的了解更是不足。

高校大学生对于优秀传统文化知之甚少，难以承担其社会主义精神传承的重担，这是由于学生未能从思想层面上重视优秀传统文化传承。此外，他们对优秀传统文化的学习手段较为单一，缺乏与优秀传统文化学习相关的实践活动，无法充分感受优秀传统文化的魅力，更加没法承担传承优秀传统文化的重任。因此，需要借助高校思政课来帮助大学生了解"何为文化根、何为中华魂"。（有部分内容删减）

资料来源

郭三龙.中国传统家书教育思想对于高校思政课教学价值研究［J］.绿色科技，2020（15）：249-250+256.

二、案例（材料）点评

（一）适用范围

本案例适用于第五章"人的全面发展教育"中第一节"德育"内容的教学，具体包括德育内容中的中华优秀传统文化教育。中华优秀传统文化教育是中国特色社会主义教育和中国梦宣传教育的重要组成部分，是构建中华优秀传统文化传承体系，推动文化传承创新的重要途径。

（二）思政元素

1.弘扬传统家书文化中的教育思想，提升学生道德素养

传统家书中的教育思想能加强学生思想品德认识，帮助学生形成正确的人生价值取向，是提升社会整体道德素质建设的关键所在。传统家书文化中的教育思想注重学生人格培养，以君子人格规范自身行为，引导学生树立正确的世界观、人生观和价值观，使其成为社会道德建设的中坚力量。

2.弘扬传统家书文化中的教育思想，培养学生孝悌精神

家书是家风、家规建立、传递和传承的重要载体，有着家族文化的深深烙印，利用家书中所承载的孝悌文化价值和谦卑恭顺精神塑造学生优秀人格。正如《孝经》所说："仁之本是孝，而孝者，德之本也。"孝悌是中国传统文化价值理念的重要体现，是使社会形成"仁爱"氛围的社会伦理道德的基础，每个家庭中所培养的青少年，都关乎着国家未来的生存发展。

3.弘扬传统家书文化中的教育思想，符合社会主义核心价值观建设，帮助学生树立文化自信

个别学生存在价值观错位问题，拜金主义以及享乐主义被学生所推崇，违背了我国社会主义文化建设方向，社会生活中仍旧存在权钱交易以及个人利益至上的不良社会风气，弘扬传统家书文化中的教育思想，可以帮助学生自觉抵制不良文化的侵蚀，正确衡量国家、社会以及个人关系，自觉承担传统文化传承重任，树立中国特色社会主义文化自信，培养国家忧患意识，勇担民族复兴使命。

4.弘扬传统家书文化中的教育思想，培养学生爱国情感

传统家书中"修身齐家治国平天下"始终是家书内容的主要构成部分，爱国主义作为大学生思想道德教育的重要组成部分，要组织学生不断学习家书中优秀传统文化，培养学生的民族自豪感，树立国家利益高于个人利益的价值取向，全身心投入国家富强建设。

（三）课程思政教学目标

1.知识目标

通过案例学习，教师要鼓励学生积极汲取家书中的优秀传统文化，利用家书中所传达的教育思想和民族情感进行自我思想教育，提高自身思想品德建设；鼓励学生深入传统家书文化，自觉承担社会主义精神传承的重担，帮助学生形成"知荣辱、明事理"的正确价值取向，提升学生的道德品质。

2. 能力目标

通过案例学习，利用传统家书中的育人思想、孝悌思想以及爱国思想，对学生进行思政教育，不仅可以弘扬优秀的传统文化，而且可以帮助学生树立高度的民族自信和民族自豪感。

3. 情感目标

通过案例学习，利用传统家书文化中的教育思想，培养学生"修身齐家治国平天下"的理想目标，鼓励学生能够利用基础文化知识和专业文化知识，全身心地投入祖国建设中的伟大实践。

（四）相关经验总结

首先在教学中，教师可以利用PPT形式展示本章内容的案例，利用传统家书文化思想对学生进行思政教育，丰富思政教学内容的同时，能够挖掘传统文化价值。其次，教师要组织学生对任务进行讨论，提出问题，帮助学生利用学习资料进行解决问题。最后教师再做适当的提示和讲解，逐步培养学生自主学习的习惯，培养学生解决问题的能力，同时对学生提出的问题和观点进行评价和总结。

案例三　雷锋精神中的德育价值

一、案例（材料）简介

"十二五"教育规划纲要战略主题中明确指出，现阶段我国教育事业要坚持德育为先，立德树人，把社会主义核心价值体系融入国民教育全过程。党的十八大报告中对社会主义核心价值观的公民个人层面价值准则定义为爱国、敬业、诚信、友善。这正与雷锋精神中的无私奉献、爱岗敬业、诚实守信、与人为善等闪光点不谋而合。雷锋精神所包含的民族精神、时代精神和道德品格，涵盖了当代中国社会主义核心价值体系建设的基本内容和核心要求。胡锦涛同志曾强调："雷锋精神对于我们这个民族和社会，过去具有、现在仍然具有重大价值和时代意义。"而在一项针对大学生的问卷调查中，也有92.63%的大学生认为雷锋精神没有过时，依然是当代社会宝贵的道德标杆和精神财富。这说明雷锋精神在当代依然焕发着生机和活力，是高校德育教育不可多得的德育材料。

现如今的大学生群体中，大多为生在计划生育政策下、长在经济高速发展、生活水平不断提高的大时代中的"90后"。在富足的年代成长起来的当代大学生们被贴上的大多是诸如"自私""自我""追求物质享受"等负面的标签。而市场经济的高速发展所引发的道德滑坡、利益至上也不断冲击着当代大学生尚未成型的世界观、人生观、价值观。高校肩负为国家输出高水平、高素质人才的重要任务，自然面临着前所未有的全新挑战。在这样的时代背景下，新时代雷锋精神与高校德育教育契合的必要性也前所未有地展现出来。雷锋精神中所蕴含的无私奉献、艰苦奋斗、助人为乐、爱岗敬业等精神可引导当代大学生树立正确的价值取向和远大的人生目标。需要注意的是，高校德育教育在使用雷锋精神这一德育材料时，需要讲求方法、注重实际，又创造性地打造"学雷锋"新模式，避免高校德育教育形式化。唯其如此，才能够将雷锋精神的德育材料价值发挥至最大化。将雷锋精神与大学生德育教育有机结合，对培养具有社会主义核心价值观的高水平人才具有极其重要的意义。

雷锋精神不仅是马克思主义与中国实践相结合进程中中国共产党人先进品格的代表，也是人类文明进步精神和美德在当代的体现。这使得雷锋精神在树立当代大学生价值取向的教育中显得尤为重要，一方面，雷锋精神倡导大学生在生活中爱岗敬业、助人为乐、艰苦奋斗，有助于其道德观念的树立；另一方面，雷锋精神"全心全意为人民服务"的精神内核是伟大的共产主义信仰，有助于大学生树立远大的共产主义理想，坚定其为共产主义的最终实现而努力奋斗的决心。随着经济社会的不断发展，市场经济所带来的价值取向的多元化正不断地冲击着大学生尚未成熟的世界观、人生观、价值观。雷锋精神就好比这样一个信仰缺失、道德滑坡的时代中的一方净土，守护着当代大学生的精神家园。以近年来"扶老人"事件为例，在对沈阳建筑大学新生及高年级学生的问卷调查中，49%的初入学新生、42.11%的高年级学生对于新时代雷锋精神的认识是"擦亮眼睛去帮助需要帮助的人"，高于比例在15%左右的"无私无条件助人"，这并不代表大学生道德取向的滑坡，虽然新时代背景下帮助别人被附加了"保护自己"的先决条件，但其本质出发点仍在于"助人"。在这份调查中，91.93%的高年级受调查者表示会在公交车上为有需要的乘客让座，而新生选择这一选项的比例为84%，这说明大学期间的雷锋精神教育确实会对大学生的道德观念产生影响。在单独针对高年级学生的问卷调查中，仅有3.51%的受调查者在遇到老人摔倒在地时选择视而不见，即使遇到扶老人被诬陷的极端情况，也仅有9.12%的受调查者在再次遇到类似情况时不愿意再伸出援手，九成以上的同学依然会选择帮助有需要的人。这说明把握雷锋精神内涵的大学德育教育对大学生的价值取向确实予以了正面的引导，在大学生世界观、人生观、价值观的树立过程中有着重要的影响意义。

雷锋精神的本质是为人民服务，志愿精神的本质是"奉献、友爱、互助、进步"，二者虽然不同，但也存在交集。高校德育教育中融入志愿精神教育，并使之与雷锋精神教育有机结合，能够发挥出1+1>2的效果。依然以沈阳建筑大学为例，在问卷调查中，大学生志愿者协会等志愿服务组织在学生群体中拥有五成以上的关注度，多数同学关注并愿意参与相应群体所组织的活动。在对校园志愿服务活动的寻访统计中，以大学生志愿者协会、大学生慈善义工总队、各学院雷锋班、各学院志愿服务部门为主要载体的志愿者活动涵盖关爱智障儿童、志愿网络维权、关爱失独老人、V爱驿站服务、社区志愿服务、场馆志愿讲解、爱心高考服务等形式。在这一系列活动中，志愿者精神及雷锋精神中的"奉献"之精髓都得到了很好的体现。雷锋精神的分量和重要意义是远远高于青年志愿者精神的，青年志愿者精神通过"被需要"实现自身价值获得满足感，是一个双赢的过程，而雷锋精神则全然不以利己为目的，蕴含着共产主义理想的崇高精神。但通过青年志愿者精神，可以使大学生充分体味到奉献的快乐和自身的社会责任及价值，这对于大学生进一步理解雷锋精神、在实际行动中践行雷锋精神并最终成长成为具有共产主义崇高理想的战士具有极大的现实意义。（内容有删减）

资料来源

韩仲旭.新时代雷锋精神对当代大学生德育教育的研究［J］.教育现代化，2016（6）：245-246.

二、案例（材料）点评

（一）适用范围

本案例适用于第五章"人的全面发展教育"中第一节"德育"内容的教学，具体包括德育内容中理想信念教育、民族精神和时代精神教育。

（二）思政元素

1.弘扬雷锋的爱国精神，引导大学生树立坚定的信念

对于新时代大学生思想政治教育实践，要将雷锋精神与学校德育相结合，引导学生树立正确的人生价值观，激起学生学习报国的理想情怀，培养学生对国家的高度责任感，从而鼓励学生树立共产主义的远大理想，全身心投入实现中国民族伟大复兴的中国梦伟大实践中。

2.弘扬雷锋的奉献精神,培养学生奉献社会的美德

将雷锋精神中奉献精神融入学校德育教育,契合了中国特色社会主义核心价值观本质要求,也坚持了党全心全意为人民服务的宗旨,弘扬雷锋的奉献精神,强化学生新时代为人民服务的宗旨,在奉献中实现自我价值,引导学生自觉参与青少年志愿者服务与公益活动,积极做社会主义事业的建设者和接班人。

3.弘扬雷锋的敬业精神,培养学生爱岗敬业精神

学生德育课程融入雷锋精神内容,能够引导新时代大学生学习和践行尽职尽责的"钉子"精神,真正做到做一行爱一行,做中国精神的践行者和传承者,坚持在每个平凡的岗位发光发亮,做出不平凡的成就。

4.弘扬雷锋的奋斗精神,引导学生发扬艰苦奋斗与勤俭节约精神

将雷锋精神与高校德育教育有机结合,引导学生树立正确的消费理念,保持艰苦朴素的生活作风,鼓励学生将雷锋精神内化为自我要求,保持艰苦奋斗、勤俭节约的优良作风,在生活点滴中践行雷锋精神。

(二)课程思政教学目标

1.知识目标

通过案例学习,教师要加强学生雷锋精神教育,鼓励学生积极查阅雷锋优秀事迹,使学生深刻把握雷锋精神的时代内涵,准确把握雷锋精神的实质,并且进一步弘扬和丰富雷锋精神革命文化的时代内涵和当代价值。

2.能力目标

通过案例学习,教师要强化学生自我认知,引导学生将雷锋精神内化为自身行为实践,鼓励学生能够在把握雷锋精神时代内涵后,积极参与青少年志愿活动,深入基层实践,践行服务他人、奉献社会的雷锋精神。

3.情感目标

通过案例学习,教师不仅要在课堂上弘扬雷锋精神,而且要融合于校园文化氛围,让学生在潜移默化中受到雷锋精神感染和熏陶,增进学生对雷锋精神的认同,树立民族自豪感,自觉地做社会主义精神文明的践行者和传播者。

(四)相关经验总结

在教学实践中,首先,教师要在课堂上展示出雷锋的个人事迹,在把握雷锋精神的同时,也要把握雷锋精神在时代发展中被赋予了新的内涵和新的内容,使学生能够融合时代要求践行雷锋精神。其次,要鼓励学生积极查阅雷锋事迹和影视资料,并针对社会热点问题进行讨论,深化雷锋精神理论研究,弘扬和创新雷

锋精神内容。最后，教师要积极营造学雷锋的文化氛围，树立榜样作用，积极开展志愿活动，为社会主义精神文明建设注入强大的精神动力，使学生将雷锋精神内化为自我发展要求，外化为社会行为实践。

案例四　工匠精神在中职教育中的德育价值

一、案例（材料）分析

习总书记在十九大报告中强调，要"建设知识型、技能型、创新型劳动者大军，弘扬劳模精神和工匠精神，营造劳动光荣的社会风尚和精益求精的敬业风气"。培养具有"大国工匠"意识的人才已经成为中职教育者的重要工作。作为新时代中职教育者，我们应该将培养专业技能型人才与高素质劳动人才相结合，将职业教育与德育教育相结合，为社会输送真正具有工匠精神的社会建设者和贡献者。综合前人的研究经验，本人认为"工匠精神"主要可以从如下几方面进行剖析：

一是在中职教学中，我们应该指导学生正确认识"工匠"。从传统意义上来看，"工匠"这一词通常与工业文明的发展密不可分，在工业活动中，能够熟练完成各项操作工作的人可以称为"工匠"。而现实意义上解读，只有真正经历过工业文明熏陶的专业技术人员才有资格成为"工匠"。例如，在我国大型工匠纪录片《大国工匠》中，讲述了八位工匠主人公在各自领域中的成就，以此凭借精湛的技艺与灵巧的双手制造出了各种各样的中国制造。

二是"工匠精神"。主要指工匠自身的精神境界，它要求工作人员必须具备良好的专业技能，且对工作有精益求精的态度，能够用自身专业知识解决工作上的实际问题，并且敢于追求和坚持不懈地克服工作中的问题。同时，"工匠精神"还要求工作人员遵守职业道德，能够在工作中坚持本心，拒绝诱惑。将此迁移到中职教学中而言，也就是我们教师要着重塑造具有高专业水平、高素质的人才，要指导学生将专业精神与职业态度还有人文素养三者有效统一。

三是"工匠精神"应该是崇尚创新的人。工匠精神本身蕴含着创新和突破的意味。放眼古今中外的"良匠"，无一不是崇尚钻研和创新的，只有不断突破改进才能真正推动科技进步、造福人类。所以，创新也是新时代工匠精神的重要特征。历史和事实也证明，对已有技艺因循守旧、故步自封，只会形成"匠气"，不会产生工匠精神。

所以，我们新时代中职教学者应该要从专业性、职业性和创新性等多个维度把握"工匠精神"，注重学生素养的提升。

工匠精神具有思想引领的德育价值。工匠精神首先一定是尊重劳动的人具有的精神。素质教育强调要培养"德智体美劳"的新时代人才，其中劳动本就是五育之一，没有劳动就没有创造。马克思主义哲学强调：人的意识和智慧都是在劳动中形成的，足以见得劳动的重要性。而工匠精神又格外强调劳动，它要求从业人员要对劳动有热情，对职业有敬畏，没有劳动的职业热爱是不足以产生工匠精神的，因为没有劳动就没有实践，只是空想的热爱仅仅是一种"空洞和理论"的思绪而已。所以，从中职德育教育层面而言，我们应该注重弘扬和培育工匠精神，要提高学生的劳动意识，引导学生尊重劳动、崇尚劳动、热爱劳动，树立劳动光荣意识。

其次，工匠精神强调从业者对产品有精益求精、追求完美的意识。从这一角度而言，工匠精神也就是在唤醒从业者对产品质量的关注。那么如何关注产品质量呢？这自然也就需要学生具备较高的职业素养和责任意识。所以，我们德育教育者在弘扬和传承工匠精神的教育理念下，还应该不断加强学生责任意识和职业意识的塑造，要让学生做一个尊重自己工作，对自身本职工作负责的人。对此，本人认为我们可以组织学生去企业实习，让学生深入企业工作和管理之中，从而近距离与真正具有工匠精神的工作者接触，从他们的工作态度中真正体会工匠精神的内涵，学习优秀员工身上的精神品质，感受企业文化，潜移默化地培养学生工匠精神和崇高的职业素养。

工匠精神具有文化凝聚的德育价值。工匠精神内涵具有热爱劳动、爱岗敬业的思想。德育教育则是弘扬和践行社会主义核心价值观的具体行为和途径。在倡导弘扬社会主义核心价值观的新时代，传承和弘扬工匠精神则重在践行"敬业"这一社会主义核心价值观。所以，从这一角度而言，培养学生工匠精神既是德育教育的内容之一，同时也是社会主义核心价值观的具体化表现，对于学生毕业就业具有正确的导向价值。同时，工匠精神也是我国优秀传统文化精神的体现之一，承载着古今中外"匠人"的精神和品质，具有先进的文化内核。每一个行业都会在实践和不断发展的过程中形成独具特色的职业精神和企业文化，而工匠精神具有先进文化这一特质就决定了企业职业精神和职业文化的具体发展方向。

这其实也就是在要求我们中职德育教师要注重学生职业精神的培养，并且为我们指明了方向，也就是要培养与企业文化和企业职业要求一致的人才，要不断提高学生的团结协作能力，集体荣誉，凝聚能力，为学生能够在就业中融入企业和认同企业文化奠定基础。

工匠精神具有行为规范的德育价值。无论是从工匠精神的内在价值还是外在价值而言，都对学生日常行为具有一定的约束作用，用工匠精神去要求学生和规范学生的职业意识和行为，能够提高学生的职业情感、意志和信念。对此本人建议在校园文化建设中融入工匠精神。文化是一种软实力，同时也是一种隐性的育人资源，能够潜移默化、润物无声地对学生进行思想品德塑造，提高学生的文化素养和道德情操。中职学院学生大部分都是学习基础较差，缺乏自我约束力和自我提升意识，单凭教师"苦口婆心"的劝说，不一定能够帮助他们改变生活习性，反而还可能激起他们的逆反心理。那么，最好的办法就是"旁敲侧击"地对学生进行文化熏陶，利用校园文化这种隐性资源来提高学生的道德认知职业素养。比如利用道路两旁的橱窗、校内的标语、学校宣传栏等地方来加强学校文化宣传、职业道德规范、学校规章制度，真正让工匠精神在每一位学生内心发芽。
（部分内容有删减）

资料来源

雷建斌.论工匠精神的时代内涵与德育价值——基于中职德育的视角[J].课程教育研究，2020（20）：1-2.

二、案例（材料）点评

（一）适用范围

本案例适用于第五章"人的全面发展教育"中第一节"德育"内容的教学。德育作为全面发展教育的重要组成部分，是全面贯彻党和国家的教育方针、实现教育目的的根本保证。以改革创新为核心的时代精神是中华民族走向复兴的发展之路，是决定中国当代乃至未来命运的关键抉择，是国家发展进步的活力源泉。

（二）思政元素

1.弘扬工匠精神，有助于培养学生正确的劳动观念

以劳动精神、劳模精神、工匠精神为价值引领的劳动教育，最终实现的是劳动技能和劳动价值观的统一，因此，要将工匠精神与学校劳动教育相融合，使学生成为德智体美劳全面发展的中国特色社会主义事业建设者和接班人，提高学生的劳动意识，引导学生尊重劳动、崇尚劳动、热爱劳动，树立劳动光荣意识。

2. 弘扬工匠精神，有利于培养学生精益求精的职业精神和扎实的专业知识素养

将工匠精神融于学校德育教学中，帮助学生树立正确的职业观，培养学生爱岗敬业的职业态度，精益求精、追求极致的职业素养；同时鼓励学生掌握扎实的专业知识和专业技能，能够用自身专业知识解决工作上的实际问题，将一丝不苟、竭心尽力的工匠精神贯穿到日常学习、修身和实践中，不断提升自我，完善自我，实现个人的时代价值与使命。

3. 弘扬工匠精神，有助于提高学生道德品质素养

新时代工匠精神既提倡人要热爱和忠实于自己的工作岗位，同时还强调在实际工作和生活中要严格遵守社会道德规范。工匠精神中的诚实守信、高度的责任意识，同样能运用于处理家庭、朋友与同事关系上，能在一定程度上规范人自身的行为，提升学生职业道德素养和道德品质，从而使学生能在未来工作岗位上自觉遵守职业的规章制度，养成良好的行为习惯。

（三）课程思政教学目标

1. 知识目标

通过案例分析，教师在课堂教学中渗透工匠精神教育内容，并结合相关案例使学生能够全面深刻把握工匠精神的时代内涵，学习相关的理论知识，明确工匠精神的当代价值，并鼓励学生在工匠精神的引领下，努力学习基础和专业知识，增强其职业道德素养和专业文化素养。

2. 能力目标

通过案例分析，教师要将工匠精神内涵与学校思政教学相结合，着重塑造具有高专业水平、高素质的人才，引导学生在未来就业岗位能够将专业精神、职业态度与人文素养三者有效统一，能够自觉遵守爱岗敬业、诚实守信、办事公道、服务群众、奉献社会的职业道德规范，弘扬社会主义核心价值观。

3. 情感目标

通过案例分析，将校园文化建设融入工匠精神，广泛传播工匠精神的基本内涵、时代特征，使学生在潜移默化中进行思想品德塑造，提高自身的文化素养和道德情操，自觉成为工匠精神的传承者和弘扬者，成为实现我国从制造大国转换为制造强国的中坚力量。

（四）相关经验总结

在具体教学实践中，教师将课堂作为工匠精神的思政教育主要阵地，通过图

片、文字、声乐、视频等形式，将工匠精神的时代内涵和主要内容以直观、形象、趣味的形式呈现在学生面前，便于学生了解更多的知识，拓宽自身的知识面，学习更多的工匠精神与知识内容。其次，在课堂学习过程中，鼓励学生针对工匠精神思政教育进行小组讨论，并提出各自观点，同时，教师对各种观点进行点评。最后，教师除了课堂教学的理论引导之外，还要加强学生社会实践的体验，鼓励学生到社区、企业、事业单位等基层一线中进行参观、学习、义务服务以及实习锻炼，使学生能够真正理解工匠精神的内涵，并自觉将其内化于心，外化于行。

案例五　红色文化融入高校思政教育

一、案例（材料）简介

红色文化是中国共产党领导人民群众进行革命、建设和改革形成的一种特殊的文化形态，是中华民族不懈奋斗的动力和源泉，更是开展思想政治教育的重要资源。将红色文化融入思想政治教育，为引领大学生学习和践行习近平新时代中国特色社会主义思想、培育能担当民族复兴大任的时代新人提供了重要渠道，对引导学生树立正确的人生观、价值观具有积极的指导作用。

红色文化融入思想政治教育是文化自信的必然要求。习近平总书记在庆祝中国共产党成立95周年大会上的重要讲话中，把"文化自信"与中国特色社会主义道路自信、理论自信、制度自信并列，他指出"文化自信"是更基础、更广泛、更深厚的自信，是做到道路自信、理论自信、制度自信的重要前提。而红色文化，作为中华民族优秀的文化之一，具有丰富的内涵和价值，将思政教育与红色文化的融合，合理使用红色文化资源，能帮助学生了解党和国家的发展历史，正确认识社会发展的规律，教育引导学生树立中国特色社会主义文化自信。

红色文化融入思想政治教育是立德树人的内在要求。思想政治工作关系高校培养什么样的人、如何培养人以及为谁培养人这个根本问题，把红色文化融入日常的思想政治教育中，对引导教育学生践行社会主义核心价值观具有积极的作用。根植于红色文化的中国精神有着极其丰富的内涵，形成了诸如井冈山精神、长征精神、沂蒙精神等红色文化精髓，包含了团结统一、自强不息、艰苦奋斗等优秀品质。将这些优秀的红色文化融入思想政治教育中，可以熏陶、渲染学生，培养学生良好的品德，树立远大的理想抱负，促进学生的全面发展，从而更好地实现立德树人根本任务。

红色文化融入思想政治教育是学生价值观养成的重要环节。青年大学生正处于价值观形成和确立的关键时期，青年的价值取向决定了未来整个社会的价值取向，因此，抓好这一时期的价值观养成十分重要。红色文化作为一种特殊的文化资源，是实现文化育人的重要载体。高校在开展思想政治教育时，将红色文化的内涵和元素有效地融入其中，将有助于学生深刻领会民族精神和时代精神，促使学生主动传承红色基因，发扬艰苦奋斗、勤俭节约等优秀品质，进一步激发爱国主义精神，增强对党和祖国的认同感，进而实现思政教育的育人目标，培育和践行社会主义核心价值观。

高校在开展思政教育时，缺乏顶层设计和整体思考，往往将思政教育与红色文化教育区别开，或者简单地将红色文化教育与思想政治教育画等号，出现概念上的混淆，未能充分发挥红色文化的价值和内涵，缺少将二者紧密融合的有效途径。课堂教学是高校思政教育的主体，但思政教育不能仅仅依靠思政课的教学，更应注重对专业课、通识课中思政元素的挖掘，让课堂活起来。充分调动和发挥专业教师的积极性，充分挖掘红色文化内涵，让每一堂课都包含思政元素，让每一节课都具有价值引领作用，以民族精神、时代精神、科学精神感召学生，以红色文化历史润化学生，树立正确的价值标准，提高思政教育的实效。

第二课堂是学生潜移默化接受红色教育的主要途径，农学院以文化活动为载体，与专业教育相结合，打造独具特色的品牌活动，拓展红色文化内涵。以举办院士报告会、形势政策报告会、山农 A+ 双创论坛等活动为载体，邀请校内外专家开展专题讲座，将红色文化与思想政治教育、专业教育有机融合。其中，以追忆优秀共产党员、齐鲁时代楷模余松烈院士为主线，形成了独具特色的系列品牌，如传唱歌曲《永远的你》，编写著作《齐鲁时代楷模·余松烈》《大爱化作田间行》等，对学生具有较好的价值引领作用，不仅培育了学生"学农爱农"的意识，而且更好地教育引导学生树立远大理想，立志报效祖国。

红色文化融入思想政治教育不能仅停留在校内学习，还要注重校外实践，搭建实践育人平台，促使学生知行合一。农学院以社会实践和志愿服务为载体，通过组织三下乡社会实践活动，鼓励学生深入基层，开展民情调研、十九大宣讲、文化科普、科技支农等内容，感受当地文化，在实践过程中感受红色文化的魅力，更直观地解读红色文化的内涵价值，从而有所学、有所思、有所长。组建

"重走院士路"社会实践团队，以探访余松烈院士生前足迹为主题，赴滕州走访调研，学习践行余院士艰苦奋斗的科研精神和毕生为小麦高产栽培事业默默付出的奉献精神。以"互联网＋"大赛青年红色筑梦之旅为依托，积极对接落后村，通过科技扶贫、产业振兴的方式，激发学生对农业事业的热情。在徂徕山抗日武装起义纪念馆建立红色教育基地，组织学生参观学习，开展爱国主义教育，使红色文化更加生动、具体，学生在接受教育时更加直观、立体，切实提高育人时效。（内容有删减）

资料来源

程璐，李涛，王平，尹昌美，许超."三全育人"视角下红色文化融入思政教育的模式探析——以山东农业大学农学院为例［J］.山西青年，2020（15）：21-22.

二、案例（材料）点评

（一）适用范围

本案例适用于第五章"人的全面发展教育"中第一节"德育"内容的教学。党的十九大报告强调："要全面贯彻党的教育方针，落实立德树人根本任务。"立德树人，把社会主义核心价值体系融入国民教育全过程。加强理想信念教育和道德教育，坚定学生对中国共产党领导、社会主义制度的信念和信心。

（二）思政元素

1. 将红色文化融入高校思政教学，有利于学生树立中国特色社会主义文化自信

红色文化蕴含着丰富的革命精神、厚重的历史内涵，教师要挖掘并充分利用红色文化的育人价值，鼓励学生传承红色文化，发扬民族精神，增强学生中华民族的文化自信，更有利于他们坚定中国特色社会主义的道路自信、理论自信和制度自信，激励广大学生为实现中华民族伟大复兴中国梦而努力奋斗。

2. 将红色文化融入高校思政教学，有利于增强学生的道德修养

红色文化是高校进行德育教育的重要资源，蕴含着革命前辈高尚的道德品格和可贵的价值观念，是塑造学生高尚情操的"活教材"，对学生实施红色文化教育，有利于学生传承和发扬优秀民族文化和民族精神，从文化中汲取红色精神力量，塑造学生优秀品德，实现立德树人根本任务。

3.将红色文化融入高校思政教学，引导学生树立正确的人生价值观

红色文化蕴含着革命前辈坚定的理想信念、明确的政治立场、正确的价值理念、执着的使命担当，对学生进行红色文化教学，有利于学生自觉抵制不良文化的侵蚀，坚定中国特色社会主义理想信念，树立正确的世界观、人生观、价值观，同时引导学生传承红色基因，发扬艰苦奋斗、勤俭节约等优秀品质，践行社会主义核心价值观，从而推进社会主义精神文明建设。

（三）课程思政教学目标

1.知识目标

通过案例分析，教师要积极挖掘专业课、通识课中红色文化元素，有意识地把红色文化所涵盖的革命人物、革命事件、革命精神融入相应章节内容，讲述红色文化的时代价值与蕴含的民族精神，使学生能够在掌握基础知识和专业文化知识的基础上，理解和把握红色文化的内涵与价值，并在红色文化的引领下，进一步激发爱国主义精神，增强对党和祖国的认同感，勇担民族复兴使命，发扬时代精神。

2.能力目标

通过案例分析，教师不仅要在课堂教学中引导学生学习和掌握红色文化的时代内涵和理论价值，同时还要广泛开展红色文化的情境教育和体验教育，鼓励学生主动参与红色文化实践活动，在实践过程中感受红色文化的魅力，从而使学生能够将红色文化蕴含的价值理念和优秀品格外化为自身行为实践活动。

3.情感目标

通过案例分析，将红色文化融入学校思政教学，有利于学生从红色文化熏陶下汲取奋发向上的智慧和精神动力，增强学生中华民族的文化自信和民族自豪，更有利于他们坚定中国特色社会主义的道路自信、理论自信和制度自信，激励广大学生为实现中华民族伟大复兴中国梦而努力奋斗。

（四）相关经验总结

在实际的教学活动中，将红色文化融于学生思想政治教育，教师首先要根据学生成长规律及大学每个阶段遇到的问题，有针对性地挖掘红色文化的思政元素，同时将红色文化所包含的相关历史事件、历史人物以及相关理论知识通过图片、文字、声乐、视频等形式进行直观教学，从而提高学生对红色文化的学习兴趣和文化认同，同时要注意把握红色文化在时代发展中被赋予了新的内涵，引导学生结合时代要求弘扬和发展红色文化。其次，教师可以通过开展红色文化主题

活动，鼓励学生积极寻找红色文化素材，从不同角度挖掘红色文化的教育价值，促使学生独立思考，提出并分享自己对红色革命文化的见解。最后，教师要对学生观点进行评价，同时结合自己的认识做出总结概括。

案例六　中国革命史教育的价值和意义

一、案例（材料）简介

中国革命史，对中国的发展来讲有着十分重要的价值和意义。中国革命史记载了近代中国人民如何经过浴血奋战，奋力保卫自己的家园，为了民族同胞的自由和幸福，经历了千辛万苦，最终推翻了帝国主义的统治，赶走了侵略者，消灭了他们侵略中国的野心，在共产党的领导下，推翻官僚主义、封建主义和帝国主义三座大山，在中国建立了社会主义制度。中国历经千辛万苦，终于一步步走来。马克思主义理论告诉我们，任何事情的发展都不是一帆风顺的，都呈现出曲折前进的发展形态。在中国革命史的发展道路上，亦是如此，赶走强权国家历经辛苦，治理国家，使祖国富强繁荣，最终达到共产主义的目的同样十分不易。中国革命史作为历史，记载着我国过去的艰辛和不易，通过对革命史的学习，更加珍惜目前的和平，更加感谢共产党带我们争取到的繁荣和稳定。本文重点分析中国革命史教育的价值和意义，更加理解中国革命发展的不易。

中国革命史，就是以近代以来中国革命的发生和发展，以及经过努力最终获得胜利的现象为研究对象，目的是为了总结中国革命史中的经验，吸取其中的教训，找出其中的规律和问题，最终能够给未来以指导的一门科学。中国革命史重点的时间阶段是从旧民主主义革命向着新民主主义革命发展，并且最终取得了社会主义革命胜利这一阶段的科学。中国自近代以来，祖国同胞为了争取民族的解放和国家的繁荣，经过了长期的奋斗，艰辛异常，最终在共产党的领导下，赶走了帝国主义的侵略，争取了民族的独立，从贫困艰苦的生活中经过重重努力，共产党又带领人们一步步奔小康，走向幸福的生活。

回顾中国革命史，是中国共产党的成立给中国带来了希望，带来了最终的革命胜利，使中国逐步走出了殖民地被侵略的阴影，走向了文明、富强、民主的新生活。中国革命史，详细记载了中国共产党领导祖国同胞走向成功的胜利史。中国革命史包含了十分丰富的内容，教会了人们如何抵制诱惑，追求自由民主；在困难的时候要有卓越的勇气和担当，不放弃不妥协；教会了人们要拥有智慧，以智慧战胜敌人等等。中国革命史包含了丰富的内容值得人们学习。所以中国革命史成了很多高等院校的必修课程，希望中国革命史包含的卓越智慧，能够给每个学生以启示。

学习中国革命史，"以史为鉴，可以知兴替，今天的中国是历史的中国的发展，作为当代中国的大学生，如果不了解中国历史，特别是中国近代史、现代史和我们党的历史，就不可以认识和把握中国社会发展的客观规律，继承和发扬我们党在长期斗争中形成的光荣传统，也就不能胜任领导建设有中国特色社会主义的职责。"这是前领导人江泽民对中国革命史的总结分析。革命时代已经离现在的大学生日渐远去，现在安宁富足的生活，让革命时代的艰苦记忆逐渐远去，但是正是在这样的时代，学习中国革命史才有着十分重要的价值和意义。让现代的年轻人重温祖辈的辛苦岁月，为了争取民族独立，为了我们的自由和未来艰苦卓绝的奋斗牺牲了多少祖辈人的性命。同样，共产党为了人民过上幸福的生活，共产党领导人更是就就业业，研究中摸索前进，十分艰难。这就是当代大学生学习革命史的价值和意义。（略有删减）

资料来源

李维维.中国革命史教育的价值与意义 [J].教育现代化，2016（21）：261-263.

二、案例（材料）点评

（一）适用范围

本案例适用于第五章"人的全面发展"中第一节"德育"内容的教学。加强理想信念教育和道德教育，坚定学生对中国共产党领导、社会主义制度的信念和信心；加强以爱国主义为核心的民族精神教育。

（二）思政元素

1.坚守热爱祖国、为国建设的家国情怀

人与动物最大的差别就是大脑具有意识，可以产生各种各样的感情，"爱"这个感情也是人最重要的感情之一。人会爱上很多东西，而祖国在诸多被爱的东西中有着不可撼动的地位，国家给了我们一切，有国才有家。作为新时代的接班人，必须要保持本心，热爱我们的祖国。

2.坚守居安思危、发愤图强的时代精神

如今，我们的国家越来越强大，但是我们不能忘记我们的过去。"落后就要挨打"的例子如今还在世界少数国家一遍遍上演。我们生在和平年代，长在和平年代，应当有居安思危的意识。居安思危，思则有备，有备无患。

3.发扬吃苦耐劳，积极乐观的奋斗精神

"吃得苦中苦，方为人上人""未经一番寒彻骨，哪得梅花扑鼻香"等的古诗名句广为流传，不断告诉我们要有吃苦耐劳的精神，只有吃得了苦，在挫折面前决不低头，你才会离成功越来越近。

（三）课程思政教学目标

1.知识目标

"以史为鉴可以知兴替，以人为鉴可以明得失"，说明了学习历史和开展历史教育课程的重要性。通过本课程的引导希望学生们了解中国的近代发展史，形成清晰明了的国家发展的时间路线和基本路程。了解中国近代重要的历史人物、历史事件和历史现象，了解中国近代史发展的基本线索。

2.能力目标

培养学生收集资料，整理资料和陈述信息的能力。采取小组合作探究的方法，以历史发展顺序为分组依据，通过案例对近代中国历史上的一些重要人物、重要事件和重要历史现象有所了解，同时又要在了解这些内容的基础上，把握中国近代历史发展的基本线索。

3.情感目标

通过历史的了解，让学生知晓和平时代的来之不易，提升学生对于祖国的热爱和自豪感。同时，教导学生作为新时代社会主义的接班人，应当发挥前辈们吃苦耐劳、艰苦奋斗的精神品质，成为对国家、对社会有用的人。树立伟大理想，脚踏实地，与祖国同呼吸共命运。

（四）相关经验总结

本次课程宜采取小组教学法进行讨论学习，通过小组合作的方式将众多知识点以事件分段为依据分配给不同的小组，以进行更详细和专注的资料收集与阐述，让学生们参与其中，乐在其中，注重学生在学习过程中的主体作用。

学生们通过本次课的学习，对于我们国家的发展历史有了更加全面和宏观的了解，"为中华之崛起而读书"的声音时时回荡在耳边，有助于学生获取更多的学习动力；"革命尚未成功，同志仍需努力"的谆谆教诲印刻在脑海里，鼓励学生不断为自己的目标前进；"自己动手，丰衣足食"的教导久久铭记于心，教导学生要独立要自强。

案例七　掀起爱国主义教育热潮　把爱国情怀深植在孩子们心中

一、案例（材料）简介

"看，这画的是海南的城市美景，这幅是北京天安门……没想到学生们这么用心。"10月8日一早，海南省澄迈县福山初级中学的美术老师罗春兰在办公室忙得不可开交，在她面前摆放着该校1445名学生的绘画作品，她一边挑选、整理，一边向海南日报记者展示。

近期，福山初级中学举办"庆国庆绘画创意大赛"，号召全体学生用绘画作品向新中国成立70周年献礼。无独有偶，澄迈县其他幼儿园、中小学校也纷纷开展形式多样、内容新颖的爱国主义教育活动，通过举办合唱、书画、演讲、录制短片等方式，强化对学生的爱国主义教育和思想道德建设。

手绘地图　增进对祖国的认识

国庆小长假刚结束，恢复上课的第一天，福山初级中学的学生们如期交上了令罗春兰满意的作品。手工画、素描、彩铅、油画……学生们的爱国主题绘画作品形式多样、内容创意十足。

该校初二学生李颜的画作以飘扬的五星红旗和党旗为背景，以高铁、飞机、火箭、卫星、宇航员等为主要元素，展现新中国的科技成就。"我们国家在科技领域取得了很多令人瞩目的成就，我想把这些成果画出来。"李颜说，绘画过程虽然短，但绘画前查阅资料的过程，让她对国家历史、科技成就有了更多了解。

李颜同班同学陈怡的作品与众不同：手工制作的地图，用黑豆"描绘"边界线，大米、红豆、薏米等五谷杂粮作为填充物，间隔填充于各省区域内。"地理课上讲，我们的国家以农耕为主，所以我用各种农作物来表现我心中的祖国。"陈怡说。

在陈怡的教室里，教室后方开辟的"祖国在我心中"专区十分醒目，专区内张贴着5幅绘制完好的中国地图。陈怡的另一幅中国地图绘画就在其中，她用彩色笔画出地图，还描摹出大熊猫和向日葵。"大熊猫是国宝，是中国的标志，地图底部画的向日葵代表我们，向着阳光生长。"陈怡说。

"讲爱国，首先要了解我们的祖国，让中国地图完整无误呈现在学生心中，可以增进对祖国的认识和认同感。"陈怡的班主任兼地理老师雷艳丽说，目前该校初二年级的学生们正在上中国地理课程，讲到中国 34 个省市区的分布。她鼓励学生在听课的基础上，动手绘图。

"爱国主义教育，不是强行给学生灌输知识，而是给一个主题，让学生们自己选内容，动手动脑找材料，去了解、认识国家。"福山初级中学相关负责人廖定海介绍，10 月以来，中午、晚间校园广播都会播放爱国歌曲，营造爱国氛围，潜移默化地进行爱国主义教育。

寓教于乐　激发幼儿爱国之情

"丁零零……"10 月 8 日下午，上课铃声响起，澄迈县福山中心幼儿园中班的几个孩子迅速围拢在一起，在老师林丹丹的指导下，用红黄褶皱纸共同创作一幅爱国主题手工画。"这是送给祖国的生日礼物。"4 岁的王雅轩认真地说。

在福山中心幼儿园教室、走廊的墙壁上，随处可见孩子们画的五星红旗。幼儿园负责人王冬梅介绍，借着国庆的契机，每天上午，该园各班老师给孩子们讲授国庆节的由来、国旗国徽的寓意、红军故事等知识。下午，则让孩子们动手制作五星红旗，绘画五星红旗、天安门等。

"孩子们不懂大道理，但是他们能理解游戏。我们把爱国主义教育融入游戏中，让孩子们边玩边接受爱国教育。"王冬梅介绍，自从开展一系列爱国主义教育活动之后，孩子们有了很大变化，"以前玩角色扮演游戏，孩子们抢着要扮演白雪公主、超人，而现在抢着要扮演警察、军人。"

除了简单的游戏，福山中心幼儿园还借助升旗仪式对孩子们开展爱国主题教育。每周一早上，伴随着刚升起的太阳，福山中心幼儿园的老师和小朋友们齐聚操场，举行升旗仪式。4 个幼儿园大班的小朋友，被选为升旗手，穿上礼服，有模有样地踏着正步，升起国旗。

"升国旗时，孩子们很严肃，被选上升旗手的孩子会有自豪感，他们能理解这是庄严而神圣的仪式。"王冬梅说，这种仪式能够激发孩子们的爱国情怀，同时培养孩子们的集体荣誉感。升旗仪式完毕，听着广播里播放的红歌，师生集体表演手语，才算完成一次爱国教育活动。

录制视频　向祖国大声说"我爱你"

除了唱歌、绘画等常见的爱国主题教育方式，时下流行的航拍、录制小视频也成了海南澄迈思源实验学校开展爱国主义教育的选择。

"造型很有创意，点赞""祝愿祖国越来越强大……"这些天，澄迈思源实验学校八年级（1）班的王芯在QQ空间中转发的一段小视频，得到了众多同学朋友的评论、转发。视频的内容是航拍镜头之下，该校2600名师生在操场上摆出"中国""70"字样以及一颗爱心，配合着歌曲《我爱你中国》，表白祖国。王芯和她的同班同学穿着校服，摆成"国"字，而老师们则穿着红色服装，摆成爱心。

澄迈思源实验学校这段视频发布以来，收到了许多网友点赞。"全体师生都参与，每个人都有一个位置。当他站在相应位置上，就代表着相应的意义，也有不同的体悟。"澄迈思源实验学校校长唐铭说，澄迈思源实验学校是一所教育扶贫移民九年一贯制学校，学校的学生来自远离县城的农村贫困地区。"开展爱国主义教育活动，一是为了引领这些农村小孩融入城市生活中，二是'00后'的小孩相较于'70后''80后'，接受爱国教育较少，爱国的概念模糊，需要开展这样的活动对他们加强教育。"

进校九年的数学老师黄汝表达了同样的看法。"学生们很多是留守儿童，也有些是单亲家庭，对家庭概念单薄，更难说有国家的概念，在这次活动之前，很多学生连国歌都不会唱。"黄汝说，这是建校以来，学校第一次组织这样大型的爱国主义教育活动，对于学生和老师来说，机会很难得。为了参加这项活动，音乐课、晚自习学生老师没少练习唱爱国歌曲。

"培养爱国情怀，要从基础教育做起。小学阶段做好做扎实爱国教育，能够影响学生的一辈子。"唐铭说，接下来，该校各班级还将不定期召开爱国主题班会，让爱国主义教育常态化。

资料来源

余小艳，李佳飞，王家专.澄迈校园掀起爱国主义教育热潮，把爱国情怀深植在孩子们心中［N］.海南日报，2019-10-11.

二、案例（材料）点评

（一）适用范围

本案例适用于第五章"人的全面发展教育"中第一节"德育"的内容教学。具体体现为对学生进行爱国主义教育。爱国主义教育是学校教育的重要内容，能使青少年形成热爱祖国的情感态度，并树立为之献身的思想意识。

（二）思政元素

1.增强学生对祖国的了解，激发热爱祖国的情感

爱国是一种情怀，也是一种责任。在基础教育阶段，教师可以通过在教学过程中的教学形式多样化，教学内容丰富化，推动学生对祖国的了解，将爱国主义情感渗透于教学过程、游戏过程，增强学生自身的文化自信，更有信心推动民族自强，更好地培养同学们的爱国情怀。

2.尊重个性发展，做到平等待人

面对不同的学习主体，教师能够采取多样的培养方式，开阔视野，尊重个体差异性，寓教于乐，最大限度地尊重每一个个体，促使每个人都能得到进步。

3.鼓励同学们主动承担社会责任，培养敢于担当与开拓创新的精神

创新是国家兴旺发达的不竭动力，在教学过程中应鼓励同学们时刻怀有学习报国的理想情怀，开拓创新精神、钻研精神和奉献精神。树立学生履行时代赋予使命的责任担当，端正三观，成为有担当有使命的接班人。

（三）课程思政教学目标

1.知识目标

借助案例分析，坚定学生对国家大政方针政策的认同感、增强对相关爱国主义精神的认同感，助力形成正确的三观，从而在将来的职业生涯中，能把握正确的教学方向，能将更多的爱国元素渗透进教学当中。

2.能力目标

通过教学过程中的案例学习，让学生了解教师设计课程能力的同时是促进教学顺利进展的必要条件，也促进学生课程设计能力的提升。

3.情感目标

通过案例教学，能增强学生的爱国情感，感受爱国主义的内涵对教学的指导作用，使学生满怀爱国热情，勇担民族复兴的使命，发扬时代精神。

（四）相关经验总结

老师在教学过程中，首先应突出课堂鲜明的授课主题，把握课堂的总体方向；其次，在讲授相关案例过程中，要结合学生特点，使案例更具鲜明特色；最后，不能简单为了扩充内容而讲案例，而应关注学生的吸收过程，适当地进行情节的丰富与内容深刻程度的加深。

通过此案例的分享，学生深刻明白：不仅单纯依靠课堂讲授专业知识，更要教会学生做人的道理。努力在课堂中营造爱国氛围，潜移默化地进行爱国主义教育。

案例八　习近平德育观及其现实应用探究

一、案例（材料）简介

中国特色社会主义进入了新时代，习近平总书记创新性地回答了新时代德育领域的新问题，形成习近平德育观。习近平德育观的理论品质体现了中国特色社会主义道德教育的政治特质，担负新时代德育的政治担当。习近平德育观的两个重要理论创新是文化型德育和生态型德育。习近平德育观在德育层次划分、德育网络建构、德育评价体系确立等方面发挥着巨大的理论指导作用。

一、习近平德育观的政治特质和理论创新

1. 习近平德育观的政治特质

在全国教育大会上，习近平总书记指出："加强党对教育工作的全面领导，是办好教育的根本保证。"具体到德育领域，做好德育一定要加强党的领导，坚持马克思主义指导，抓好立德树人根本任务，培养德才兼备的时代新人。马克思主义指导思想下的德育，最重要的理论品质是过硬的政治素养。加强政治教育，即在政治立场、政治方向、政治原则、政治道路上同党中央保持一致，在多元文化交织中掌握意识形态的主导权和话语权，担负起新时代德育重担。中国共产党的领导、中国特色社会主义政治发展道路，是历史和人民的必然选择，政治意识形态决定德育的方向及发展道路。没有道德教育作为基础的政治教育是空泛的，没有政治教育作为指导的道德教育是危险的。

2. 习近平德育观的理论创新

从类型学角度来看，文化型德育是习近平新时代德育观理论创新的突出表现。文化型德育，即以文化人的德育。文化是德育的基点。文化是一个民族生生不息的精神基因密码，是国家的根，是民族的魂。习近平总书记在党的十九大报告中提出："文化自信是一个国家、一个民族发展中更基本、更深沉、更持久的力量。"高度的文化自信是中华民族伟大复兴中国梦得以实现的重要精神力量。历经磨难与困苦的中华民族，始终能屹立于世界民族之林的重要力量源于中华文化。在学校思政课教师座谈会上，习近平总书记指出，"用中华民族几千年来形成了博大精深的优秀传统文化及我们党带领人民在革命、建设、改革过程中锻造的革命文化和社会主义先进文化为思政课建设提供了深厚的力量。"这是德育的

深厚力量。文化型德育的根基是中华文化，而中华文化的精髓是中华传统美德。因此，新时代文化型德育建设，注重挖掘、阐发中华优秀传统文化资源，通过创造性转化、创新性发展实现中华传统文化对现代德育的滋养。树立高度的文化自觉和文化自信，立足本国面向世界，汲取世界其他民族文化的有益成分，创造有效途径向外传播中华优秀传统文化。文化型德育可以有效地解决知识德育与信仰德育断裂、认知德育与生活德育错位等问题，从而提升德育实效性，促进人的全面发展和社会全面进步。

习近平德育观的内容非常丰富，其中，生态德育将成为习近平新时代德育观的亮色。生态德育以"天人合一"的中国传统思想为底色，注重生态观教育、维护生态平衡和环境保护的道德教育。"绿水青山就是金山银山""像保护眼睛一样保护生态环境"，这些关于生态保护的金句，表明了习近平生态德育观是站在"人与自然和谐共生"的角度，强调确立正确的生态观，旨在保护环境，维护生态平衡。习近平生态德育观超越抽象的人性，既不是顺从自然，也不是征服自然，而是人与自然和谐共生，扬弃人类中心主义与非人类中心主义的有限性，着力解决人类所共同面临的生存危机、生态危机等全球性问题。从人类命运共同体高度，培养"全球合作精神"，形成全球道德意识，体现新时代德育的民族精神与世界精神的统一。

二、习近平德育观的现实应用

习近平德育观从顶层设计的高度指引新时代德育改革。从政治教育到思想教育再到思想政治教育，是新中国成立以来德育历史形态的轨迹。习近平德育观指引我们总结两个30年德育的成功经验和存在不足，认清下一个30年德育所处的环境和面临的挑战。针对新时代的新问题、新要求进行德育改革，开创新时代德育新格局。无论是德育层次划分、德育网络建构，还是德育评价体系确立及网络德育发展等，习近平德育观都发挥了巨大的理论指导作用，着眼解决新时代德育的新问题。

1.鲜明的德育层次

鲜明的德育层次是提升德育有效性、完成立德树人根本任务的重要保障。德育不仅要提升德育对象的思想道德修养，培育德育专业人才，还要保证社会主义办学方向，为我国教育事业发展注入定力。道德教育的关键是有鲜明的德育层次。根据习近平德育观分析目前德育现状，存在德育层次性不清晰的问题。因此，首先，新时代德育改革应划分德育对象的层次，再针对不同层次的德育对象制定相应的德育目标，如小学生、中学生、大学生、研究生层次不同，设定的目标不同；其次，划分德育内容的层次性，针对不同层次的对象选定相应的道德教育内容；再次，划分德育方法的层次性，根据德育对象、德育目标和德育内容的层次性采取不同的德育方法。通过鲜明的德育层次，让不同层次的教育对象在人生各个阶段都能接受恰到好处的道德教育，提升道德教育实效性。

2. 开放的德育网络

构建家庭教育、学校教育、社会教育相融合的综合德育网络，发挥全员、全过程、全方位育人的德育合力。2018 年 9 月 10 日，在全国教育大会上，习近平总书记提出："办好教育事业，家庭、学校、政府、社会都有责任。家庭是人生的第一所学校，家长是孩子的第一任老师，要给孩子讲好人生第一课，帮助扣好人生第一粒扣子。"因此，我们要建构家庭、学校、社会"三位一体"的综合德育系统，充分利用家庭环境、学校环境、社会环境和网络环境，拓展德育时空边界，打开德育"封闭"系统，建构开放的德育网络，实现全员、全过程、全方位育人，有效增强德育合力。

3. 科学的道德评价体系

德育评价是德育的重要环节之一，蕴含着导向功能、信息诊断功能、强化功能和反馈功能，是实现德育目标的必要保证。在全国教育大会上，习近平总书记提出："要深化教育体制改革，健全立德树人落实机制，扭转不科学的教育评价导向，坚决克服唯分数、唯升学、唯文凭、唯论文、唯帽子的顽瘴痼疾，从根本上解决教育评价指挥棒问题。"目前，我国的德育评价体系存在唯分数、唯升学率等弊端。新时代德育评价体系要超越传统德育评价的量化取向，加大德育评价体系改革力度，不断优化德育评价体系。建构从单一走向综合，从静态走向动态，从一元走向多元，从封闭走向开放的科学德育评价体系。

资料来源

蒋玉、陈爱丽 . 习近平德育观及其现实应用探究 [J] . 中学政治教学参考，2020（6）：9-11.

二、案例（材料）点评

（一）适用范围

本案例适用于第五章"人的全面发展教育"中第一节"德育"内容的教学。德育作为全面发展教育的重要组成部分，是全面贯彻党和国家的教育方针、实现教育目的的根本保证，是为社会主义现代化建设、实现中华民族伟大复兴的中国梦提供道德支撑的重要条件，也是培养学生政治意识、思想观念和道德品质的基本途径。

（二）思政元素

1. 坚持马克思主义指导是做好德育工作的前提

习近平总书记在全国教育大会上的讲话中强调指出，"培养什么人，是教育的首要问题。我国是中国共产党领导的社会主义国家，这就决定了我们的教育必须把培养社会主义建设者和接班人作为根本任务，培养一代又一代拥护中国共产党领导和我国社会主义制度、立志为中国特色社会主义奋斗终生的有用人才。这是教育工作的根本任务，也是教育现代化的方向目标。"因此，教育首先要在引导广大青年学生坚定理想信念上下功夫，培养一代又一代拥护中国共产党领导和我国社会主义制度、立志为中国特色社会主义奋斗终生的有用人才。

2. 文化是德育的基点，高度的文化自信是中华民族伟大复兴中国梦得以实现的重要精神力量

对于一个国家和一个民族来说，文化是国家和民族发展的灵魂，支撑着国家和民族的发展。文化自信是当前社会主义核心价值观的重要组成部分，因此将文化自信与教育教学相融合，可以有效提升教育教学效果，提升学生的文化自信，激发学生的爱国热情，对国家的发展和民族的团结有着积极的推动作用。

3. "绿水青山就是金山银山"，将保护环境、维持生态作为德育的重要内容

生态德育是一种新兴的德育观念，具备前瞻性、开放性、可持续发展性等特点，致力于引导学生树立新型生态观，鼓励学生积极践行生态美德，尊重生命，敬重自然，坚持绿色生态文明理念。因此在习近平总书记德育观的指导下，要重视生态德育的工作，要做到发挥思想政治理论课作用，夯实生态德育的理论基础；加强高校生态德育师资队伍建设；加强校园文化建设，营造高校生态德育良好氛围。促进学生生态道德建设。鼓励学生学会感恩和尊重自然，弘扬生态美德，把培养学生的生态道德素养作为重要目标之一。

（三）课程思政教学目标

1. 知识目标

通过案例学习，学生应该对德育的内容和途径方法有了更新的认识，明白通过案例学习，坚持马克思主义指导下的德育工作，树立文化自信的意识，结合时代发展，将生态德育纳入德育的内容当中，意识到教育的可持续发展。

2. 能力目标

通过案例学习，引导学生重视德育内容中文化型德育以及生态德育的部分，并且在德育理论的实际应用方面要吸取案例的建议，进行独立思考和改进。

3. 情感目标

通过案例学习，让学生体会到习近平总书记德育观的理论创新之处，明白文化自信，人与自然和谐发展同样作为德育工作的一部分，首先要树立中华民族高度的文化意识和民族自豪感，坚持教育的可持续发展，将维护生态的意识作为德育工作的重要性内容，始终坚持把马克思主义作为教育的理论指导，从而深度贯彻党和国家的教育方针。

（四）相关经验总结

在教学实践中，首先，教师要在讲解德育知识时，可以让学生表达自己对德育工作内容的认识；然后在课堂上展示案例材料，结合具体的时代背景，学习习近平总书记的德育观念，和学生一起共同交流感想，感悟习近平总书记德育观的政治特质和结合时代和国情的创新之处；最后，教师对学生交流的结果做一定点评和总结。

学生从案例材料中学习习近平总书记德育观的理论，重视文化、人与自然和谐等德育的内容，并从案例中德育观的实际应用受到启发，明白道德教育的关键是有鲜明的德育层次，同时要建立科学完善的道德教育评价体系，结合网络教育，实现多渠道、多元化、多形式育人，有效增强德育效果。

案例九　蚌埠高新实验学校劳动教育工作案例

一、案例（材料）简介

随着时代的发展，现在学生的生活环境、生活条件都在悄然发生重大的变化。现在对学生进行劳动教育不能仅仅局限于农业劳动，而应该与时俱进不断拓展和延伸到各种科技劳动。为不断增强我校学生的创新意识和实践能力，促进青少年劳动素质的提高，推动劳动教育深入发展，我校依托蚌埠国家高新技术产业开发区的科技优势，开展了"聚焦玻璃小世界，折射科技大舞台"为主题的系列科技活动。在全校师生的共同努力下，本次活动围绕中心统一认识，精心组织安排，创新活动方式，认真抓好各环节，圆满地完成了各项活动规划。"聚焦玻璃小世界　折射科技大舞台"综合实践活动荣获安徽省科技创新活动评比一等奖、全国二等奖、"安徽省十佳项目"。

（一）组织作品征集，提高创作能力。通过"聚焦玻璃小世界，折射科技大舞台"科技实践活动的组织，同学们对玻璃的认识不断深入，孩子们越来越喜欢玻璃。为了更好地宣传高新技术产业开发区的玻璃制品，我们组织开展了一系列作品征集活动。一、二年级围绕"未来的玻璃"为主题，展开丰富的想象，展现家乡玻璃产业发展的美好前景，开展了《未来的玻璃》科幻画征集活动，用绘画的形式展现对未来玻璃的幻想，提高学生的审美能力和创作能力；三、四年级开展了"玻璃知多少"手抄报绘制活动，一张张漂亮的手抄报展现了同学们对玻璃的喜爱和对家乡玻璃产业的关切、热爱之情；五年级开展了《新型玻璃》科学幻想作文征集活动，用征文的形式展现对未来玻璃发展的畅想，提高学生的写作能力和创作能力，使更多的学生喜爱玻璃、了解家乡的玻璃产业；六年级开展了"我为玻璃做广告"广告画征集活动，孩子们通过画笔，描绘了各种新型玻璃，展现了玻璃之美，为家乡玻璃宣传献计献策。

（二）开展调查研究，倡议循环利用。为了进一步推进社区科普宣传教育，提高居民对玻璃的认识，我们开展了进社区科普知识宣传活动。活动主要分为三个方面内容，一是搭建科普知识资料宣传台，为居民发放有关玻璃的科普知识手册；二是摆放活动展板，利用图文并茂的方式，向居民宣传有关玻璃的知识；三是现场进行答疑讲解，对群众的疑问进行一对一解答，树立崇尚科学、反对迷信的信念。

（三）观摩现场试验，感受科技魅力。为了提高学生积极参与活动的兴趣和积极性，我们开展了"超酷玻璃小实验"系列观摩活动。组织学生利用科学课观摩，鲁伯特之泪，剪水中玻璃，玻璃的回声，用绳子、酒精切断玻璃瓶，隔水打"瓶"，弯曲的玻璃，火花塞陶瓷碎片瞬间击碎车窗玻璃七个神奇的实验。通过观摩，同学们感受了玻璃的魅力、科学的神奇。

（四）搭建活动平台，畅享实践收获。为了让学生感受玻璃之美，学校微信公众号开辟了专栏，每期展示两件古今中外的玻璃艺术品，共计十八期，通过这十八期专栏活动，让同学们大饱眼福。为了展示科技实践活动成果，组织开展了班级文化墙评比活动。各班级围绕"聚焦玻璃小世界　折射科技大舞台"，精心设计、构思，将手抄报、科幻画、手工制作等纷纷上墙，让孩子们在布置文化墙的过程中，畅享实践收获。此外，各班围绕"聚焦玻璃小世界，折射科技大舞台"科技实践活动，以"玻璃之约"为主题，举行了主题班会。通过主题班会的组织，展示了本次科技实践活动的成果，激发了同学们热爱科学，热爱创造的兴趣，同时也让同学们感受到了科技的进步会让我们的生活更美好。

资料来源

佚名.多措并举发掘资源，全面推动劳动教育［EB/OL］.今日头条.https：//m.toutiao.com/i6817705949415866894/，2020-4-20.

二、案例（材料）点评

（一）适用范围

本案例适用于第五章"人的全面发展教育"中第五节"劳动技术教育"内容的教学。中小学开展劳动技术教育是马克思主义教育与生产劳动相结合的具体体现，是全面贯彻党的教育方针的基本要求，是发展素质教育的重要内容，是培育和践行社会主义核心价值观的有效途径。

（二）思政元素

1. 培养学生创新意识和实践能力

创新意识能促成人才素质结构的变化，提升人的本质力量。创新实质上确定了一种新的人才标准，它代表着人才素质变化的性质和方向。为了更好地宣传高新技术产业开发区的玻璃制品，学校组织开展了一系列作品征集活动，学生们展开丰富的想象，展现家乡玻璃产业发展的美好前景。

2. 引导学生树立节约能源，保护环境的意识

能源是制约我国经济社会可持续、健康发展的重要因素。解决能源问题的根本出路是坚持开发与节约并举、节约放在首位的方针，大力推进节能降耗，提高能源利用效率。在老师的指导和帮助下，学生自己拟定了"关于回收及利用废弃玻璃的倡议书"，学生分成几个小组，走进大街小巷，分发倡议书，同时，呼吁居民充分有效回收利用废弃玻璃，实现资源的循环利用。

3.培养学生的民族自豪感、自信心

科学技术是现今经济和社会发展的主要推动力量。学生们通过参加科技实践活动，对科学的认识有了进一步提升，感受到了科技的进步会让我们的生活更美好，一定程度上增强了人们投入新时代中国特色社会主义伟大实践的积极性和主动性。

（三）课程思政教学目标

1.知识目标

当前，随着现代科技日新月异，人类社会已经从工业化时代迈入信息化时代，智力、信息、创造性和创新性是劳动者所必备的基本素养，学校劳动教育将这些时代要求融入其中，改变了学生对劳动教育片面化、陈旧性的认识，形成新的劳动教育观。

2.能力目标

科技实践活动，以玻璃为突破口，激发了学生的创造能力和动手能力，使学生进一步认识了科学技术与社会的相互关系，激发了学生热爱科学的兴趣。

3.情感目标

通过主题班会，展示了本次科技实践活动的成果，激发了学生热爱科学，热爱创造的兴趣，同时也让学生感受到了科技的进步会让我们的生活更美好。对科学的认识有了进一步提升，一定程度上增强了他们投入新时代中国特色社会主义伟大实践的积极性和主动性。

（四）相关经验总结

首先，课前认真研究教材，多方参阅各种资料，引导学生认识本课重难点。其次，课中以启发式教学为主，通过作品征集、主题班会等活动使学生对劳动教育有更深刻的认识。最后，课后老师布置作业，让学生进一步思考。

劳动教育不仅能培养学生的生活技能，更能促进人的体力发展和智力发展，培养学生的创新精神和实践能力。学校将通过加强劳动教育进一步培养学生的劳动兴趣、磨炼学生意志品质、激发学生的创造力、促进学生身心健康和全面发展。

案例十　中华优秀传统文化元素融入课程教学的思考

一、案例（材料）简介

中国教育坚持把"立德树人"作为根本任务，培养既有高尚品德，也有真才实学的社会主义建设者和接班人。"立德树人"的"德"蕴含丰厚，是以中华优秀传统文化为沃土的社会主义核心价值体系，是中国文化软实力的重要内容。中华优秀传统文化是中华民族的文化之根，是在漫长的历史发展中积淀而成的，涵盖了哲学、社会科学、自然科学、文化艺术等诸多领域，教师在开展课程教学时就需要根据课程特色精挑细选，将中华优秀传统文化中重要主题巧妙和谐地融入课程教学内容中。

中国传统文化向来讲究"敬天法祖"，敬重自然发展规律和家族血脉传承，逐步形成了浓厚的家国情怀。课程教师应该自主开展爱国主义教育，在课程教学中，结合课程内容引导学生树立正确的爱国思想，并在过程中了解中华发展历史和面对的问题，使学生能在构建基础学科框架中融入爱国理念。因此，教师必须依据学生所在专业的特点，开展爱国教育的课堂建设，使学生能够在接受教育中了解专业特点同爱国主义发展的协同性。并在过程中不断完善爱国主义的构建，使学生能够在课堂学习中不断认同国家精神，逐步形成爱国理念。

中国传统文化中对于亲情的眷念是中国人独特的精神追求的体现。"百善孝为先"的文化思想早已成为中国人的"基因"。思政课堂可以孝道文化为核心起点，使学生能够将孝理念拓展到社会和国家。同时教师需要注意孝道文化对敬亲和悦亲理念的拓展，使学生能够明白孝道文化的内涵；专业课程类教师，也可以在课程内容中穿插进行孝道文化内涵的讲述，在对学生进行专业技术技能培养的同时，自然地传达"百善孝为先"的基础理念。并在技术技能操练过程中，在师生相处中，言传身教，营造师生互尊互重和谐共处的环境氛围，引导学生亲身感受孝的深刻内涵。

以本校 Z 老师的"发酵工程绪论"章节教学为例，其在详细讲解了胰岛素的作用、生产方式、给药方式等理论知识之后，引入胰岛素发现的故事，并详细阐述了中国在胰岛素发现、研究过程中取得的成就。用鲜活的人物和事件客观展示了科学真相，同时在故事描述过程中，字里行间所流露的对科学前辈艰辛付出、坚定探索的尊崇和赞扬，已经巧妙地阐释了"孝"与"匠心制造""匠心传承"的联系与意义。

中国现代历史学家钱穆先生曾经说过，要了解中国文化，必须站到更高来看到中国之心。中国的核心思想就是"礼"。"礼"是中国传统文化的重要组成部分，不仅仅以国家形态的思想文化被国家治理者运用，早已成为民俗的核心内容，被家庭民众所传承。"礼"奠定了中华文化的底色，对丰富世界文化作出重要贡献。科学技术和经济高速发展的今天，人们生活节奏加快，经济价值追求过于功利，导致礼仪文化逐步边缘化。习近平总书记2013年11月26日在山东考察讲话中提到，一个国家、一个民族的强盛，总是以文化兴盛为支撑的，中华民族伟大复兴需要以中华文化发展繁荣为条件。对历史文化特别是先人传承下来的道德规范，要坚持古为今用、推陈出新，有鉴别地加以对待，有扬弃地加以继承。

因此，教师需要在课程教学中，基于本课程的内容特色，选择合适的方式与方法，从礼仪的外在与内涵构建中，引导学生拥有礼仪道德观并能在生活实际中具体体现。例如，本校老师在讲授"新媒体概论"第一章绪论时，从新媒体宏观管理的网络舆论管理切入，列举了网络谣言案例，并鼓励学生大胆讲述自己听到见到的网络谣言伤人实例，惊心动魄的事实给学生留下深刻感受。进而，教师引导学生理解"自尊与尊人""遵守与自由"，将尊重与遵守的礼仪核心思想春风化雨般植入学生脑海。与此同时，教师的率先垂范显得尤为重要，教师严格要求自己，以自身言行为榜样，引导学生树立正确的礼仪意识，在学习生活工作过程中自觉自愿进行礼仪价值探索和礼仪实践，以着重培养学生健全人格和健康心理为核心要旨。

资料来源

余芳.中华优秀传统文化元素融入高职课程教学的思考［J］.武汉职业技术学院学报，2020（5）：104-107.

二、案例（材料）点评

（一）适用范围

本案例适用于第五章"人的全面发展教育"中第一节"德育"内容的教学，具体是指中小学德育教育中的中华优秀传统文化教育。教育部印发的《完善中华优秀传统文化教育指导纲要》明确指出，加强对青少年学生的中华优秀传统文化教育，就是以弘扬爱国主义精神为核心，以家国情怀教育、民族团结教育、社会关爱教育和人格修养教育为重点，着力完善青少年学生的道德品质。

（二）思政元素

1. 敬重自然发展规律和家族血脉传承，引导学生树立正确的爱国思想

中国传统文化向来讲究"敬天法祖"，敬重自然发展规律和家族血脉传承，逐步形成了浓厚的家国情怀，使学生能够在接受教育中了解专业特点同爱国主义发展的协同性。并在过程中不断完善爱国主义的构建，使学生能够在课堂学习中不断认同国家精神，逐步形成爱国理念。

2. 百善孝为先的孝道文化思想早已成为中国人的根

中国传统文化中对于亲情的眷念是中国人独特的精神追求的体现。教师需要注意孝道文化对敬亲和悦亲理念的拓展，使学生能够明白孝道文化的内涵；专业课程类教师，也可以在课程内容中穿插进行孝道文化内涵的讲述，在对学生进行专业技术技能培养的同时，自然地传达"百善孝为先"的基础理念。

3. 中国的核心思想就是"礼"，引导学生理解礼仪文化的内涵

中国现代历史学家钱穆先生曾经说过，要了解中国文化，必须站到更高来看到中国之心。中国的核心思想就是"礼"。"礼"是中国传统文化的重要组成部分，不仅以国家形态的思想文化被国家治理者运用，还早已成为民俗的核心内容，被家庭民众所传承。"礼"奠定了中华文化的底色，对丰富世界文化作出重要贡献。教师引导学生理解"自尊与尊人""遵守与自由"，将尊重与遵守的礼仪核心思想春风化雨般植入学生脑海。

（三）课程思政教学目标

1. 知识目标

教师必须依据学生所在专业的特点，开展爱国教育的课堂建设，使学生能够在接受教育中了解专业特点同爱国主义发展的协同性。并在过程中不断完善爱国主义的构建，使学生能够在课堂学习中不断认同国家精神，逐步形成爱国理念。

2. 能力目标

在师生相处中，言传身教，营造师生互尊互重和谐共处的环境氛围，引导学生亲身感受孝的深刻内涵。

3. 情感目标

教师严格要求自己，以自身言行为榜样，引导学生树立正确的礼仪意识，在学习生活工作过程中自觉自愿进行礼仪价值探索和礼仪实践，培养学生健全人格和健康心理。

（四）相关经验总结

课前，让学生通过查阅相关资料，深入理解中国传统文化，并做好记录。课上，学生分享自己所搜集的内容并谈谈自己的感想，学生分组讨论，老师进行补充。课后，老师布置相关作业，在教师主导下，可以拓展阅读，使学生认识到"立德树人"的"德"蕴含丰厚，是以中华优秀传统文化为沃土的社会主义核心价值体系，是中国文化软实力的重要内容。中华优秀传统文化是中华民族的文化之根，是在漫长的历史发展中积淀而成的。

案例十一　劳动教育融入学校及家庭生活

一、案例（材料）简介

四川省自贡市衡川实验学校将开展劳动教育作为塑造学生人格的重要手段，构建起学校、家庭、社会"三位一体"的劳动教育大环境，从"自我服务""班级劳动""家务劳动"和"公益活动"四方面培养学生劳动教育观念，建立劳动教育的机制，开发相关校本课程，开展常态化劳动教育活动，形成学生劳动实践评价机制，取得了初步的成效。

建立劳动教育机制，开发校本课程

学校专门制定了劳动教育实施方案，由学生发展中心、课程质量中心牵头，明确学校劳动教育的目标与途径，制定德育一日常规管理制度与劳动教育课程体系。

一日常规从卫生、纪律、就餐等方面进行考核，充分发挥学生会和团委会的先锋引领作用，加强学生自主管理，做到课间自主管理、周末自主管理、兴趣活动自主管理、路队自主管理、"三操（早操、大课间操、室内操）、三餐（早、中、晚餐）、两寝（早、晚寝）自主管理"、社团自主管理。

学校定期召开德育专题会议，反馈劳动教育开展情况，及时了解并及时解决开展劳动教育过程中存在的问题和困难。

学校除了在小学和初中开设劳动与技术教育课，高中阶段开设通用技术课外，还在校本课程中专设寄宿制学生生活自理能力、手工、园艺、非物质文化遗产等相关课程，如入校素质提升、黏土艺术、茶道、扎染、插花、刀画、心理健康、自贡盐业文化、富顺历史文化等课程，构建"课程超市"多元课程体系。学校还根据语文、历史、音乐、美术等学科的特性，在教学中加强学生劳动观念和劳动态度的培养，传递正确劳动教育观念。

开展常态化劳动教育活动

班级劳动。学校从班级、校园保洁和环境绿化等方面组织学生参与，如合理、有序、整齐摆放教室物品，卫生清扫后及时整理劳动用具；主动维护黑板、课桌、讲台、教学仪器；普及班级校园环境美化知识，让班级、学生认领绿植并进行养护。各班对所负责卫生区和教室实行分块管理负责，坚持一天早晚两扫，责任到人。每天两次打扫卫生区和教室，要求班主任亲自到场指导，年级长负责检查督促。每周安排值周班级，让班级成员作为一周德育监督员，为整个学校、学部、年级服务。

家庭服务。学校引导学生以实际行动践行"孝亲、敬老、爱幼"的美德思想，从家庭小事做起，从身边小事做起，参与家庭劳动。学校将假期实践纳入学校教育工作计划。在节假日期间，为小学、初中、高中每个学段的学生布置适合学生心理年龄的实践活动，如小学一至三年级学生在家长陪伴下进行买菜、购物的活动，四至六年级独立完成买菜任务，初中学生独立完成做一顿饭的任务，高中学生进行研学活动，在实践中进行劳动教育，让学生在劳动中磨炼、成长，在劳动中体悟个人的幸福生活。同时，学校要求家长为孩子创造条件，安排孩子力所能及地进行自我服务劳动、家务劳动、公益活动和简单的生产劳动，并让家长对活动进行及时反馈。

公益活动。学校以"衡川义工"和"研学旅行"为载体，组织公益活动，并创造机会让学生积极参加学校、家庭、社区组织的助老助残、绿化美化公益劳动。每一个进入衡川实验学校的学生，都是"衡川义工"，平均每人每年参与义工活动达10次以上。每年寒假，每名学生都要和父母一起开展两次"亲子义工行"活动。学校组织各个学段的学生进行研学活动，如小学低段参观当地博物馆，高段学生走出本地，到"三苏故里"参观学习，亲手体验酸菜的制作；中学部学生到成都市进行研学，参观川菜博物馆、杜甫草堂、川剧艺术中心、省博物馆、省科技馆，走进新农村，体验劳动人民的智慧与文化。

形成学生劳动实践评价机制

学校落实德育一日常规管理制度，对一日常规的检查结果必须做到有记载、有公示、有小结、有评比，评比结果与班主任绩效工资挂钩。这样有利于班主任认真落实劳动教育，搞好劳动教育相关活动。

学校对学生的劳动情况进行评价，建立学生劳动教育档案。通过教师评价，把握学生劳动教育基本概况；通过学生自评，让学生反思自我改变轨迹；通过学生互评，记录相互帮助足迹；通过家长参评，让家长见证孩子的成长。

资料来源

尹强.将劳动教育常态化，融入学校及家庭生活［N］.中国教育新闻网－中国教育报，2019-5-22.

二、案例（材料）点评

（一）适用范围

本案例适用于第五章"人的全面发展教育"中第五节"劳动技术教育"内容的教学，具体包括劳动技术教育的内涵与意义，劳动技术教育的目标和内容等。教育与生存劳动相结合，是马克思主义关于培养全面发展的人的途径，也是党的教育方针的重要组成部分。

（二）思政元素

1.培养学生踏实肯干、无私奉献的高贵品质

劳动的崇高道德意义在于一个人能在劳动的物质成果中体现他的智慧、记忆、对事业的无私热爱和把自己的经验传授给别人的志愿。"使孩子在自己的劳动中能体验到、感觉到自己的荣誉、自尊，能为自己的成果而自豪"。四川省自贡市衡川实验学校从"自我服务""班级劳动""家务劳动"和"公益活动"四方面培养学生劳动教育观念，使学生的精神面貌和行为习惯有了很大的改变。

2.传承中华民族"功崇惟志，业广惟勤"的传统美德

辛勤劳动是劳动者的基本态度。党的十八大以来，习近平总书记多次阐释劳动的时代意义，倡导人民以辛勤劳动托举中国梦。这既传承了中华民族"功崇惟志，业广惟勤"的传统美德，也进一步彰显了新时代的马克思主义劳动观。学校建立劳动教育机制，开发校本课程，根据语文、历史、音乐、美术等学科的特性，在教学中加强学生劳动观念和劳动态度的培养，传递正确劳动教育观念。

3.引导学生形成意志坚定、团结协作的优良品质

劳动教育对于立德树人，促进学生全面发展具有不可替代的作用。劳动教育可以促进学生形成意志坚定、团结协作的优良品质，使之成为有大爱大德大情怀的人。劳动教育改变学生的精神风貌和行为习惯。学生在劳动教育过程中潜移默化地影响着自己的思想和行为。在实践中进行劳动教育，让学生在劳动中磨炼、

成长，在劳动中体悟个人的幸福生活，更加珍惜劳动成果。

（三）课程思政教学目标

1. 知识目标

深入了解中华民族"功崇惟志，业广惟勤"的传统美德，践行新时代的马克思主义劳动观。

2. 能力目标

通过劳动教育，学生的精神面貌和行为习惯将发生改变，具体表现在提高生活技能。学生在校能积极参加体育锻炼与劳动活动，独立做好个人卫生，主动维护教室卫生。

3. 情感目标

学生通过参加公益劳动和服务，认识到劳动的价值，找到自己的社会角色，实现从自理到自立的转变，增强社会责任感。

（四）相关经验总结

课前，老师可以布置预习章节任务，让学生查找相关的劳动教育的资料，对劳动教育有个大概的认识。课中，在课堂展示具体劳动教育的案例，引发学生思考，并分组进行讨论。课后，教师进行总结，让学生进一步加深认识。

通过课程学习，学生认识到劳动不仅创造了社会，也创造了人类本身。热爱劳动是我们中华民族的优良传统，我们的祖先靠自己勤劳的双手，创造了灿烂夺目的华夏文明。今天我们面对的学生，明天他们就是社会的劳动者，是社会主义事业的接班人。培养他们热爱劳动、勤劳勇敢的优良品德不仅是学校德育工作的首要任务，也是关系到我们国家富强、民族兴旺的大事。

案例十二　歌声清亮，打开梦想的窗

一、案例（材料）简介

新学期开始，西藏自治区昌都市芒康县盐井纳西民族乡盐井中学的孩子们回到他们热爱的音乐教室，开始学习全新的旋律。

从带着孩子学习合唱，到组建起学校的合唱团，5年来，音乐老师白玛曲措带领盐井中学的学生们摸索合唱技巧、尝试改编歌曲……音乐教室外的走廊墙壁上，是孩子们写下的"跳动的音符、放飞的歌声"几个大字，音乐给他们的生活带来了新一抹色彩。

5年里，白玛曲措见证和引导了这些孩子们长大，自己也和他们一起成长。

"孩子的歌声能暖到我心坎里"

"向着风，拥抱彩虹，勇敢地向前走……"阳光洒进教室，风轻轻吹动窗帘，白玛曲措唱起这首《你的答案》，孩子们听得聚精会神，在本子上一字一句抄写下歌词。

5年前，白玛曲措来到盐井中学，她发现，这里的学生尽管上过音乐课，但对音乐仍很陌生。"唱歌就是吼，嗓门大就是唱得好。"白玛曲措记得，许多孩子对唱歌有兴趣，但从未有机会深入学习。一堂音乐课上，白玛曲措教孩子们合唱，为了唱得整齐，她轻轻打起节拍，"一、二、三、走……"没想到一些学生真走出了教室，让她哭笑不得。

这让她仿佛看到了当年热爱音乐却又懵懂的自己。白玛曲措打小酷爱音乐，作为土生土长的盐井人，9岁那年她进入了昌都一家艺术学校，学习唱歌跳舞，并最终考入西藏大学艺术系。毕业后，几经周折，白玛曲措回到了家乡的中学担任音乐老师。她想把对音乐的爱传递给她爱着、也爱着她的学生们，让这些山区里的孩子更加爱艺术、爱生活。

"之前，昌都实验小学需要钢琴老师，父母劝我回城里，但我舍不得这里的学生。"现在，白玛曲措已经和孩子们成了朋友，学生常常通过歌声向老师表达自己的情谊。"歌词的改编并不复杂，几句感谢、几句温暖、几句表扬，但孩子的歌声能暖到我心坎里。"白玛曲措说。

"我要做的就是引导学生发展个性"

在学校，白玛曲措是"红人"，不仅因为她喜欢粉红色，更因为她组建起了一个很"红"的合唱团。

在白玛曲措看来，自己和学生在歌声中相识、相知；合唱团是一个兴趣共同体，可以让每一个爱歌唱的人在这里相遇。于是，白玛曲措从头开始，为盐井中学组建起了一个合唱团。合唱团没有固定的人员名单，只要有兴趣，每个学生都可以加入。训练大多在放学后或周末开展，孩子们可以自己选择来不来，老师会最大程度尊重他们的选择。有人觉得功课繁忙，或是对音乐不感兴趣，就可以退出。

"很多孩子都坚持了下来，但也有人选择退出，我从来不做强制要求。"白玛曲措说，合唱团成了这些来自不同年级、不同民族的孩子在学校的另一个"家"。

合唱团排练的曲子大多由孩子们自己投票选出，选择的过程，也是他们厘清自己音乐兴趣的过程。选曲时，白玛曲措很少直接干预，"我要做的就是引导学生发展个性。"白玛曲措说。

"咱们下次唱什么歌？大家来提议。""这首歌很难，你们要挑战吗？"选曲现场，白玛曲措不断提问。经过一番热闹的讨论，学生们终于确定了要学习的新曲目——《世界这么大，还是遇见你》。

通过音乐，学生们不仅遇见了彼此，也认识了更广阔丰富的世界。音乐教室里有两块黑板，上面写着孩子们平时会唱的歌曲——不仅有民族歌曲，也有各种流行曲目。

很多时候，白玛曲措会和学生们对现有歌曲进行改编，创作出盐井中学合唱团独有的旋律。有时是对流行音乐的微调，有时是对民族传统音乐的改编，有时还要给合唱准备伴舞……在学习和改编中，学生们对音乐的了解加深了，对生活的感触也更多了。

"艺术让更多光亮照进心灵"

音乐给孩子们带来的点滴改变，都让白玛曲措乐在其中。

在盐井中学"十大歌手"比赛的舞台上，合唱团成员尼玛拉姆的表演一气呵成，完成得自然而流畅。这个曾经腼腆的女孩，如今已是多次获得"十大歌手"比赛冠军的"明星选手"，歌唱让她变得自信。

曾经，一些家长和学生不理解大山里的学校办合唱团的意义。面对困惑，白玛曲措和孩子们选择坚定前行。渐渐地，变化发生了，一些孩子之前羞涩内向，但在学习合唱的过程中，他们逐渐收获了自信。走在学校里，他们头昂得更高，背挺得更直——白玛曲措相信，这些变化将会给他们的人生带来更多改变。

"合唱让我有了信心和动力，有梦想谁都了不起，更需要坚持到底，我相信一定能找到一条属于自己的路。"学生旦增达珍说，她的成绩不算十分优秀，唱歌让她看到了另一种可能性。"想当音乐老师""当歌手""去看更大的世界"……合唱团的学生们七嘴八舌地讲述着自己对未来的期盼。

"成绩不是评价学生的唯一尺度。艺术让更多光亮照进心灵，为孩子们打开一扇门。"白玛曲措说。

近5年，合唱团的学生有些考入了音乐类学校，有些进入了艺术团，盐井中学校长嘎罗说："唱歌让学生更加积极，也让他们的未来有了更多可能。"

如今，白玛曲措时常邀请学生去家里做客，有时还会去山上露营野餐。山水依依、草木青青，白玛曲措和学生们常常放声歌唱。"虫儿飞、虫儿飞，你在思念谁……"这是孩子们最喜欢的歌，清亮的歌声在山林间回荡。

资料来源

徐驭尧.歌声清亮，打开梦想的窗［N］.人民日报，2020-10-14.

二、案例（材料）点评

（一）适用范围

本案例适用于第五章"人的全面发展教育"中第四节"美育"内容的教学。美育对个人的全面发展具有十分重要的意义：有助于扩大学生的知识视野，发展学生的智力和创新精神；有助于净化心灵、培养高尚的道德情操；有助于学生身体健美发展等。帮助学生树立正确的审美观，提高审美能力是学校美育的重要内容之一。

（二）思政元素

1. 坚持立德树人宗旨，以音乐艺术教育塑造学生美好心灵

美好的心灵，首先必须是道德高尚、人格健全的；同时，还应该是感性充沛、具有自由思想和独立精神、具备良好人文素养和艺术修养、充满想象力与创造力的。前者要求美育发挥自身的德育维度，后者则要求美育具备更高的精神指向，能够在超越道德的层面上发挥其在人格教育和创造性教育方面的价值，凸显其有别于德育、智育、体育的独特性。学校美育应该敏锐地捕捉到美育功能的这种双重性，尤其要发挥其不可替代的一面，不断深入启发美育在立德树人、塑造美好心灵方面的强大作用。

2. 以美育人，以文化人，培养全面发展的人

美育不可孤立存在，美育、德育、智育等本就是人的健康成长与全面发展过程中一体之多面，它们各有侧重，互为表里，互相支撑。而为新时代培养这样身心健美、德才完善的奋斗者和接班人，正是美术教育工作者须臾不可懈怠的使命与担当。

3. 以音乐艺术教育扬起学生坚定信念、追求理想的风帆

藏区乡村的孩子们在遇到音乐之前，或许只是单纯地学习课本上的知识，而白玛曲措老师的到来，也一同把音乐带到孩子身边，激发了孩子们对音乐艺术的兴趣，理想的种子也由此发芽。当代学校美育更是要做到启蒙学生的思想，激励学生坚定自己的理想信念。

（三）课程思政教学目标

1. 知识目标

学生了解到美育给人带来的巨大变化，明白育人不是单纯的知识教授，更要注重对人心灵的陶冶，了解以美育人、以美促德的重要性。

2. 能力目标

学生具有对美的追求，对美的体验，对美的感知。懂得摒弃假、丑、恶，追求真、善、美；并且在培养自身良好品德的同时促使外在的社会规范转化为内在的自觉，实现道德内化。

3. 情感目标

学生在今后的学习以及教育生涯中更重视美育与德育、智育等全面发展，不仅自身形成健康、高尚的审美观，还要投身教育事业，为培养新时代身心健美、德才完善的接班人贡献自己的力量。

（四）相关经验总结

课前播放白玛曲措和她的合唱团的表演视频，让学生分享自己的看法和感受；课中，教师讲授该教学案例，与学生一同分析，就音乐艺术教育给藏区乡村的孩子带来了什么，未来的美育还可以有什么创新的教育方法等问题进行探讨；课后教师对学生的交流进行评价，总结本次教学内容，让学生意识到美育的育人功能和必要性。

学生通过本堂课，对美育有了更深层次的理解，美育不仅仅是学生上音乐美术课，而是通过音乐美术课挖掘其中对学生真正有益的内容，促进学生人格上的提升，塑造有审美、有涵养、有信念的青年。

案例十三　习近平在纪念中国人民志愿军抗美援朝出国作战 70 周年大会上的讲话（节选）

一、案例（材料）简介

同志们，朋友们：

今天，我们在这里隆重集会，纪念中国人民志愿军抗美援朝出国作战 70 周年。

70 年前，由中华优秀儿女组成的中国人民志愿军，肩负着人民的重托、民族的期望，高举保卫和平、反抗侵略的正义旗帜，雄赳赳、气昂昂，跨过鸭绿江，发扬伟大的爱国主义精神和革命英雄主义精神，同朝鲜人民和军队一道，历经两年零 9 个月艰苦卓绝的浴血奋战，赢得了抗美援朝战争伟大胜利。

　　…………

　　——铭记伟大胜利，推进伟大事业，必须坚持中国共产党领导，把党锻造得更加坚强有力。抗美援朝战争伟大胜利再次证明，没有任何一支政治力量能像中国共产党这样，为了民族复兴、人民幸福，不惜流血牺牲，不懈努力奋斗，团结凝聚亿万群众不断走向胜利。只要我们不忘初心、牢记使命，以自我革命精神全面推进党的建设新的伟大工程，不断增强党的政治领导力、思想引领力、群众组织力、社会号召力，就一定能够使党始终成为中国人民最可靠、最坚强的主心骨！

　　——铭记伟大胜利，推进伟大事业，必须坚持以人民为中心，一切为了人民、一切依靠人民。历史是人民创造的。中国共产党的力量，人民军队的力量，根基在人民。我们要坚持全心全意为人民服务的根本宗旨，为民谋利，为民尽责，为民担当，把人民对美好生活的向往作为始终不渝的奋斗目标，始终保持党同人民群众的血肉联系。只要我们始终坚持人民立场、人民至上，就一定能够激发出无往而不胜的强大力量，就一定能够不断书写中华民族伟大复兴的精彩华章！

　　——铭记伟大胜利，推进伟大事业，必须坚持推进经济社会发展，不断壮大我国综合国力。落后就要挨打，发展才能自强。新中国成立 70 多年来，我国用几十年时间走完了发达国家几百年走过的发展历程，创造了举世瞩目的发展奇迹。当前，我国将进入新发展阶段，面对新机遇新挑战，只要我们统筹推进"五位一体"总体布局、协调推进"四个全面"战略布局，坚定不移贯彻新发展理念，构建新发展格局，就一定能够实现更高质量、更有效率、更加公平、更可持续、更为安全的发展，不断创造让世界惊叹的更大奇迹！

　　——铭记伟大胜利，推进伟大事业，必须加快推进国防和军队现代化，把人民军队全面建成世界一流军队。没有一支强大的军队，就不可能有强大的祖国。坚持和发展中国特色社会主义，必须统筹发展和安全、富国和强军。要贯彻新时代党的强军思想，贯彻新时代军事战略方针，毫不动摇坚持党对人民军队的绝对领导，坚持政治建军、改革强军、科技强军、人才强军、依法治军，全面提高捍卫国家主权、安全、发展利益的战略能力，更好履行新时代人民军队使命任务。只要我们与时俱进加强国防和军队建设，向着党在新时代的强军目标阔步前行，就一定能够为实现中华民族伟大复兴提供更为坚强的战略支撑！

——铭记伟大胜利，推进伟大事业，必须维护世界和平和正义，推动构建人类命运共同体。中华民族历来秉持"亲仁善邻"的理念。作为负责任大国，中国坚守和平、发展、公平、正义、民主、自由的全人类共同价值，坚持共商共建共享的全球治理观，坚定不移走和平发展、开放发展、合作发展、共同发展道路。只要坚持走和平发展道路，同各国人民一道推动构建人类命运共同体，就一定能够迎来人类和平与发展的美好未来！

同志们、朋友们！

世界是各国人民的世界，世界面临的困难和挑战需要各国人民同舟共济、携手应对，和平发展、合作共赢才是人间正道。当今世界，任何单边主义、保护主义、极端利己主义，都是根本行不通的！任何讹诈、封锁、极限施压的方式，都是根本行不通的！任何我行我素、唯我独尊的行径，任何搞霸权、霸道、霸凌的行径，都是根本行不通的！不仅根本行不通，最终必然是死路一条！

中国一贯奉行防御性国防政策，中国军队始终是维护世界和平的坚定力量。中国永远不称霸、不扩张，坚决反对霸权主义和强权政治。我们决不会坐视国家主权、安全、发展利益受损，决不会允许任何人任何势力侵犯和分裂祖国的神圣领土。一旦发生这样的严重情况，中国人民必将予以迎头痛击！

同志们、朋友们！

回望70年前伟大的抗美援朝战争，进行具有许多新的历史特点的伟大斗争，瞻望中华民族伟大复兴的光明前景，我们无比坚定、无比自信。让我们更加紧密地团结在党中央周围，弘扬伟大抗美援朝精神，雄赳赳、气昂昂，向着全面建设社会主义现代化国家新征程，向着实现中华民族伟大复兴的中国梦，继续奋勇前进！

资料来源

习近平. 在纪念中国人民志愿军抗美援朝出国作战70周年大会上的讲话［EB/OL］. 新华网 . http：//www.xinhuanet.com/politics/2020-10/23/c_1126647316.htm，2020-10-23.

二、案例（材料）点评

（一）适用范围

本案例适用于第五章"人的全面发展教育"中第一节"德育"内容的教学，

主要是指中小学德育的相关基本内容，包括爱国主义教育、理想信念教育、民族精神与时代精神教育等。伟大的抗美援朝精神有助于培养学生的爱国情感，引导学生树立远大的理想。

（二）思政元素

1.伟大抗美援朝精神跨越时空、历久弥新，必须永续传承、世代发扬

在波澜壮阔的抗美援朝战争中，英雄的中国人民志愿军始终发扬祖国和人民的利益高于一切、为了祖国和民族的尊严而奋不顾身的爱国主义精神，英勇顽强、舍生忘死的革命英雄主义精神，不畏艰难困苦、始终保持高昂士气的革命乐观主义精神，为了人类和平与正义事业而奋斗的国际主义精神，这些是中国人民极其宝贵的精神财富，必须坚定地传承下去。

2.致敬"最可爱的人"，塑造学生感恩之心

197653，这并不只是冰冷的数字，而是70年前在抗美援朝作战中用鲜血保卫了我们国家的壮烈英雄，没有他们的舍生取义，哪有我们今天的和平安宁？我们要铭记抗美援朝战争的艰辛历程和伟大胜利，怀揣对英雄至高无上的尊敬，感谢他们为国家和人民付出的一切。

3.维护世界和平和正义，推动构建人类命运共同体

世界是各国人民的世界，世界面临的困难和挑战需要各国人民同舟共济。当今世界，任何单边主义、利己主义，都是根本行不通的，中国坚守和平、发展、公平、正义、民主、自由的全人类共同价值，坚持共商共建共享的全球治理观，坚定不移走和平发展、开放发展、合作发展、共同发展道路，同各国人民一道推动构建人类命运共同体，这是符合当今世界发展趋势的，也相信一定能够迎来人类和平与发展的美好未来。

（三）课程思政教学目标

1.知识目标

通过案例教学，学生明白了伟大的抗美援朝战争是一场高举保卫和平、反抗侵略的正义旗帜的战争，是发扬伟大的爱国主义精神和革命英雄主义精神的抗战；明白了当时一穷二白的中国能够不畏强权，战胜帝国主义侵略的无比艰难；懂得了当今中国的和平安定是多么的来之不易。

2.能力目标

通过案例分析，学生能够将抗美援朝的爱国主义精神和革命英雄主义精神等永远铭记在心，能以自己的行动展现当代中国人民不畏强权、反抗强权的民族风

骨和万众一心、勠力同心的民族力量,将伟大抗美援朝精神传承、发扬光大。

3.情感目标

通过案例分析,激发学生不畏艰难困苦、始终保持高昂士气的革命乐观主义精神,为完成祖国和人民赋予的使命、慷慨奉献自己一切的革命忠诚精神,向着全面建设社会主义现代化国家新征程,向着实现中华民族伟大复兴的中国梦,继续奋勇前进!

(四)相关经验总结

首先,让学生了解中国人民志愿军出兵朝鲜的原因,认清美军帝国主义侵略军的虎狼之心,知道抗美援朝是以正义之师行正义之举,这不仅捍卫了新中国安全,保卫了中国人民和平生活,还稳定了朝鲜半岛局势,维护了亚洲和世界和平。其次,可以向学生展示杨根思、黄继光、邱少云等英雄事迹,缅怀中国人民志愿军将士,以及所有为这场战争胜利作出贡献的人们。最后,学生分享自己对抗美援朝战争的看法,教师对以上内容进行总结。

通过课程学习,学生对中国人民的伟大精神与坚韧品质有了新的认识,也培养了学生不畏强权、敢于挺身与侵略者斗争的品质,激发了学生为祖国和民族的尊严而奋不顾身的爱国主义精神,为人类和平与正义事业而奋斗的国际主义精神。

案例十四 女排精神中的榜样教育

一、案例(材料)简介

2020年10月16日,市美术馆三楼展厅内,天津体育学院将思政课"思想道德修养与法律基础"课堂搬进正在天津美术馆展出的"国家荣誉——中国女排精神展"现场。两位主讲人带领同学们逐一参观祖国至上、团结协作、顽强拼搏、永不言败、海河回响5个展览部分,通过一件件展品,向同学们讲述了中国女排十次勇夺世界冠军的光荣历程和拼搏之路,深入阐释女排精神。展厅中,按比例还原的中国女排艰苦创业时期的竹棚训练馆吸引了众多学子的目光。与我们现在所拥有的体育场馆设施相比,我们可以看出那时的女排训练是多么艰苦。

在20世纪80年代,中国女排迅速崛起,在亚洲超越了有"东洋魔女"之称的日本女排,在世界排坛业开始展现统治地位。在首夺世界冠军的最后一场比赛中,面对日本队中国女排只需拿两局便可以获得冠军。当顺利拿下两局后,日本队展开反扑，顽强扳平比分。这时中国女排主教练袁伟民说："我们输给日本队，这个冠军拿得不光彩，你们会后悔一辈子的。"听完这番话后女排姑娘幡然醒悟，在场上重新焕发出昂扬的斗志和必胜的决心，最终赢下比赛。在那个时期，中国女排创下了女排史上第一个五连冠，她们在赛场上表现出的敢打敢拼的精神鼓舞了当时各个领域的青年们投身自己的事业中，为建设更好的中国而努力。

还记得亮剑理论吗？李云龙说，每一支部队都有自己的传统，这种传统和气质是由这支部队组建时，首任指挥官的性格和气质决定的，他给这支队伍注入了灵魂，从此不管岁月流逝，人员更迭，这支队伍灵魂永在。在体育界最符合这个理论的就是中国女排。

作为首夺三大球世界冠军的英雄队伍，女排发展至今虽然历经坎坷波折，但当年注入的那股女排精神永存，到如今，能夺得世界冠军的三大球队伍依然唯有女排而已。在雅典奥运会，中国女排决赛 0-2 落后的情况下 3-2 超级逆转了俄罗斯，让加莫娃痛哭流涕；里约奥运会，中国女排以小组第四出线，随后 3-2 淘汰东道主巴西，3-1 击败荷兰，决赛 3-1 击溃塞尔维亚，这三场战役每一场都惊心动魄。尤其是决赛，塞尔维亚多次拉开比分，又被中国队顽强追平，最终自己承受不住巨大压力导致崩盘。

在新中国成立 70 周年之际，中国女排用 11 战 11 胜的成绩拿下了世界杯冠军，为祖国母亲献上了一份最好的生日礼物。在新的时代，中国女排所表现出的女排精神告诉我们：今天我们能生活得如此幸福，是前人用汗水、泪水和血水为我们创造的。我们不能安于现状，贪图享受，而是应该顽强拼搏，面对挫折时永不言弃，将女排精神融入生活和学习中，去响应时代的号召，实现自己的价值，为中国梦的实现而努力奋斗。

资料来源

苏平.思政课堂走进女排精神展　天津体院新生聆听思政第一课［EB/OL］.中国广播网.http：//www.cnr.cn/tj/jrtj/20201016/t20201016_525298722.shtml，2020-10-16.

二、案例点评

（一）适用范围

本案例适用于第五章"人的全面发展教育"中第一节"德育"内容的教学，具体是指民族精神和时代精神教育。用民族精神和时代精神凝聚力量、激发活力，不断增强对中国共产党领导、社会主义制度的信心，是我国社会主义核心价值观的根本要求。

（二）思政元素

1. 发扬艰苦奋斗的精神

女排精神曾是时代的主旋律，是中华民族精神的象征，影响了几代人积极投身到改革开放和社会主义现代化建设的伟大事业当中。女排精神不仅成了中国体育的一面旗帜，更成为整个民族锐意进取，昂首前进的精神动力。弘扬女排精神有利于调动人们进行社会主义建设的积极性，激励人们迎难而上，加快小康社会美好理想的实现。

2. 引导人们树立正确的价值观，增强人们的思想道德意识

在改革开放的条件下，人们在享受市场经济发展给人民带来好处的同时，也感觉到经济活动中存在着投机取巧的心理和极端个人主义、损人利己的不道德行为。社会主义市场经济的最终价值取向是人民和国家的利益得以实现，弘扬女排精神，利于改善社会风气，引导人们树立正确的价值观。

3. 正确处理好国家、集体、个人三者之间的利益关系

弘扬女排精神，团结协作、无私奉献，能让人们明确实现良好的社会风气，明确国强我荣、国弱我辱，正确处理国家、集体、个人三者之间的关系，这需要每个人勇敢地奉献、真诚地付出，建立同心同德、团结互助、和谐美好的社会关系，最终用正确的精神力量规范矫正人们的行为和价值观念，获得人生价值的最终实现。

（三）课程思政教学目标

1. 知识目标

宣扬女排精神和介绍优秀运动员事迹，培养学生爱国主义情感，通过充分利用新媒体的优势，培养学生的爱国主义热情、面对挫折时永不言弃的优秀品质以及融入集体团结合作的团队精神。弘扬女排精神中积极向上的价值观以及她们团结一致、迎难而上、顽强拼搏的优秀品质。

2. 能力目标

实践能力、团队协作能力。榜样教育法是我党传统的思想政治教育方法之一，课堂教学之中运用榜样教育法，有了生动具体的形象作为榜样，便于学生更易领会道德标准和行为规范，帮助学生养成良好的道德品质和行为习惯。榜样体现了时代精神和社会需要，在教学过程中利用榜样教育，促成"榜样追随"，有

效发挥它在形成良好的社会风气、改进人际关系、维护社会发展中所拥有的积极作用，不断提升学生互帮互助、相互包容的责任意识，将女排精神中蕴含不竭的精神力量转化为学生前进的动力，弘扬新时代女排精神，奋发有为，把爱国之心化为报国之行。

3. 情感目标

通过弘扬女排精神和优秀运动员事迹，培养学生爱国情感，学习和弘扬她们吃苦耐劳、顽强拼搏，胜不骄、败不馁的女排精神，引导学生在面对困境与挫折时应该积极面对、迎难而上，勇敢地面对挫折与挑战，在困境中磨炼出坚强意志。同时在日常生活学习中，要善于与他人合作，培养良好的团队精神，学会在合作中成长实现共赢。

（四）相关经验总结

教师通过类似于将课堂搬进展览这类实践课堂，使教学实现从教材体系向教学体系、理论体系向现实体系的转化，运用榜样教育法，将榜样归于人格，揭示榜样教育中所蕴含的价值。借鉴女排国家队的选人标准，郎平教练的"以人为本"，不陷入体制和固定模式的限定范围，大胆起用新人，用人唯才，教师在教学过程中也应突出学生主体地位，既要想办法发挥学生的主观能动性，还要注意学生个体差异性。

案例十五　爱国主义教育的时代"三问"

一、案例（材料）简介

习近平总书记在全国教育大会上强调，要在厚植爱国主义情怀上下功夫，让爱国主义精神在学生心中牢牢扎根。人民日报评论部发表的重要文章《让爱国主义情怀激荡精神力量》中指出："中国成其为中国，正在于有千千万万中国人生于斯、长于斯，情感系于斯、认同归于斯。深沉的爱国主义、浓厚的家国情怀，早已融入民族心，铸就民族魂。"

追溯至 1935 年，在中华民族生死存亡之际，九一八事变东北沦陷后，华北随即面临着日寇的蚕食。特别是进入 1935 年以来，日本通过一系列行动，制造事端，挑起摩擦，提出种种无理的要求。而国民政府一再退让，并于 7 月与日方达成"何梅协定"，表态对日本"所提各事均承诺之"。一时舆论哗然，人心大乱。面对局势之大变，著名教育家张伯苓先生在南开大学的开学典礼上提出了三个振聋发聩的问题："你是中国人吗？""你爱中国吗？""你愿意中国好吗？"伴随着"是""爱""愿意"师生发自内心的呼喊，极大地点燃了师生的爱国情，激发了师生的报国志。

开学典礼上的"爱国三问"，让初入南开的学子们真切感受到了国家的危难和南开人的责任，不少同学从此投身到救国运动之中。两年后，日寇伸出全面侵华的魔爪。战火初启，滋育爱国精神的南开校园便成为日军炮火攻击的目标，举行过一场场南开大学始业式的秀山堂礼堂毁于一旦。不过，正如张伯苓校长所说："被毁者为南开之物质，而南开之精神，将因此挫折，而愈益奋励！"作为南开精神核心要义的爱国主义精神，自此更加深刻地扎根在一代代南开人心中。

百年树人，风雨载途。南开大学始终高扬爱国旗帜，"爱国三问"在南开教育事业中一以贯之，成为始终回响在每一名南开人耳畔、振奋精神、激扬力量的永恒拷问，陶铸了一批又一批爱国淑世、心怀大公的英才栋梁。2018年9月4日的又一次新生入学典礼上，南开大学校长曹雪涛院士再一次三问南开学子"大学之义""治学之义""人生之义"，向当代南开学子提出了弘扬爱国奉献传统、在新时代"爱中华，复兴中华"的人生期冀。不同时空的南开问答，一脉相承的爱国精神，必将在一代代南开人心中赓续传扬，必将成为巍巍南开最深沉的底蕴、最壮丽的诗篇。

国家不是外在于我们的，我们在国家中，是国家的主人。我们每个人的发展取决于国家的强盛，国家的强盛也取决于我们每个人的贡献。所以爱国不能只停留在认识上、情感上，必须砥砺强国之志，把自己的发展与国家的前途和命运联系起来，实践报国之行。爱国主义教育必须引导青少年把自己的理想与国家的前途、把自己的命运与国家的命运紧密联系在一起，树立远大的志向，心无旁骛求知问学，掌握建设国家的本领，成为"有理想、有本领、有担当"的时代新人。

这三个问题，是历史之问，更是时代之问、未来之问。走出流血牺牲、生死考验的语境，走出神州陆沉、存亡绝续的背景，仍然需要我们一代一代这样问下去、答下去，才能为"中国号"巨轮破浪前行提供最深厚的底气、最有力的支撑。

资料来源

冯建军.答好爱国主义教育的时代"三问"[EB/OL].人民教育网.https://mp.weixin.qq.com/s/qwdNQVax-8xjAOrtq4RDgQ.2020-10-01.

二、案例点评

（一）适用范围

本案例适用于第五章"人的全面发展教育"中第一节"德育"内容的教学，具体包括爱国主义教育和集体主义教育。热爱祖国，是每个人应该具有的公民道德之一，爱国主义教育是学校教育的重要内容。

（二）思政元素

1.爱国主义是我们民族精神的核心，是中华民族团结奋斗、自强不息的精神纽带

爱国主义精神成为中华民族绵延发展的不竭的强大精神力量。对每个中国人来说，爱国是本分，也是职责，是心之所系、情之所归。坚持弘扬爱国主义精神在坚持和发展新时代中国特色社会主义的伟大事业之中具有十分重要的意义。

2.将个人利益寓于集体利益、国家利益之中

"爱国三问"后在南开教育事业中一以贯之，成为南开教学事业重要的精神基因，影响着无数南开学子的价值观，引导着他们自觉融入推动国家经济社会发展、维护祖国相关利益的实践当中。爱国不能停留在口号上，应当把自己的理想同祖国的前途、把自己的人生同民族的命运紧密联系在一起，扎根人民，奉献国家。当前，随着中国的繁荣发展和在国际上的影响力不断上升，一些国外敌对势力不断在我国周边挑起事端，给我国和平发展制造麻烦，广大人民群众以极大的热情，坚定地站在国家的立场上反对这些挑战，这是新时代爱国主义精神的重要体现。

3.坚持在继承传统中创新发展，增强对中华传统文化的认同与坚持

坚持在继承传统中创新发展，自觉传承中华传统优秀文化，增强对它们的认同感。继承我们党领导人民在长期实践中形成的优良传统和革命道德，适应新时代改革开放和社会主义市场经济发展要求，积极推动优秀传统文化的创造性转化、创新性发展，不断增强中华传统文化的时代性实效性。

（三）课程思政教学目标

1.知识目标

借助案例分析以及相类似的案例延伸拓展，让学生铭记历史，以习近平新时代中国特色社会主义思想为指引，实现"课堂教学、社会实践、校园文化"全方位育人，根植于优秀传统文化，强化爱国主义教育渠道，弘扬爱国主义精神。引

导学生坚定中国特色社会主义道路自信、理论自信、制度自信、文化自信，厚植爱国主义情怀。

2. 能力目标

把青少年作为爱国主义教育的重中之重，充分发挥课堂教学主渠道作用，将爱国主义教育贯穿学校教育全过程，培养学生爱国主义精神，增强国家荣辱观，积极投身于爱国主义教育实践活动中去，提高践行能力。培养学生树立正确的爱国主义价值观，不是简单地把爱国主义教育扭曲为屈辱史，而是从历史中汲取教训，以史为鉴，在新的历史条件下更好地投身于社会主义建设事业中去。

3. 情感目标

以习近平新时代中国特色社会主义思想为指导，突出新时代爱国主义教育主题，积极引导学生对投身于社会主义建设事业之中萌生强烈的责任感，对待人生积极奋发，不消极颓废；对待学习勤奋刻苦，求知欲望强烈，有创新精神和自信心，将自己的爱国热情和具体的奋斗目标结合起来，将爱国之心化为报国之行。

（四）相关经验总结

教师可在教学授课过程中利用现代教学手段结合相关视频开展教学，可在所处时代背景之下结合政治经济社会环境，因材施教，在此基础之上，依据所给教材内容，提前罗列出所要思考的问题，学生利用有关材料进行讨论，然后给出自己的看法。

通过学习，学生们感受到我们现今所拥有的一切都来之不易，我们现在所生活的和平安稳的社会环境都是因为有许多如同新冠肺炎疫情中的工作者在为我们负重前行，他们处在不同的岗位发挥着他们的光和热，为社会主义建设事业不断贡献自己的力量。同时我们应该居安思危，学习武装自己，更加充实自己的头脑以抵抗外来文化对我们各种形式价值观的渗透，更加辩证地看待外来文化，取其精华，为我所用。

案例十六　杜绝"舌尖上的浪费"从思政课做起

一、案例（材料）简介

习近平总书记近日对制止餐饮浪费行为作出重要指示，要求全社会对粮食安全始终要有危机意识，要营造浪费可耻、节约为荣的氛围。思政课作为大学生思想政治教育的主渠道，理应正本清源，守好这段渠，针对大学生的思想误区，从现实要求、文化传承、党史经验、哲学智慧四个维度宣讲习近平总书记的要求，从学生思想源头遏制"舌尖上的浪费"，让节俭之风吹遍校园。

后疫情时代，崇俭是现实要求。夏粮丰收，库存充足，为何重提杜绝餐饮浪费？我国粮食连年丰收，农业农村部数据显示，2020 年夏粮总产量 14281 万吨。这在新冠肺炎疫情肆虐、南方洪涝灾害频生的情况下，实属不易，也给老百姓吃了一颗定心丸。但是，夏粮在我国粮食总产量中所占比重不大，虽然目前秋粮长势良好，但后疫情时代，增产增收势必需要农业劳动者和科技人员付出更大的努力。虽然我国粮食储备充足，老百姓手中有粮，心中不慌，但这种衣食无虞的局面来之不易，无论丰年灾年，都应该杜绝餐饮浪费，后疫情时代，大学生更应该客观、理性地面对现实，提高思想认识，从光盘行动做起，节约粮食、崇俭拒奢。

崇俭是中华优秀传统文化的传承。我国是传统的农业大国，李绅在《悯农》描述农民"汗滴禾下土"的辛劳引发了人们心中"粒粒皆辛苦"朴素的共鸣，表达了对食物的珍惜和对劳动者的尊重；司马光在《资治通鉴》中指出"取之有度，用之有节，则常足。取之无度，用之无节，则常不足"。表达了应该对自然资源加以珍惜以及合理开采和利用的理念；诸葛亮在《诫子书》中以"夫君子之行，静以修身，俭以养德"的表述把节俭作为君子修身养德的途径。可见，崇俭不仅仅是对人力、物力、财力的节约，更是个人素质和价值追求的体现。崇俭绝不会丢排面，相反大手大脚、铺张浪费是对劳动者的不尊重，是对资源的浪费，更是素质低下的表现。大学生是青年的优秀代表，应当从珍惜一粒米做起，不讲排场、不比阔气，以俭修身、以俭立德。

崇俭是中国共产党的制胜法宝。从一穷二白到国富民强，新中国用 70 年完成了从"站起来"到"富起来"再到"强起来"的伟大转变。1949 年 3 月，中共中央离开西柏坡进京"赶考"，站在历史的转折点，毛泽东深刻地提出"两个务必"要求党员干部"务必继续保持艰苦奋斗的作风"，这既是对过去革命胜利经验的总结，也是对全体党员的警示。习近平总书记指出，勤俭是我们的传家宝，什么时候都不能丢。节俭和经济条件无关，体现的是绿色环保的生活方式和艰苦奋斗的精神面貌，即便是花得起钱、买得起东西，也要根据实际情况理性消费。高校学生党员应当起到模范带头作用，从小份饭菜、随手关灯关水做起，带动其他学生，营造勤俭节约、艰苦奋斗的良好风尚。

崇俭体现马克思主义哲学智慧。后疫情时代，提振经济成为当务之急，为了促进消费，各级政府使出了十八般武艺。节约不是不消费，消费不等于铺张浪费；而是要建立科学的消费观，合理消费，这需要把握好"度"，运用马克思主义哲学中的"适度"原则，认清节俭是科学消费观的本质和核心，才能稳步扩大内需，把消费拉到可持续的科学轨道上。对大学生而言要杜绝攀比型、冲动型的盲目消费，提倡绿色消费、理性消费，杜绝超越支付能力的超前消费，量入为出，量力而行，把钱花在刀刃上。

资料来源

许昕.杜绝"舌尖上的浪费"从思政课做起［EB/OL］.中国社会科学网.https：//wap.sogou.com/web/id=92b27ca4-25dc-4d30-9e2f-e20511ccd3da/keyword，2020-08-31.

二、案例点评

（一）适用范围

本案例适用于第五章"人的全面发展教育"中第一节"德育"内容的教学，具体包括民族精神、时代精神和中华优秀传统文化教育。中华优秀传统文化教育，是中国特色社会主义教育和中国梦宣传教育的重要组成部分，是构建中华优秀传统文化传承体系的重要途径。学校应该不断增强对青少年学生的时代精神和中华民族优秀传统文化教育，培育学生理想人格。

（二）思政元素

1.树立绿色消费观念

绿色消费的本质就是可持续消费，在一定程度上就是坚持人类与自然共存。绿色消费的起点就是认为自然界的资源是有限的，好比粮食生产，遇上灾年就会受到一定的影响，自然界的资源不可能是取之不尽用之不竭的，人类的过度索取势必会打破平衡。绿色消费同每个人息息相关，每个人都应该做践行者、推动者。

2.弘扬艰苦奋斗、勤俭节约的传统美德

勤俭节约是中华民族的传统美德，艰苦奋斗精神是我们宝贵的精神财富，是我们什么时候都不能丢掉的"传家宝"，积极落实响应习近平总书记要求，大力弘扬勤俭节约、艰苦奋斗的传统美德，在全社会营造浪费可耻、节约光荣的良好风气。在新的历史时期，勤俭节约的传统美德和艰苦奋斗的优良作风并没有过时，而是得到了更进一步的发展。我们应该自觉将这些理念内化于心、外化于行。

（三）课程思政教学目标

1. 知识目标

通过学习，向学生进行艰苦奋斗、勤俭节约的思想政治教育，从而使学生树立正确的消费观；使学生树立环保和绿色消费的理念，同时可以延伸今天环境污染等问题引导学生树立可持续发展观；使学生养成适度消费、量入为出等消费观念，成为理性的消费者。

2. 能力目标

通过此次学习机会，可以让学生对于自己近几个月的收入支出情况做一个简易收支表，然后针对自己的消费情况以及自身实际模拟一份未来的消费计划，这样利于学生对自己的支出消费有个详细的了解，从而提高参与经济生活的能力，做懂得勤俭节约的接班人。

3. 情感目标

通过学习，可以更多地了解勤俭节约、绿色消费相关知识，培养良好的勤俭节约品质和艰苦奋斗精神，提高思想道德素养。树立正确的消费理念和生态价值观，正确看待、评价各种消费心理，理解消费原则的内涵，知晓艰苦奋斗在今天并不过时，再结合自身的消费情况进行反思，做一名理智的消费者。

（四）相关经验总结

教师可依据"问题教学法"设计教案，展开教学，认识到对学生进行艰苦奋斗朴素教育的重要性。在"问题教学法"基础上充分联系实际，使学生将理论同实际结合起来思考问题，充分发挥出学生课堂的主体性作用，让学生思考问题的同时积极参与课堂讨论，将教师的主导作用主要放在组织、引导、规范上面。同时依据教学理论，采用多媒体以及其他教学辅助手段，增强课堂的趣味性、视觉冲击力，给学生较为直观的感受。

案例一　常州经开区：从"管"到"治"探索现代学校制度建设

一、案例（材料）简介

常州经开区自成立以来，坚持管理创新，坚持依法治校，以打造学校依法治校各类品牌为抓手，深入推动中小学（幼儿园）现代学校制度建设，全面加强学校法治教育体系建设，逐步形成了"依法治教、依法办学、依法治校"的良好法治环境。

文化引领，从"集权"到"分权"的创新

文化引领，是学校治理的必然趋向，也是制度管理的必然超越。做好传统文化的革与立、多元吸纳的承与合、扁平管理的集与分，是一所学校从"集权"到"分权"的创新所在。以剑湖实验学校为例，近年来，学校秉承校训，循着"传统追溯—多元纳取—校本融合—气韵弥散"的轨迹，努力让文化引领现代学校的建设。学校结合现有的工作和生活环境，一方面以"清空"的状态学习，另一方面找到了原有制度与新思想的融合点，在多元吸纳、尝试实践中，理性地剖析了传统制度与教育目标理想之间的差距，并进行了适度的优化，为"治校"打下了良好的基础。学校建立年级组，将行政人员统筹至各年级组，更多的是变"集权"为系统开放式"分权",构建决策层、执行层两个层次条块相间的纵向和横向管理架构。其间,校长作为头雁,起全面负责、统筹协调作用,而各职能部门、各年级组同频共振产生的向上之风,极大地增强了组织的管理效能。

规约认同,从"人治"到"法治"的表达

在全面推进教育治理现代化的今天,只有将学校办学的各项管理工作纳入法治轨道,做到依法治校,才能避免随意化、自由化的不良倾向。共同愿景的建立、学校章程的制定、内部制度的完备是学校从"人治"到"法治"的表达所在。剑湖实验学校通过制度建设的规约认同,逐步推进了学校治理发展的科学化与民主化。学校通过组织全员参与、共同制订《学校三年主动发展规划》,让"规划"深入人心,成为每一个教师的目标和愿景,以此引导全体教师向着共同的目标不断努力;通过多方调研,就学校办学宗旨、内部管理体系、管理机制等重大问题和关键环节,制订了全面规范和具体明确的《剑湖实验学校章程》,由教职工代表大会审议通过后实施。学校完善教师考核制度、深化质量管理制度、完备教科研制度、实施年级组管理制度,充分发挥了基层管理者的智慧,增强了管理效能,提升了学校整体治理水平。

团队卷入,从"自治"到"共治"的约定

学校自治与共治是相对统一的。近年来,在学校内部,通过完善内部治理结构,进一步扩大教师、学生、家长等治理主体参与学校共治,促使学校由"自治"向"共治"迈进。区域内不断通过丰富结盟、家校合作、社区参与等方式实现学校"自治"到"共治"的约定。鼓励学校通过志同道合者的结盟,提高学校治理中的目标一致性和认同度;鼓励学校坚持"家校联合",在与家长共有、共享、共管学校的实践中,尝试把知情权、参与权、监督权甚至管理权还给家长,积极构建多元化家校合作体系;鼓励社区参与学校治理,为学校的可持续发展奠定基础。

学校是育人的场所。区域推进现代学校制度建设,让每一项制度的完善与革新都指向人的发展,是从"管"到"治"的必然路径,也是推进学校发展的必由之路。

资料来源

[1]居颜萍,居佳华.常州经开区:从"管"到"治"探索现代学校制度建设[EB/OL].https://article.xuexi.cn/articles/index.html,江苏学习平台,2021-03-13.

二、案例（材料）点评

（一）适用范围

本案例适用于第六章"学校教育制度"中第三节"学校教育制度的改革"内容的教学。建设现代学校制度，已成为现阶段我国学校制度建设的新目标。现代学校制度是中国社会发展的需要，是依法治校、自主管理、民主监督和社会参与的制度。加快推进我国现代学校制度的改革与发展成为当前世界各国学校教育制度改革的重要趋势。

（二）思政元素

1. 传承中华民族优秀传统文化，兼容吸收多元文化

中华民族在上下五千年长河中孕育了博大精深的文化传统，作为华夏子孙应当取其精华、去其糟粕，自觉担当起传承与发展优秀传统文化的责任和使命，树立起文化自信心。

2. 坚持以人民为中心，打造共建共治共享的社会治理格局

坚持发展为了人民、发展依靠人民、发展成果由人民共享，重视全民积极参与、共同建设和共同治理，不断满足人民群众日益增长的美好生活需要。案例中的学校在与家长和社区共有、共享、共管学校的实践中，不断完善学校的治理格局，提高了学校治理效能。

3. 坚持和完善中国特色社会主义体系，推进全面依法治国

中国特色社会主义进入新时代，要切实把依法治理作为治理的基本理念和基本方式。在全面推进治理现代化的今天，学校办学需要将各项管理工作纳入法治轨道，做到依法治校。案例中的剑湖实验学校通过制度建设，逐步推进了学校治理向治理现代化转轨。

（三）课程思政教学目标

1. 知识目标

借助案例分析，学生认识到树立中国特色社会主义文化自信的必要性，了解我国优良文化传统，明确自觉传承与发展中华优秀传统文化是时代赋予的光荣使命。

2. 能力目标

借助案例分析，学生能够在今后的教学实践中积极学习优秀传统文化以及吸收外来优秀文化，并在教学中自觉渗透。自觉加入传承优秀传统文化的队伍中来，能积极踊跃地参加各类文化交流活动。

3. 情感目标

借助案例分析，学生产生了强烈的民族自豪感，为身为中华民族的一员而感到无比骄傲，同时也意识到要将优秀传统文化与多元外来文化相融合才能够守正创新，勇担文化传承的光荣使命。

（四）相关经验总结

教师在讲解案例前，可以和学生一起讨论中华民族优秀传统文化，如传统节日、著名古诗以及经典故事，帮助学生深入了解中华民族优秀传统文化，激发学生的文化认同感，营造一种热烈讨论的学习氛围。

学生在分析案例的过程中被中华民族优秀传统文化所震撼，感受到我国优秀传统文化的独特魅力，立志要成为中华文化的传承者和发扬者。

案例二　用爱和智慧推进学校教育现代化

一、案例（材料）简介

叶圣陶先生说过：教育是农业而不是工业。农民不会总去折腾庄稼，教育也是如此。稳定的育人目标、稳定的人心、稳定的教学活动，学校才能稳定、持续、更好地发展。

在笔者看来，叶圣陶先生的话有两个核心观点，其一即"教育是慢的艺术，要静等花开"。当前，来自家长和社会的诸多焦虑，常常会让学校迷失教育方向，甚至动摇育人目标。家长把每年的中考、高考升学率作为对学校评价的最主要依据。上名牌大学，赢在中学、小学、幼儿园，甚至要赢在胎教上，这种非理性的教育思维将学校推向应试教育的战场。但是，学校教育不能完全迎合家长和社会，教育要祛除极端功利化认知。

笔者所在的浙江省衢州市实验学校，是一所九年一贯制学校。这些年，无论学校发展处于顺境、逆境，无论是曾经的一个校区还是现在的多个校区，学校的育人目标始终没有动摇过。从管理层到教师，已经形成这样的共识：靠多占时间、多做题、多讲课来提高学生成绩的教师不是好教师；教师不仅要关注学生的学业成绩，还要关注学生的生理、心理和人格的健康成长。基于这样的育人目标，学校的七、八年级走读生不组织晚自修，住校生的晚自修独立学习，教师不得讲课，只能个别答疑辅导；九年级学生也从不缺席各种拓展课。如此，学生才有更多的时间和家人在一起，有充足的睡眠休息时间，有更多的时间自主学习成长。

另一方面，学校严把作业布置关，要求教师凡是布置的作业必须批改，凡是要求学生做的作业，教师自己须先做一遍，避免题海战术。学生的作业量少了，学生的发展空间相对大了。学生升到高中以后后劲足、学习能力强，这是学生一辈子的财富。

虽然一个高效协调、民主和谐的领导班子可以提升管理团队的执行力和创造力，但更为重要的是教师队伍人心的稳定。30多年的校长任职经历让笔者明白：要稳定人心，靠的不是制度，不是约束，而是信任，是关心，是人情味。教师心中有学生，推己及人，学校管理者也要做到心中有教师。比如校长经常转转校园，转校园不是为了查教师、管教师，而是通过观察和交流，可以想到教师最需要的是什么、学校能为教师再做些什么。

"陪伴就是教育。"学校也要为学生做点事，帮助学生学习、生活情绪保持平顺稳定。比如，给小升初的学生更多的衔接时间，进行心理和生活辅导；在中考冲刺阶段，食堂给九年级师生提供免费点心，或者适时开展包粽子、做点心活动，又或是师生来一场酣畅淋漓的篮球赛等。

叶圣陶先生核心观点其二是"孩子要个性发展，而非整齐划一"。这要求每名教师都要有自己的教学风格，有自己的教学理想，开展稳定的教学活动。学生有自己的成长节奏，教师开展教学活动也有自己的节奏，如同农民种地，学校不能动不动就是统测、联考，不断比较谁的庄稼先发芽、谁的庄稼长得快。因此，笔者所在的学校既不参加校际联考也不组织内部月考。七、八年级每学期组织两次考试，试卷由备课组自己命题，自己阅卷，没有排名。有时备课组也会交换命题，让学生适应一下不同教师不同风格的试卷，以便更好地提升自己的适应能力。

"把时间交给学生，把空间交给学生，把自由还给学生。"在稳定教学活动之外，学校还会组织开设各种拓展课，满足学生的个性化成长需要，给学生相对自由的成长空间。

资料来源

姜荣根.稳定是学校发展的艺术［N］.中国教育报，2019-07-15.

二、案例（材料）点评

（一）适用范围

本案例适用于第六章"学校教育制度"中第一节"学校的形成与发展"内容

的教学。学校是有计划、有组织、有目的、有系统地开展教育活动的专门机构。学校具有提高受教育者素质、培养现代社会的劳动者和各级专门人才和提供社会服务等基本职能。学校办学质量的优劣取决于其相关职能完成的情况。

（二）思政元素

1. 坚定正确育人目标，坚持实施素质教育

正如叶圣陶先生的核心观点之一即"教育是慢的艺术，要静等花开"，所以在育人过程中切忌拔苗助长。家长和教师应当树立正确的育人理念，避免走向教育功利化的极端道路。

2. 树立以人为本的教育管理思想，助力师生共同成长

现代化管理不再是仅用条条框框来束缚人，而是用心来服务被管理对象。学校是充满爱的育人家园，一切管理都应当以为促进师生成长和发展为出发点和落脚点。

3. 坚持马克思主义关于人的全面发展理论，促进人自由而全面发展

马克思的人的全面发展理论的核心思想是使人成为自己的主人，能够最大限度自由发展。案例中提到要把时间、空间和自由都交给学生，在教学过程中不可要求绝对的整齐划一，要给学生相对自由的成长空间，促进学生自由全面发展。

（三）课程思政教学目标

1. 知识目标

借助案例分析，学生认识到人生而独立且独特，拥有发展个性的权力。明确在今后的育人过程中应当要充分尊重孩子的意愿，并遵循学生发展的特点。

2. 能力目标

借助案例分析，学生能够在今后的教学过程中树立正确的育人取向，坚持对学生实施素质教育，抵制扼杀孩子全面和个性发展的应试教育。

3. 情感目标

借助案例分析，学生对促进学生全面发展和个性发展的素质教育产生强烈的认同感，感受到正确的育人目标意义重大。

（四）相关经验总结

在分析案例之前，先请学生谈一谈对叶圣陶先生的了解；再请学生思考案例中提到的叶圣陶先生说的一段话，鼓励学生自由表达自己的想法和观点；之后再将案例和学生一起讨论，教师可以启发学生说说自己的感受，教师进行点评和总结。

学生在了解叶圣陶先生生平事迹之后，深切感受到叶圣陶先生对我国教育事业作出的重大贡献，立志要向叶老学习，为我国教育事业贡献自己的力量。

案例三　重庆凤鸣山中学创新
驱动学校多元、特色、内涵发展

一、案例（材料）简介

创新是推动国家发展和社会进步的不竭动力。在创新驱动已成为国家发展战略的今天，国家和社会对创新型人才的需求比任何时候都迫切，这对教育创新提出了严苛的要求。

"教育创新离不开教育规律、人的成长规律。"重庆凤鸣山中学校长邓仕民认为，创新不是原来的东西不要，而是要在原来的基础上加以完善、发展。

近年来，重庆凤鸣山中学在课程辅助活动、特色体艺活动、社团活动等校园活动开展中，以多元、特色、内涵发展之路，让学生动手、动脑，激发想象力、创造力，收获成绩的同时，更多地收获成长。

精彩课程辅助让学生感受创作乐趣

镜头：桌上没有多余的杂物，一个定版的水浒人物朱贵此时就是王京元眼中的全部。衣服上的纹路一定要轻，以免勾断中间的连接；身后的树叶非常小，雕刻时要注意刀法；创作的红纸很薄，雕到细致处，甚至连大气都不敢出一口……这种极致的投入、细致、认真，对一个初二的学生来说非常难得。

解读：这样的场景在凤鸣山中学课程辅助活动的剪纸课上已成为了常态，这样的状态也让学生剪出来的水浒108个人物栩栩如生。

学校美术老师田红梅介绍："人物剪纸最考验学生的细心和耐心，还有对创作人物的细致观察，先剪哪里后刻哪里都很有讲究。"

即便要求这么多，不少学生对剪纸的兴趣也是只增不减，创作起来有模有样。初二年级的李若妍拿刀下笔非常果断，连人物的头发丝都不会断。学生王天怡说："下刀的过程就是创作的过程，我喜欢思考、动手，看到自己也能制作出这样精美的作品，很有成就感。"

水浒人物完成后，同学们又开始了《红楼梦》十二金钗的创作。"我们的目标是先剪出四大名著主要人物，这也是让学生熟悉名著的绝佳途径。"学校课程中心负责人杨春芳说。

艺术类的剪纸、插花，生活类的做泡菜、醪糟，手工类的制作中国结、叶脉书签以及中英文舞台剧表演、旅游地理、趣味数学、摄影摄像等课程都包括在学校的课辅活动中。还有老师开设了《历史神剧手术室》，专门纠正当下热门历史剧中的错误，极受学生欢迎。

教育从来就不应该只关心学生的成绩，更应关注他们在受教育过程中的成长。凤鸣山中学课程辅助活动在开发学生潜能、培养兴趣的同时，用不同的课程培养学生的审美能力、艺术实践能力、分析能力、思考能力等，书写了素质教育的生动样本。

多元艺体特色让学生成长丰富多彩

镜头：每天傍晚，是凤鸣山中学操场最有活力的时候。

这边，有赛场上一次次的终点爆发冲刺；不远处，轻快的动作随着健美操灵动的音乐舞动节奏；绿茵场上，颠球、带球、绕8字等无数次基本功的练习换来比赛中精彩的进球；羽毛球、乒乓球、篮球、射击正演绎各自的精彩……这一刻有运动的汗水浸透的凤中时间最青春、最活力。

解读：热闹的操场上呈现出来的，既有专业的体育特长生训练，也有普通体育课的走班选课。可以说，享受体育，在凤鸣山中学已成为一场"全员狂欢"。

除此之外，学校艺术教育也开展得如火如荼。不久前，学校合唱团刚刚接到2017摩洛哥国际民间儿童合唱节邀请，即将在暑假远行。早在2014年合唱团还曾代表中国赴维也纳参加世界和平合唱节巡回演出。现在，学校成了重庆市学生艺术团（合唱分团）的一员。

随着学校的发展，美术教育也成为凤鸣山中学的一大特色。不仅在常规美术课中融入剪纸、篆刻、摄影、版画等相关创作知识、技巧，还培养了众多优秀美术生考入专业院校。

众所周知，田径和合唱是凤鸣山中学历来的优势。为何现在还有健美操、足球、篮球、乒乓球、羽毛球、射击、美术等在内的众多特色？从"2"到"9"，凤鸣山中学是如何做到的？

"过去单一的质量发展型办学路径，不仅学校发展受限，更让学生发展受限，因此我们要走多元、特色、内涵发展道路。"学校校长邓仕民说。

无论是建设质量还是发展质量，凤鸣山中学的体艺特色几乎可以用"大手笔"来形容。从好到更好很难，但这恰恰就是凤鸣山中学创新的精髓：在原有基础上发展、完善，把教育该做的事情做到极致，让学生收获更丰富的成长。

创新社团活动让学生激发创作潜质

镜头：铺设轨道、组装器材、调试设备，工作人员陆续到位。随着激烈的音乐响起,《凤中好声音》正式拉开帷幕,摄制组工作人员也全情投入到紧张的拍摄中。张皓辰和同学一起紧张地盯着监视器,不漏过参赛选手和现场观众的每一个精彩画面。另一边,负责图片拍摄的同学通过快门捕捉现场的精彩,留下每位参赛选手的动人瞬间。

解读:记录、拍摄学校大型活动,是学校"凤羲影像工作室"的职责之一。该社团还定期举行讲座、拍摄分享会等活动。原工作室成员贺开朗考入北京电影学院,在回母校进行创作时还与同学互动交流。

现在,学生社团已成为学校建设的重要力量,每一个社团都在创新中迸发力量。文学社一直是学校的"高人气"社团,其主办的校园刊物《凤鸣》极受学生欢迎。能让自己的作品登上《凤鸣》,对凤鸣山中学的学生来说着实是一件荣耀的事。

据悉,学校现在共有10多个社团,每周二或周四下午的课余时间,学生都会进行社会活动。"社团活动一方面培养了学生良好的个人爱好,同时为他们爱好的提高和施展提供机会和平台。"校团委负责人张浩说,丰富的社团创作活动更是为学生打开了创新思维之门。

在电影文学社团,学生为了完成一个镜头常常要解决现场杂音、穿帮、时间不够等问题,在解决这些问题的过程中,也积累了经验,锻炼了能力;在戏剧社,大家要在10分钟之内完成老师布置的小品题目,短时间内小组成员思想互碰、合作,让思维的火花四溅;在播音社,老师为了帮助大家克服害羞胆小的毛病,让成员上街"乞讨",大胆展示"不要脸",终于让同学们自信大方地走上舞台……

未来社会需要的人才需要知识,同样需要能力,更需要创造力。社团活动就像学生的自留地,在这里可以让创造力自由发挥,让学生自主成长,成长为自己喜欢的模样,也成就了学校发展路上一个又一个精彩。

在邓仕民看来,校园管理是"软科学",更是"硬功夫",四平八稳的工作不会出错,但校长要想干出成绩,就一定要在管理思路、机制等方面进行创新。(内容略有删减)

资料来源

周珣.激活生命成长的力量——重庆凤鸣山中学创新驱动学校多元、特色、内涵发展[N].中国教育报,2017-04-21.

二、案例（材料）点评

（一）适用范围

本案例适用于第六章"学校教育制度"中第三节"学校教育制度的改革"内容的教学。当今世界，随着教育改革的不断深化，学校教育制度的改革也逐步深入推进，并呈现出多元发展的新趋势。

（二）思政元素

1. 高扬创新精神，坚持与时俱进

改革创新是时代发展的不竭动力，更是教育发展的时代主题。创新是一个学校发展的灵魂，是一个学校进步的不竭动力，也是一个学校永葆生机的源泉，一个没有创新意识，创新精神，创新思维的学校，只能抱残守缺，走向落后。案例中凤鸣山中学坚持以学生发展为中心，以创新姿态主动迎接时代的挑战，开展手工艺术类课程辅助活动、特色体艺活动、社团活动等校园活动，促进了学生自主、个性和创新发展，为学校构建起了未来教育大格局。

2. 全面贯彻党的素质教育方针，促进学生德智体美全面发展

学校要深化办学体制和教育管理改革，坚持把立德树人的成效作为检验学校一切工作的根本标准，培养德智体美劳全面发展的社会主义建设者和接班人，充分激发教育事业发展生机活力。案例中凤鸣山中学全面贯彻党的素质教育方针，尊重每个学生的个性，通过开展各种多元化的艺体活动和社团活动促进每个学生的核心素养和关键能力全面发展，充分发挥他们的聪明才智，培养学生的创新精神和实践能力。

3. 坚持知行合一，引导学生在实践中获取知识

实践出真知。事物的本来面目和发展规律，是在实践中探索得来的；亲身体会得出的结论，才是靠得住的，才更接近真理。案例中凤鸣山中学改变以"传授知识为中心"的教育功能观，通过各种艺术类、手工类的课辅活动来激发学生的学习兴趣，培养动手实践能力，使学生能在实践中不断更新认识，获取真知；在掌握知识的同时又能更好地指导实践，取得进步。

（三）课程思政教学目标

1. 知识目标

通过案例学习，学生认识到创新对未来学校多元化、特色化发展的重要性，同时意识到育人不是单纯的知识教授，还要重视学生德智体美劳全面发展，培养

学生创新精神和实践能力。

2.能力目标

通过案例学习，学生能够在未来育人过程中贯彻党的素质教育方针，尊重学生个性全面自由的发展，充分发挥每个学生的潜能，尊重学生的主体地位、主动精神和个性差异。

3.情感目标

通过案例学习，学生能够对党的素质教育方针产生强烈的认同感，并在未来教学过程中能够充分发挥学生主观能动性，培养一大批德智体美劳全面发展的社会主义建设者和接班人。

（三）相关经验总结

在讲解案例之前，教师可以请学生谈一谈素质教育的内涵；再请学生思考案例中如何体现素质教育，鼓励学生积极参与课堂的同时，加深学生对素质教育的理解；最后教师再将案例和学生一起讨论，鼓励学生自由表达各自的想法，教师进行点评和总结。

学生通过案例学习后，能够明显感受到素质教育的进步性，能够树立正确的育人目标，为培养德智体美劳等方面全面发展的社会主义事业的建设者和接班人而不懈努力。

案例四　家文化助推学校发展的实践与探索

一、案例（材料）简介

要提升学校的凝聚力，获得可持续发展的竞争力，就要使全体教职员工、学生及学生家长找到归属感和幸福感，就应该在彼此间建立一种信任、理解、互助的"家庭成员"关系，凝心聚力，让家文化的浸润助推学校持续发展。

石桥铺小学创办于1933年春，建校之初全校共有十三个教学班，学生近六百人，教职工二十余人，现已发展为拥有三十九个教学班，近两千名学生。学校秉承"蒙以养正"的核心理念，谨遵"好习惯处处在"的校训，即"家训"。乘着九龙坡区教委教育强区、科研兴校、力推家校共育工作的东风，依托社会力量，携手家长，上上下下拧成一根绳，管理出效率、教学出质量、活动出成绩，制度建设、课程体系、教学环境日臻完善。学校先后被授予"中国少年科学院科普基地""全国科学教育实验基地""全国青少年文明礼仪教育示范基地""全国网络教育示范单位",九龙坡区"示范学校""德育示范学校"等各类荣誉称号数十项。学校正朝着更高的目标稳步迈进。

一、明确目标,播种希望

一个幸福的家庭要有智慧的家长,还要立家庭成员人人谨遵的家训,建立融洽的家庭关系,营造和谐的家庭氛围。"蒙以养正"的办学理念聚焦人的发展,是学校以人为本管理思想的集中体现。即以人的发展推动教育的发展,以人的素质提高推动教学质量的提高,以人的思想境界提升带动实践能力的提升,以人的自我价值实现来体现学校的社会价值。

(一)致力环境改善,让校园成为师生心之所属

在教育实践中,不难发现学习成绩好的孩子大多有良好的习惯。心理学家威廉·詹姆士曾说:"播下一个行动,收获一种习惯;播下一种习惯,收获一种性格;播下一种性格,收获一种命运。"这说明习惯关乎成败。"培养习惯良好,面向未来的合格社会公民"是学校和家长共同的奋斗目标,围绕此目标,我们进行了一系列有益的实践与探索。

学校注重环境育人、文化滋养。从地面游戏区到风雨小操场,从楼道温馨提示语到广播安全铃声,从音乐楼到创客室,从大厅阅读区到班级图书角,从教师形象墙到班级文化栏,学校在空间上营造抬头可见、触手可及的工作和学习氛围;从送餐保温桶到安全直饮水,从室外盆景花卉到室内粗陶干花,从三角课桌到滚轮会议椅,从电子大屏幕到大平板智能教室,学校物质上创造有益健康、暖心舒适的工作学习条件;从校园广播到工作群,从纸质通知到微信推送,从校级分管到年级行政,学校在方式上拓宽信息沟通渠道;从眼保健操到广播体操比赛,从冷餐会到节庆表演,从探访安居古镇到观赏铜梁龙舞,学校使师生在身体上得到放松休养;从"办学水平一等奖"到"好班子",从"体育传统项目学校"到"育人质量达标先进集体",从"重庆市教育科研实验基地"到"重庆市智慧校园建设示范学校",学校在精神上给予师生正面的积极的影响。

(二)合力净化周边环境,让工作学习安全无忧

"一个篱笆三个桩,一个好汉三个帮",学校是个大家庭,每个孩子背后是一个小家庭,每个家庭就是一份宝贵的资源,学校携手家委会充分发挥桥梁和纽带作用,紧密联系街道、社区、交巡警、消防队、派出所、市政、工商等单位和

部门，共同为净化校园周边环境出人出力。以校长为首的每一位"家庭成员"分头行动，攻坚克难。校级干部联系政协委员、人大代表，撰写社情民意和调研文章，保安队伍恪尽职守，保洁阿姨认真履职，食堂员工爱岗敬业，家长队伍大力支持，全体干部教师积极行动、精心筹备承办九龙坡区校园及周边环境综合治理现场会，得到相关单位和部门领导的大力支持。原先臭气熏天的垃圾站得到技术处理，不再影响环境卫生；泥泞的山林村支路实现"白改黑"；人行道铺设、栏杆安装、画斑马线、更新校园周边交通标识；警务室、家园护卫队一应俱全。学校及周边环境的舒适安全让师生、家长和周边群众都获得满满的安全感。

二、抛"公平、公开、公正"之砖，引"正向、正形、正念"之玉"不患寡而患不均"

家庭和睦的因素之一就是家长对于孩子要一视同仁。在营造"家文化"的过程中，学校以党支部为龙头，积极发挥党员干部的先锋模范作用。在班主任和学科教师中开展"师徒结对"活动，党支部书记率先示范，及时捕捉员工思想动态，关心大家的生活和身体状况，认真解决"一人一事"的思想问题；工会则通过眼保健操比赛、节日庆祝、家访、集体外出踏青、送温暖等活动拉近了家庭成员之间的距离。学校想办法把工作做到教职员工和家长的心里，赢得了大家的认同和信赖。良好的学校文化环境营造了和谐的家庭氛围，家文化浸润着每一位师生和家长，竞相迸发的"爱校如家"的热情，推动学校朝着更高、更远的目标发展。

三、实现自我价值与推动学校发展并驾齐驱

习近平总书记在 2018 年的新年贺词中说道："幸福都是奋斗出来的。"习近平总书记的话语告诉我们这样一个道理："幸福"不是从天而降，而是需要奋斗。要让学校成为广大师生员工心中的幸福"家庭"，还得带领和激励大家"撸起袖子加油干"，让实现自我价值和推动学校发展两条道路并行。

（一）"走出去，请进来"内外兼修

"十年树木，百年树人"，国家发展的希望在教育，办好教育的希望在教师，提升教育教学质量的希望在提高教师的业务水平，提高教师业务水平的方式在于加强学习。近年来，学校先后让工作能力强、带头作用好的部分市、区、校级教师走出校门，到北京、深圳、广州等地参加家校共育、班级管理、课堂教学、安

全教育等各类学习培训,一边鼓励教师注重专业发展,一边帮助提升教师的班级管理和教学业务水平,校内"师徒结对"和与西彭三小签署"师徒协议"多措并举,不断提升教师的职业归属感和校园生活的幸福感。与此同时,学校还邀请国际象棋特级大师、著名儿童文学作家、心理辅导专家、家庭教育专家、市教科院课题研究专家,学科教研员,交巡警、消防队员、公安干警等专业人士等来学校为教师、学生、家长办讲座、开展互动等,开阔视野、提升境界、激励成长。

(二)"好习惯处处在",遇见更好的自己

"少年强则国强,少年进步则国进步",少年儿童是中华民族的未来,培养拥有良好习惯的合格公民,我们做了一系列的实践探索。

在入学伊始学校就给予学生自我管理、自主发展能力的引领,如正衣冠、练队列、熟悉"新家"环境;自选社团、参与展评、自助成长;体育校队,磨砺意志、珍惜荣誉;大课间活动,强健体魄、阳光心理,等等。除此之外,学校还积极举办各种课外活动,丰富学生的课余生活,在强健学生体魄,陶冶学生情操的同时也能助力学生的全面发展。如街舞、亲子运动会、乐学嘉年华、啦啦操队、红领巾广播站、家长开放日、安全值日……丰富的活动尽可能为学生提供更多的展示平台,培养学生的"小主人"意识,当好自己的安全管理员、习惯监督员、文明宣传员。通过孩子的进步家长们看到了学校管理的艺术与温度,增强了对学校工作的认可,教师也从中感受到了职业的认同感和幸福感。

学校以"蒙以养正"为圆心,以"好习惯处处在"为轴,以爱和智慧打底,以行动为笔,描绘学校和师生发展的蓝图。"家和万事兴",有温度的"家文化"把每一位家庭成员的心凝聚在了一起,无论何时,都值得我们为此不断地努力实践与探索,用家文化解锁学校幸福密码,让学校这个大家庭成为教师发展的园博园、学生成长的快乐园、全体员工精神世界的后花园。(部分内容删减)

资料来源

袁卓.家文化助推学校发展的实践与探索[J].新课程导学,2021(29):11-12.

二、案例(材料)点评

(一)适用范围

本案例适用于第六章"学校教育制度"中第三节"学校教育制度的改革"内容的教学。构建政府、学校、社会之间的新型关系是我国现代学校制度建设的基本任务之一。通过家校合作推动学校教育制度改革，促进学校发展。

（二）思政元素

1.传承传统家文化，引领学校内涵式发展

家文化是中华文明的精髓，是中华民族的灵魂，为中华民族的世代祥和、延绵传承做出了独一无二的卓越贡献。让校园成为师生的"家园"，在这个"家园"中老师爱校如家、爱生如子，学生尊师如尊敬父母，从而凝聚全校师生智慧和力量，促进学校内涵式发展。案例中通过家文化的建设，能让师生们在校园内亲如一家人、诚信做人、尊重同伴、增强责任心，并且对构建和谐社会具有重要意义。

2.以家文化为办学理念，促进教师专业发展

学校要以弘扬师德风范、情系教育、爱岗敬业、严谨治教、以校为家、关爱学生为目的，将家文化贯穿于教育教学的各个环节，坚持以人为本的教育思想，引领教师紧跟时代发展赋予的新使命和师德新要求，加强对教育形势及前沿教育理论的学习，增强教师的工作紧迫感和危机感，做"让家长满意的教师"。案例中把树立教师的师德风范，提升教师职业道德，提升学科教学水准，作为打造高素质教师队伍，建设群众满意学校的首要抓手，凝聚人心，合力发展，努力把学校创办成为学生喜欢、教师向往、家长放心、社会满意的"家"，实现师生自我价值发展与学校发展并驾齐驱。

3.以家文化为办学理念，规范学生行为与培养良好习惯

学校要抓好学生自治，实行班务承包，帮助学生形成良好的学习和生活习惯，让学生成为自主发展的主人、成长的主人和学习的主人；以活动为支点，改变学生精神面貌和生命气质，培养内驱力，全面提升学生领导力、思辨力、创造力和学习力。案例中学校开展各种自我管理的课外活动，培养学生的"小主人"意识，提升其自信心，形成健全人格，从而培养有理想、有道德、有文化、有纪律的"四有"公民。

（三）课程思政教学目标

1.知识目标

通过案例学习，学生可以认识到传承优秀传统文化的重要性，进一步理解家文化在学校发展中所起的作用，自觉承担起继承和发扬优秀文化的时代使命。

2.能力目标

通过案例学习，学生能够在未来的教学实践中自觉地将家文化渗透进教育教学中，自觉加入传承优秀传统文化的队伍中，积极参加各种文化交流活动。

3.情感目标

通过案例学习，学生能够产生强烈的民族自豪感和高度的文化自信，在家文化的影响下，以学校为家，立德践行，做品德高尚、积极进取、奋发有为的青年；以报国为志，让学生树家国情怀，做尚义求真、乐于奉献、振兴中华的青年。

（四）相关经验总结

教师在讲解案例时，可以插入传统节日、经典名著、诗词歌赋介绍的教学片段，帮助学生深入了解中华民族优秀传统文化；最后，结合案例和学生一起讨论家文化在学校发展中所起的作用，增强对他们的文化认同感。

学生通过案例学习后，深受优秀传统文化的触动，自觉传承中华传统优秀文化，积极推动优秀传统文化的创造性转化、创新性发展，不断增强中华传统文化的时代性实效性。

案例五　学校管理：从"制度治理"向"文化立行"的嬗变

一、案例（材料）简介

我们意识到："学校文化"之内涵，不可凭空臆想，而是要建立在现实的土壤上。

为此，我们首先进行了"四个分析"。一是分析学校的发展机遇，从国家及地区政治、经济、文化、教育政策发展的走向来把握学校的未来发展趋势。二是分析相对优劣，对学校所处的地理、社会环境与其他学校发展相比，认识到学校在地理位置、课程建设、公共关系、师资、教学质量、生源等方面所具有的长处，并充分发挥这些长处，以推动学校的良性运行。同时也清醒地认识到学校所存在的问题与不足，制定出切实可行的学校发展规划。三是分析学校发展历史，研究多年来的遗留传统，力求在传统基础上形成学校特色，助推发展规划目标的实现。四是分析相关利益群体，包括社会各界、教师、学生、家长等，确保学校能照顾到各方面的利益，储备各种潜在资源，创造良好的发展环境。基于以上"四个分析"，我们重新制定了学校总体发展规划、课程和队伍建设规划、校园发展规划，以它们作为统领"学校文化"的总指挥棒。

我们对此前或明朗或混沌的"学校文化"进行了自我诊断。从司空见惯的行为或具体特殊的现象入手，分析教师教育行为的价值取向和方法论，透视学校的组织状况，进而反思、审视学校的教育思想、管理理念和领导班子的领导能力，查漏补缺，重新构建"学校文化"。

皮之不存，毛将焉附？文化虽是抽象的，却应当"被看见"。唯其如此，才能真正发挥其引领作用。为此，我们立足时代背景，把握职业特性，结合我校的办学目标及特色，从高处着手，整体规划，初步确立并阐释了"学校文化"的内涵：

1.责任意识

国运兴衰，系于教育；三尺讲台，关乎未来。华东师范大学校长俞立中有言："教师，应该是责任、爱心和求知者的化身。"教师的"责任意识"始终是第一位的。教师的责任是什么？是牢记教书育人的使命，勇于担当；是立足教学的本职，尽职尽责。我们认为，一名合格的教师，应当形成这样一些具体的"责任意识"：属于我分内的所有工作，无论大小，尽心尽力做好它；搭档因故请假时，用心代课，保证班级的正常运转；校园文化建设、同事磨课研讨需要我时，不计得失，加班加点……作为教育者，有了"责任担当"意识，才能化被动为主动，变"要我做"为"我要做"，表现出人生的大格局和大气象。

2.进取意识

何谓"进取"？"进"是一种前进的动力，人只有不断进步，不断学习，才能不断提升能力，无往而不利；"取"指获取，它是跟在"进"后面的——获取之前，必须要有所付出。教师尤其需要树立进取意识。一方面，从"教"的角度，常言道，"教师要给学生一碗水，自己须有一桶水。"高度信息化的当今，"一桶水"都不够用了，得有"长流水"。教师如果躺在原有的知识上，裹足不前，想单凭着一股子"奉献精神"就把书教好，显然是行不通的。每个教师都要怀有进取心，不断学习新知识，掌握新技能，研究新情况，适应新环境，使自己得到可持续发展，成为高素质教师队伍中的一员。另一方面，从"学"的角度，教师是学生学习、模仿的一面镜子，教师的言传身教，可以调动学生的学习积极性和主观能动性。

3.创新意识

"创新教育"是我国当代教育改革与发展的必然抉择，遗憾的是，当前"创新教育"依然被"应试教育"的缰绳死死拴住，应试教育对人的创新潜能的埋没，对人的创新精神的扼杀，到了非改不可的地步。要实施创新教育，关键在于强化教育工作者自身的"创新意识"。一是注重环境引领。学校要为创新教育提供宽松的环境，应该创设好的创新教育环境和氛围，学校的培养目标、学风、校风、校训都对师生形成创新的意识具有重要作用。二是注重思想转变。教师要改变陈旧的教育观念，加强创新理论学习，树立最新的创新教育观念，汲取最新的教育科研成果，完善知识结构，提高教学艺术。三是注重实际行为。在教学中，教师要努力构建新型课堂教学模式，改革体制、课程、教材、教法评价的能力，使创新教育渗透于各科教学中，形成完整的创新教育体系，重视培养学生的综合创新能力。

4. 诚信品质

诚信是美好人生的基石。教师须以诚信立教——以"热情、关爱、公平、宽容"为执教思想基础，以"职业道德"为执教规范，为人师表，以诚立教，在诚信教育中形成科学、现代、文明的施教方法和态度。学生必须以诚信养德——培养基本的道德品质，促进良好的行为规范的养成，真实地了解自己，把握自己，进一步学会合作，学会学习，学会审美，学会生存，学会发展，形成健全的人格，最终学会做人。学校必须以诚信兴校——以学生为主体，教师为主力，促进良好班风、学风、校风的形成，使诚信的馨香洒满校园，沁润人心。

5. 协作精神

协作精神是组织文化的一部分，是大局意识、合作意识和服务意识的集中体现，反映的是个体利益和整体利益的统一。教师个人发展需要协作精神——在价值取向多元化的今天，只有把个人的发展和学校的命运紧紧结合起来，使学校的奋斗目标转化为教师的共同目标，教师的使命感才会落到实处。教师的专业发展、业务提升，更是需要协作，个人的"单打独斗"远远不及众人的智慧分享、相辅相成。学校发展离不开协作精神——学校应通过合适的组织形态将每个人安排至合适的岗位，在尊重个人兴趣和成就的基础上，通过共同目标的激励，使教师产生明确的协作意愿，采用合理的协作方式，充分发挥集体的潜能。

6. 集体荣誉感

集体荣誉感是一种"热爱集体、关心集体、自觉地为集体尽义务、做贡献、争荣誉的道德情感"，是一种积极的心理品质，是激励人们奋发进取的精神力量。教师的工作是劳动方式的个体性和劳动成果集体性的统一体，要在学校管理中实现个体效应，必须有意识地培养教师的集体意识，视学校集体的荣誉为自己的荣誉。学校可以让教师和学生一起参与学校发展规划，制定目标和方案，形成共同的期许；及时向师生公布学校取得的一点一滴的成就，让全体师生既为获得荣誉而自豪，也产生"为校增光"的进取心；对于为学校争得荣誉和光彩的人和事要积极宣传、大力褒扬，对于破坏学校荣誉的行为要及时批评、矫正……当师生形成了强烈的集体荣誉感后，必然"心往一处想，劲往一处使"。

7. 职业认同感

教师的职业认同，是指"教师在内心认为教育工作有价值、有意义，并能够从中找到乐趣"。建构坚实的职业认同是发挥教师职业价值、弘扬教师职业意义的前提条件。据了解，近年来，教师队伍中出现了较为严重的职业倦怠和职业认同感低下的现象，究其原因，与社会舆论的负面影响、自身职业态度的懈怠、校园人际关系的不如意等因素有关。要提高教师职业认同感，需要多方努力：

（1）社会层面。要在全社会范围内营造"尊师重教"的良好氛围和风气，使教师真正体会到自己是受人尊重的，自己的劳动成果是有价值的，要切实关注和解决教师的工资收入、福利待遇、职称评定、成果鉴定等实际问题，使教师无后顾之忧。

（2）学校层面。学校管理者要创设和谐宽松的工作环境和人际关系，关心教师的生活，关注教师的成长，建立公正、合理的教师评价机制，肯定每位教师在学校中的重要地位，加强教师的角色意识和职业认同感，使之意识到：教书育人不仅仅是谋生，而且还是一种乐趣，是人生价值的一种追求。

（3）教师个人层面。教师职业的自我认同，很大程度上是教师内化了的自律取向，是个体主动的、有意识的、积极的心理体验。要实现教师的职业认同感，关键是教师自身要发挥自我效能，追求职业境界。只有具备了这样的心理体验，教师才可能真正以主人翁的态度放眼未来，踏实工作。

文化育人，文化立行。学校作为优秀文化的创造者、分享者、传播者、引领者，不应仅仅满足于条条框框的冰冷制度，而应以人为本，充分挖掘文化育人资源，以文化为抓手，以教化为手段，不断创新思想政治工作，努力实现从"制度治理"向"文化立行"的嬗变，引领师生自觉自律，走向道德，走向理性，走向文明和谐。（内容有删减）

资料来源

陈蓓蓓. 学校管理：从"制度治理"向"文化立行"的嬗变 [J]. 教书育人，2020（29）：6-9.

二、案例（材料）点评

（一）适用范围

本案例适用于第六章"学校教育制度"中第三节"学校教育制度的改革"内容的教学。《国家中长期教育改革和发展规划纲要（2010—2020年）》对建设现代学校制度有着明晰的表述："适应中国国情和时代要求，建设依法办学、自主管理、民主监督、社会参与的现代学校制度。"加强学校制度建设，对于加快教育现代化，办好人民满意教育具有重要价值。

（二）思政元素

1.牢记教书育人的使命，增强教师责任意识

习近平总书记提出，"教师是人类灵魂的工程师，是人类文明的传承者，教师承载着传播知识、传播思想、传播真理、塑造灵魂、塑造生命、塑造新人的时代重任。"时代赋予责任，责任体现使命，教师是履行教育教学职责的专业人员，承担教书育人、培养社会主义事业建设者和接班人、提高民族素质的使命。案例中学校文化建设首先强调了教师要增强教书育人的责任感，不断提升工作自觉性，做学生锤炼品格、学习知识、创新思维、奉献祖国的引路人，成为先进思想文化的传播者、党执政的坚定支持者、学生健康成长的指导者。

2.坚持深化教育改革创新，强化教师创新意识

深化教育改革创新、推动新时代教育改革发展，是改革开放和社会主义现代化建设、促进人的全面发展和社会进步对教育提出新的更高要求的持续响应，也是教育自身提升发展的方向与路径。创新教育要求教师素质不再满足于"传道、授业、解惑"的传统功能和作用，而是要求教师在学生创新教育过程中起引导和示范作用，能以自身的创新意识、创新思维及创新能力去感染，带动受教育者的创新能力的形成和发展。案例中，学校要进行创新教育，教师自身必须具备较强的创新意识和创新能力，只有这样，才能从自己的创新实践中发现创新能力形成和发展的规律，为创新教育提供最直接、最深刻的体验，从而在教学过程中，自觉地将知识传授与创新思维相结合，发现学生的创新潜能，捕捉学生创新思维的闪光点，多层次、多角度地培养学生的创新精神和创新能力。

3.弘扬诚实守信传统美德，加强教师职业道德建设

诚实守信是中华民族的传统美德，是师德的基本要求，是教师执教的基础，也是社会主义核心价值观的切入点。教师肩负着教书育人的历史使命，职责就是

"传道、授业、解惑"，被喻为"人类灵魂的工程师"。因此，诚实守信就是教师为师立教的根本标准和基本原则，只有教师重诚实，守信用，学生的思想素质教育，尤其诚信教育才能落到实处，全面实现素质教育才有保证。

（三）课程思政教学目标

1. 知识目标

通过案例学习，引导学生理解学校文化的精神内涵及重要意义；明确新时代教师的使命和担当，在未来教学中牢固树立以人为本的育人理念。

2. 能力目标

通过案例学习，引导学生在今后的教学实践中牢固树立改革创新意识，踊跃投身教育创新实践，提升个人的教学技能和职业素养，创新教学内容和授课方式，注重培养学生的创新能力，为发展具有中国特色、世界水平的现代教育作出贡献。

3. 情感目标

通过案例学习，引导学生树立正确的职业道德观念，深化对教师职业的认可度和向往，坚定为社会主义教育事业终生奋斗的信念。

（四）相关经验总结

教师在讲解案例之前，可以和学生讨论学校管理的方式有哪些，鼓励学生积极表达自己的看法；其次，结合案例，引导学生思考学校文化建设过程中如何加强教师职业道德建设；最后，教师对学生的发言进行总结归纳，深化学生对教师职业的认识。

学生通过案例学习后，能够明确新时代教师的使命和担当，改变传统教育理念，创新教学方式，树立终身学习理念，在未来的教学和生活中不断提升自我修养，用自己的良好言行举止去影响他人。

案例一　传统文化进校园

一、案例（材料）简介

柳亚子、陈去病、苏曼殊、马君武、吴梅……提到这些曾叱咤风云的人，便想到"春雨楼头尺八箫，何时归看浙江潮""唯有胥涛若银练，素车白马战秋风"等脍炙人口的诗句，脑海中还会浮现"南社"二字。

南社是近代中国著名的文化社团，1909 年成立于江苏省苏州市。百余年后，苏州市吴江区这处"吴根越角、江南腹心"之地，又出现了一个遥相呼应的"小南社"——江苏省苏州市吴江区松陵一中"小南社"综合课程。如果说南社是一棵大树，小南社则是树干上的"南枝"，生长在吴风越韵的土壤之中，"吴风越韵赋南枝"。

"南社大房"成就课程资源

吴江区素有"南社大房"的美称——南社的 3 名发起人中，柳亚子和陈去病都是吴江人；在南社千余名社员中，吴江人超过十分之一。谈及成立小南社的缘由，松陵一中校长费月芳说："南社给吴江留下了丰富的文化遗产和精神财富，是松陵一中得天独厚的文化资源。"

南社是诗社，小南社自然也教学生创作古典诗词。记者看到小南社的诗集

《南枝吟》，一首首清雅的诗词映入眼帘。副校长、小南社指导教师钮烨烨介绍，为了让学生喜欢上诗词，教师摸索出"分韵施教""标声填空""热词组合""一游一作"等教学方法。对于初学写诗的学生，教师会提供标有平仄的"填字格"以及唐诗宋词中出现的高频词汇表。学生沈艺洋说："开始写诗时，肚子里没'货'，这些高频词帮了大忙。而且在挑选词语过程中，我知道了该怎样调整格律、描述事物、表达想法。"当年南社的刊物《南社丛刻》诗文风雅，如今小南社的《南枝吟》虽然雏凤清鸣，也能扬葩振藻。

南社人为我国新闻事业奠定了良好基础，"新闻课程"自然也是小南社的学习内容。当教室屏幕出现"读报时间"字样时，学生训练有素地走上讲台，打开报纸，讲述自己认为有价值的新闻；当屏幕出现"热点追踪"字样时，学生纷纷列出热点问题，讨论后形成采访提纲；当屏幕出现"焦点访谈"字样时，学生走出教室去采访，有人负责提问，有人负责记录和摄影，工作井然有序。冬天到了，钮烨烨在小南社教室后的展示台贴上了"岁寒雅集"几个大字。接下来，学生依次上台亮相，有写毛笔字赞颂南社的，有朗诵南社诗文的，有表演南社人物短剧的，忙得不亦乐乎。

这就是学生学习小南社课程的片段，钮烨烨介绍，小南社课程包括"四纲十二目"。"'四纲'是南社风骨、南社风雷、南社风韵、南社风范，分别对应德育、新闻、文艺、科教几个主题。'十二目'则是根据'四纲'开设的具体课程，包括情系鲈乡、焦点访谈、玩转媒体、诗词风雅、翰墨丹青、梨园漫步、科学探索等"。小南社虽然小，但开设的课程丰富多彩，课程安排循序渐进，正如苏州园林一般，曲径通幽，小中见大，风光无限。

南社精神让课程扎根

去年6月，"文化和自然遗产日"活动开幕式在苏州举行，由小南社创作的话剧《复壁脱险》被选定为开幕式表演节目。从柳亚子与其妹夫凌光谦相聚的欢声笑语，到夜半闻敲门的惊心动魄；从军警抓人的山雨欲来，到柳亚子藏身复壁的柳暗花明……学生表演精彩纷呈，引人入胜。

苏州市吴江区教育局艺术教研员王展鹏评价："学生的表演惟妙惟肖！剧本虽短，但人物心理活动复杂，排演很有难度。"柳亚子纪念馆馆长感慨："我们都知道柳亚子'复壁脱险'的故事，但今天小南社把它演活了。话剧的成功在于小南社善于从乡土文化中寻找资源，这种做法让下一代了解家乡、热爱家乡。"

"让课程扎根"是松陵一中实施小南社课程的重要理念，学校团委书记刘亚萍告诉记者，指导教师以南社相关人物为线索，引导学生深入挖掘与故乡有关的历史故事，让学生深刻体会南社精神。

对学生孙城德而言，家乡诗人柳亚子一直是童年的记忆，但也仅限于知道柳亚子故居和"爱国诗人"身份而已。参加小南社活动后，孙城德收获颇多："《毛柳唱和》的朗诵活动，让我认识到柳亚子卓越的诗词才华；听松陵一中校友的《柳亚子与毛泽东》讲座，让我体会到柳亚子和毛泽东的深厚友谊；参观吴江博物馆《柳亚子诞辰130周年纪念展》，让我全面了解了柳亚子一生的贡献和影响力。现在，我心中柳亚子的形象更丰满了。"

学生裴文豪给记者讲述了研究吴江文化人物郑式如家谱的活动。"我们6人一组，对郑家成员的关系进行梳理并绘制'家谱树'，绘制过程中发现郑重、陈省身、郑兰荪等郑家成员一生致力于科学和教育事业，我们也决心学习这种精神，回馈家乡、报效祖国。"

"南社精神至少包括爱国精神和专业精神，在小南社课程中，爱国精神自然是要贯穿始终的，但他们也没有忘记继承南社代表人物的专业精神。"吴江区南社研究会会长俞前这样阐述松陵一中传承的南社精神。从南社精神中提炼出的爱国精神和专业精神都指向学生的核心素养，钮烨烨表示，课程开设的目的不仅是让学生获取知识，更重要的是培养他们的综合素质和能力。

小南社课程以南社为主题，聚合了地域文化资源、学科学习、能力训练等诸多要素。苏州市教研室教研员徐燕萍告诉记者："小南社课程为学生搭建了职业体验等实践平台，帮助学生学会学习、学会认知、学会活动。"小南社以南社为独特视域，致力于继承中华优秀传统文化，但对于其教育内涵而言，不仅是"法古追远、绳其祖武"，更走上了一条与时俱进、推陈出新的道路。

资料来源

金锐.传统文化怎么进校园？围绕"南社"做文章[N].中国教师报，2018-01-17.

二、案例（材料）点评

（一）适用范围

本案例适用于第七章"课程"中第二节"课程开发"内容的教学，具体包括课程内容的选择与组织，课程实施与课程评价等。中华优秀传统文化是中国特色社会主义教育和中国梦宣传教育的重要组成部分，是构建中华优秀传统文化传承体系，推动文化传承创新的重要路径。对优秀传统文化内容进行科学的课程开发和实施，有利于推动优秀传统文化进校园。

（二）思政元素

1. 感受传统文化的魅力，树立文化自信

南社是近代中国著名的文化社团，百年后又出现与其遥相呼应的社团——小南社。小南社以中国古典诗词为主，开设的课程丰富多彩，有助于激发学生对于中国古典文化的热情，树立文化自信。

2. 坚持爱国主义的社会主义核心价值观，为祖国发展贡献自己的力量

在小南社中，学生对于人物经历的了解有助于他们爱国精神的培养。如学生在了解吴江文化人物时被他们的精神所感动，也决心学习这种精神，回馈家乡、报效祖国。

3. 传承优秀传统文化的同时融合现代社会的特点，与时俱进，推陈出新

小南社以南社为独特视域，致力于继承中华优秀传统文化。但对于其教育内涵而言，它聚合了地域文化资源、学科学习、能力训练等诸多要素，为新时代的培养目标服务，走上了一条与时俱进、推陈出新的道路。

（三）课程思政教学目标

1. 知识目标

借助案例分析，学生认识到坚定中国特色社会主义的文化自信的必要性，正确看待我国的传统文化。在小南社中，学生感受到古典文化诗词的美，对我国优秀的传统文化有正确的认知。

2. 能力目标

借助案例分析，学生能够感受到传统文化的魅力，自觉加入到传承优秀传统文化的队伍中来，能积极踊跃地参加各类弘扬优秀传统文化的活动。

3. 情感目标

借助案例分析，学生拥有强烈的民族自豪感，为家乡、为国家的优秀文化感到自豪。同时也意识到要将优秀的古典诗词文化与现代社会相结合，推陈出新，勇于承担起文化传承的重任。

（四）相关经验总结

教师在讲解案例时可以插入一些小南社同学们朗诵、话剧表演以及新闻采访时的片段，更能让学生感受到优秀传统文化发扬光大、受到欢迎的氛围。也可以提问学生他们有没有相关与传统文化接触的经历。

学生在分析案例的过程中被小南社学生的学习热情和氛围打动，感受到我国优秀传统文化的魅力，也立志要做优秀传统文化的传承者和创新者。

案例二　厚植爱国主义"田园"土壤

一、案例（材料）简介

一所普通的乡村小学——山东省郓城县黄岗小学，近年来以乡村田园课程建设为抓手，在办出有影响力的乡村教育的同时，也让爱国主义教育全方位、全过程融入田园课程建设之中。

开发田园课程　爱国主义教育添新翼

学校爱国主义教育是全方位的，具体落实靠的是学校爱国主义教育的综合实施。其中，课程建设应该是爱国主义教育的重要阵地。黄岗小学的课程建设不仅充分利用乡土和田园资源丰富了课堂教学，而且让爱国主义教育伴随课程开发厚植在乡村大地。

小玉米，大设计。学校去年在百果园内种植了不少玉米，整个过程从种植到管理都是学生完成。借助庆祝中华人民共和国成立70周年之机，学生用丰收的玉米做元素，制作方案、设计造型、摆放玉米、悬挂国旗整个过程，学生精心准备，忙而有序。终于，一场别开生面的庆祝仪式开始了。全体学生进入程序——正中间是一个用玉米摆放而成的"心"形图案，图案里是"1949—2019"数字，两面是用玉米摆出的"我爱中国"四个大字，前面是四个学生手持国旗庄严站立，还有数十名学生摆出"中国"字造型，其余学生围在四周，在国歌高唱中爱国情怀油然而生。

一次平常的收玉米活动，演变成一场爱国主义教育的盛宴，让人惊喜。

小葫芦，大情怀。《七彩葫芦课程》是黄岗小学精品课程之一，分为十个章节，在设计课程的时候，多个章节就融入了爱国主义教育内容。比如《赏葫芦》章节有"葫芦架下讲革命英烈故事比赛"，《写葫芦》章节有"搜集并书写关于葫芦的革命故事"要求。当地乡村葫芦馆也有很多爱国主义教育内容。葫芦馆分别呈现十二生肖、二十四节气等，还有"文明少年""一带一路"和"阳光路上"等展区，特别是"阳光路上"把社会主义核心价值观用葫芦展示出来，学生在画、写、说的过程中爱国、爱党的情怀油然而生。

拓宽田园课程　爱国主义教育注新能

田园小舞台，深情颂党恩。在黄岗小学校园内田园正中间，有一个直径6米的圆形小舞台，看上去像一面躺着的石鼓，鼓面是黄色的，周围是红色的，特别漂亮。这面石鼓作为学生的展示台，不仅仅供学生个人表演，还有许多集体活动都在这里举行。其中，唱红色歌曲、讲革命故事、朗诵爱国诗歌是演出的主要内容，这里还会经常举办各类以爱国主义为专题的展示活动。

贫困户吃上了免费蔬菜。学校一年四季都有蔬菜种植，春天的油菜菠菜、夏天的黄瓜辣椒、秋天的白菜萝卜、冬天的莲藕山药种植蔬菜让学生得到了劳动锻炼，学到了科学知识，也为他们表达爱心提供了机遇。每次收获完毕，把最好、最新鲜的蔬菜送给村子里的贫困户是很平常的事情。村里几乎每个贫困家庭都吃过学生送去的蔬菜。在获得村民高度评价的同时，村委会的干部也给予了表扬，他们还给学生发放了"爱心少年""最美乡村少年"等奖状和证书。

推进田园课程　爱国主义教育加新力

田园情景剧，让思想品德课教学有了新模式。去年5月16日，一场特殊的情景剧表演在黄岗小学操场上演。这场名为《流浪猫的故事》的情景剧，演员和观众都是黄岗小学的学生，而脚本内容就来自于发生在田园学校的一个真实故事。

学校田园图形中间有一个睡莲池，里面有学生养的金鱼。一只流浪猫也会和学生一样经常到那里，有时垂涎欲滴地看着水池内的鱼儿，这时学生会把流浪猫赶跑。一天，流浪猫淹死在睡莲池内，学生以为是流浪猫偷吃金鱼被淹死的，后来看了监控才发现：这只流浪猫是为了自己的"小猫"才去抓鱼的。学校就根据这个感人的故事改编成了情景剧《流浪猫的故事》。情景剧还根据当下的幸福生活与伊拉克、叙利亚等流浪难民的悲惨命运对比，让学生明白不仅要感恩母亲，更要感恩祖国，只有国家强大了，才能让我们拥有幸福的家。

此外，学校还根据真实故事编排了《牛粪的心灵是美的》劳动情景剧，《可怜又可恨的鸭子》防校园欺凌情景剧，《我们要做"四德"人》文明做人情景剧，用创新的思政教育模式开展广泛的教育活动。

夯实田园课程　爱国主义教育添保障

课程建设离不开教师的专业发展，教师的专业发展离不开党性教育，全面贯彻党的教育方针，党建工作一定要走在前。

伴随着田园课程开发，学校及时融入党性教育，通过各种活动培养入党积极分子。在课程设计之初就提出了要把爱党、爱国家、爱社会主义教育内容添加到田园课程建设的每一个章节、每一个门类。不管是理论灌输还是故事展现，又或是活动开展，在潜移默化中，教师的自觉性越来越高，同时由于田园课程的开发，学校办学品质逐渐提升，教师的职业幸福感也逐渐增强。他们发现，课程开发离不开党建，于是他们积极向党组织靠拢，最近一年多就有12位教师写了入党申请书。

学校成立了党支部。要求入党的教师越来越多，学校就把教师组织起来，集体上党课。严格自我要求、不断自我提升成为学校的主流风气，学校成了远近闻名的党性教育示范窗口，也建起了黄岗小学党支部。学校定期开展党组织活动，很多都是聚焦课程建设的。

可以说，田园课程的开发，很好地促进了学校党建工作的开展，不仅落实了学生的劳动教育，也让爱国主义教育全方位促进了师生的发展。

资料来源

杨其山，陈魁霞.厚植爱国主义"田园"土壤［N］.中国教师报，2020-08-19.

二、案例（材料）点评

（一）适用范围

本案例适用于第七章"课程"中的内容教学，主要包括校本课程的开发、实施和评价等。

热爱祖国是每个人应该具有的公民道德之一，爱国主义教育是学校教育的重要内容，积极开发爱国主义相关的课程资源，并进行有效的实施，能帮助青少年学生形成热爱祖国的情感。

（二）思政元素

1. 积极弘扬爱国精神，从小事着手感恩祖国伟大

爱国主义是中华民族的优良传统和民族精神的核心内容，构成了中华民族几千年来生生不息的发展动力。爱国主义的基本要求是发自内心地维护国家主权、统一和尊严，自觉融入推动国家经济社会发展的实践当中。弘扬爱国主义，不要求多么的惊天动地，爱国并不抽象，也并不遥远。它不仅体现在国家安危、民族存亡时刻的奋不顾身，也体现在我们日常生活中的一点一滴、一言一行。我们普通人的爱国情怀也许无法用轰轰烈烈的方式来表达，却可以从身边的小事做起，

正如田园课程的设计加入爱国内容一样，把爱国之心、报国之志转化为具体、实在的行动，在点滴的生活细节中彰显爱国情怀。

2. 积极弘扬爱国精神，要做到热爱劳动与教育相结合

中华民族热爱劳动，勤俭节约的传统美德，值得我们传承和发扬。劳动教育是国民教育体系的重要内容，是学生成长的必要途径，具有树德、增智、强体、育美的综合育人价值。正如田园课程中，学生们在劳动中总结经验，学习知识和做人的良好品德。因此要深刻认识到教育要做到与生产劳动相结合，才能更好地培育出德智体美劳全面发展的社会主义的建设者和接班人。

3. 积极弘扬爱国精神，在实践中不断改革创新

习近平总书记曾谈到，实现中国梦必须弘扬中国精神，这就是以爱国主义为核心的民族精神，以改革创新为核心的时代精神。这种精神是凝心聚力的兴国之魂，强国之魂。从案例中我们能够看到在田园课程设计的创新和用心，也能够从中受到启发，只有不断创新才能脱颖而出，才能掌握核心竞争力，使国家变得强大，立于世界强国之林。

（三）课程思政教学目标

1. 知识目标

通过案例学习，教师要引导学生进行交流，从而真正明白爱国精神真实内涵和弘扬爱国精神的意义，并从案例中总结出弘扬爱国精神方式。

2. 能力目标

通过案例学习，作为一名大学生应当把爱国主义真正放在心中，要确立报国的崇高志向，勤奋学习专业知识，踏实进取，为祖国建设贡献自己的才能；作为一名未来的教育者，要在教学实践中，不断地熏陶爱国思想，培育出为国家的繁荣富强而不断奋斗的优秀人才，努力实现中华民族的伟大复兴。

3. 情感目标

通过案例学习，让学生从案例材料中体会到浓浓的爱国情感，明白中华民族之所以悠久和伟大，是因为爱国主义作为一种精神支柱和精神财富起了重要作用，并从案例当中的田园课程受到启发，明白爱国情感是发自内心的，是处处可见的，并努力将爱国情感渗透进日后的教学工作和生活中。

（四）相关经验总结

在教学实践中，首先，教师要在讲解课程知识前引导学生观看案例材料；然后在课堂上分析材料案例，和学生一起共同交流感想，对案例中的思政元素进行

讨论；最后老师对交流讨论的结果进行评价总结。

学生通过案例学习明白弘扬爱国主义精神，必须尊重和传承中华民族历史和文化。对祖国悠久历史、深厚文化的理解和接受，是人们爱国主义情感培育和发展的重要条件。弘扬爱国主义精神，必须坚持立足民族又面向世界。弘扬伟大的中华民族精神，高举爱国主义旗帜，锐意进取，自强不息，艰苦奋斗，顽强拼搏，真正把爱国之志变成报国之行。今天为振兴中华而勤奋学习，明天为创造祖国辉煌未来贡献自己的力量。

案例三　北京市第四中学——价值引领学校课程

一、案例（材料）简介

党中央提出的社会主义核心价值观正是素质教育的落实要求。北京市第四中学（下文简称"北京四中"）始终把文化建设、价值观引领作为课程建设的基础和核心，进一步继承与创新百年四中的传统文化，努力形成有助于创新后备人才成长的学校课程文化。

（一）通向未来素质教育的学校教育价值体系

根据国家相关文件精神，我校提出"北京四中教育价值体系"，指出学校教育教学活动应当渗透生命教育、生活教育、职业教育、社会教育。该体系有利于将德育与教学更好地融为一体，内容涵盖更加全面和广泛，更具层次性，更易于在教学中体现和渗透，可以更鲜明地体现以人为本、促进人的全面发展的价值指向，并且更加符合世界教育发展的主流价值取向。它能具体指导我们落实社会主义核心价值观教育，是对以往教育教学传统的总结提升，也是未来素质教育的方向。

北京四中是北京市第一批自主课程实验学校。多年来，在上级主管部门的领导及专家的指导下，立足学校实际发挥名校优势，以社会主义核心价值观引领学校课程建设，以教育科研为先导，制度创新为手段，技术发展为保障，通过构建特色鲜明、充满活力的学校课程体系和管理体系，营造和谐的校园文化氛围，促进学生全面而有个性的发展，提高教师的专业化发展水平，从而全面提升四中的办学质量。

（二）培养杰出中国人的学校课程建设

在进入高中新课改阶段以后，学校首先制定了课程建设总体目标：以人文教育为基础，以科技教育为特色，培养学生善良的人性和科学的理性，不断拓宽学生的国际视野，提高学生的文化融通能力，促进学生自主、多元、和谐的发展，培养杰出的中国人。

在新中考、新高考背景下，学校课程建设研究的实验，按照教育部、北京市和西城区的整体规划，结合学校实际，遵循三个原则：一是科研引领。认真研究教育部、北京市教委关于新中高考、新课程、新课标等有关重要文件，结合学校的实际，开展学校课程建设各项工作的研究，强化科研意识，提高科研能力，在研究的基础上制定各项工作的实施方案，使学校课程建设在不断深化的同时走向更科学化的轨道。二是积极稳妥。学校课程建设实验是一项复杂的系统工程，涉及学校工作的各个方面，这需要学校有统一的部署，需要调动全体教职员工的积极性，在思想高度统一的基础上，扎实稳妥地推进课程建设。三是开拓创新。学校课程建设需要新理念、新思维，更需要创造性地将这些新理念、新思维与学校的实际工作相结合，在实践中不断解放思想，创造性地解决好课程建设过程中可能会遇到的问题。

学校课程建设的基本思路可以总结为"三个坚持"和"四个结合"。即坚持北京四中课程建设总目标——"培养杰出的中国人，建设世界一流学校"，坚持以社会主义核心价值观引领北京四中"人文基础，科技特色，多元发展"课程建设的理念，坚持以"马克思主义认识论和全面发展学说"为课程建设的理论基础；在课程建设中"把人文教育与科技教育紧密结合起来，把拔尖创新后备人才培养的探索与全体学生的多元发展结合起来，把转变教师的教育行为和改变学生的学习方式结合起来，把课程体系、结构、内容的构建与教学环节、课程评价、课程管理结合起来"。

在这样的基本思路下，北京四中构建了学校课程实验建设"一个基础、两大体系、三个系统、四个平台"的框架。即以马克思主义认识论和全面发展学说为课程建设理论基础，构建了学校课程目标和课程结构两大体系，不断完善了课程实施系统、课程支持系统和课程资源开发系统，对于课程建设的某些热点和难点以特色班为试验平台先行探索。适应新的形势，在原基础上努力构建"价值引领、人文基础、科技特色、多元发展"四中特色课程体系，并取得了较好的实践效果。

（三）激发责任感和使命感的有效课堂与综合实践

学校特别关注课堂教学的有效性，提出四中"有效课堂"应关注的四个问题：备课时您想到学校的培养目标或学生的发展目标了吗？怎样使学生快速高效地掌握知识或怎样激发学生主动学习和进取？在课堂上怎样体现人文教育和科学思想教育？教师在课堂教学中怎样理解并实践体现生命教育、生活教育、职业教育和社会教育的全面育人？

学校努力建立新的师生教与学行为模式，设置"情境化问题"的课堂教学模式，以"问题意识""思维能力"的培养为核心，以"体验性、过程性、发展性"为主要特征，形成师生互动的研讨形式。课程实施中教学方式进一步丰富和转变，突出探索了三种形式的特色课堂：探究性课堂、体验性课堂和自主性课堂，在自主课程实验中学校特色进一步凸显，学校风气活泼，学生生动成长，特别是大量选修课表现了学生的个性，促进了学生的多元发展。

综合实践课程是国家课程的重要组成部分。学校在其开设过程中，进行了许多富有特色和开创性的探索。比如，学校每名学生必须完成16个学分的综合实践课程。一是考察探究活动共6学分，以社会调查、科学实验、野外考察为主进行研究性学习，包括在完成至少两个课题或项目，进行校内的外出游学、科考、竞赛比赛、科技活动等学生实践活动等。二是社会服务活动共6学分，以公益活动、志愿服务为主，三年不少于30个工作日。三是职业体验活动共3学分，以军训、各种职业实习见习为主。四是党团教育活动共1学分。这些课程的开发极大激发了学生身上的责任感和使命感，使他们开始真正地思考自己努力的方向和所追求的人生价值。

资料来源

谭小青.北京市第四中学——价值引领学校课程［N］.中国教育报，2019-10-29.

二、案例（材料）点评

（一）适用范围

本案例适用于第七章"课程"中第一节"课程概述"和第二节"课程开发"内容的教学。课程是学校教育系统的核心要素，是社会主导教育价值观念的具体体系和集中反映。学校通过课程的设计、实施等环节将教育的内容传递给学生，为社会主义现代化建设培养德智体美劳全面发展的人才。

（二）思政元素

1.弘扬社会主义核心价值观，培养担当民族复兴大任的时代新人

积极培育和践行社会主义核心价值观，对于巩固马克思主义在意识形态领域的指导地位、促进人的全面发展、实现中华民族伟大复兴中国梦具有重要现实意义和深远历史意义。

2.坚持育人为本、德育为先，培养学生良好行为习惯

"北京四中教育价值体系"很好地将德育与教学融为一体，更为鲜明地体现了以人为本、促进人的全面发展的育人价值，符合素质教育的基本要求。

3.不断解放思想、与时俱进，促进学生全面发展

案例中的学校不断完善了课程实施系统、设置"情境化问题"的课堂教学模式以及综合实践课程，为学生提供了多样的发展平台，助力学生全面发展。

（三）课程思政教学目标

1.知识目标

借助案例分析，学生熟记社会主义核心价值观的内容并且明确践行的必要性。了解要实现教育目标必须重视课程体系的建设和完善。

2.能力目标

借助案例分析，学生能够自觉在学习和生活中践行社会主义核心价值观，能够在今后的教学实践中将价值观融入教育全过程，落实好立德树人的根本任务。

3.情感目标

借助案例分析，学生真切感受到培育和践行社会主义核心价值观的重要现实意义和深远历史意义，高度认同这一正确的价值取向。

（四）相关经验总结

教师在课前可以布置学生了解不同时期、不同国家的人们所秉持的社会主义核心价值观；在课堂上老师引导同学们先就中国古人的社会主义核心价值观进行讨论，鼓励同学们积极分享观点和看法，并在此基础上对社会主义核心价值观进行深入讲解。

学生沉浸在教师营造的古今对比的氛围中，更能深切感受到社会主义核心价值观的正确性和坚持践行的必要性，坚持从现在做起、从自己做起，使社会主义核心价值观成为自己的基本遵循。

案例四　健全学校美育课程体系

一、案例（材料）简介

学校美育在国民审美素养发展中起着至关重要的奠基性作用。近年来，党中央、国务院高度重视学校美育工作。习近平总书记在全国教育大会上强调，要全面加强和改进学校美育，坚持以美育人、以文化人，提高学生审美和人文素养。习近平总书记在给中央美术学院老教授的回信中指出，做好美育工作，要坚持立德树人，扎根时代生活，遵循美育特点，弘扬中华美育精神，让祖国青年一代身心都健康成长。这对于美育研究者和实践者来说无疑是一针强心剂，同时也对当前学校美育工作提出了新的更高要求。探索学校美育新的目标定位和内容途径，健全学校美育课程体系，真正发挥美育促进个体和社会发展的功能，是美育研究和实践的重要主题。

（一）以艺术课程为主体

艺术被普遍认为是美的集中表现。尽管美育不等同于艺术教育，但艺术教育的确是开展学校美育最主要的内容和最基本的途径。学校美育课程应以艺术课程为主体，重点培育学生艺术能力和人文精神，切忌将艺术课程知识化、技能化、表演化。

在课程设置方面，在开设音乐、美术、书法课程基础上，创造条件增设舞蹈、戏剧等学科课程。学校艺术课程应包括音乐、美术、书法、舞蹈、戏剧、影视等内容。但现实中，舞蹈、戏剧等艺术门类长期缺位于学校艺术教育。其实，无论是舞蹈还是戏剧，都是一门综合艺术形式。舞蹈是以人的肢体活动为媒介进行的表演艺术；戏剧是以语言、动作、舞美、音乐综合表达人们思想情感的艺术形式。在保证当前学校艺术课程能够开齐开足的基础上，纳入舞蹈、戏剧、影视等课程，有利于学生艺术通感和审美联觉的培养，从视、听、动多感官多方面陶冶学生的审美情趣，提高学生的审美能力。

在课程内容方面，在艺术经典教育的基础上，融入地域特色艺术、世界各民族艺术和现当代艺术。艺术课程应突破原有的经典、高雅美学范型，呈现多元审美立场。一方面，艺术课程有义务和责任传承中华优秀传统审美文化，着力普及书法、篆刻、戏曲等艺术门类，弘扬中华美育的独特精神，如"外师造化，中得心源"的创作方式、"天人合一"的审美观念等，让学生形成深厚的民族情感。

另一方面，艺术课程应开发具有地域特色的地方、校本美育课程。艺术人类学的研究表明，一些少数民族艺术、部落艺术丝毫不逊色于传统的经典艺术，甚至其许多审美艺术活动更符合人的审美本性。另外，现当代艺术所传递的先锋意识也有利于学生批判性思维能力的养成和自我意义的建构。总之，多元的艺术课程可以使学生拥有更开阔的眼光和更宽广的胸怀，实现美育增强民族认同和文化理解的价值。

在课程目标方面，在培养学生艺术感知欣赏和创作表达能力的过程中，有意识地渗透艺术哲学、艺术史和艺术批评等艺术学科要素。艺术课程应该让学生通过接触人类历史上出现过的丰富艺术形式和经典作品，了解艺术的产生与人类文明进程以及与社会政治、经济文化之间的关系，引导学生不仅能对色彩、线条、旋律、和声等艺术形式进行把握，更能对艺术作品的形式意味、价值和意义作出评价。对于"什么是艺术""为什么需要艺术""艺术与生活之间的关系"等美学问题的思考也是艺术教育中不可或缺的部分。通过艺术哲学、艺术史和艺术批评等艺术学科要素的渗透，让学生明白艺术教育不仅仅是知识技法的教育，更是可以提升审美和人文素养的教育。

（二）以学科渗透融合及环境隐性美育为辅助

要实现以美育人、以美化人、以美培人的育人目标，促进学生全面发展，仅靠艺术教育还不够，更需要着力构建学校美育共同体。

在各学科教育中渗透美育。美育的使命不仅仅由单纯的艺术教育、专门的艺术教师来承担，其他学科教师也应自觉承担美育的任务。中共中央办公厅、国务院办公厅印发的《关于全面加强和改进新时代学校美育工作的意见》特别强调，将美育贯穿在学校人才培养全过程，渗透在各学科之中。挖掘和运用不同学科所蕴含的丰富美育资源，如语文、历史等人文学科中的语言美、礼乐美，数学、物理等自然学科中的科学美、秩序美，品德、体育学科中的心灵美、健康美等。美育向其他学科的渗透不仅体现在充分挖掘其他学科课程的审美元素，更体现在建构师生能够进行自由交流和创造的教育情境，实现教育教学过程的真正审美化。

加强学科之间的融合。一是艺术学科内部的融合。传统学校艺术教育已经形成音乐、美术双科为主的格局，分科式的艺术课程很容易使学生原本统合的艺术感觉被分割，造成学生艺术通感和人文素养的弱化。艺术教育需要恢复艺术本身的丰富性和联系性，让学生在音乐、美术、舞蹈、戏剧等诸多艺术门类的有机联系中充分感受到多种艺术的交流、碰撞和互补，促进听觉、视觉、形体、言语四大能力发展，获得更加丰富的审美体验和艺术感悟。二是艺术学科与其他学科之间的整合。加强艺术学科与其他学科的整合，有利于实现学生人文艺术素养和科学素养的整体发展。如时下兴起的STEAM课程（S代表科学、T代表技术、E代表工程、A代表艺术、M代表数学），就是围绕特定主题，将这些学科内容进行整合的创意实践，很好地实现了艺术与科学、人文与技术、思维与操作的整合，促进了学生的全面发展。

发挥教育空间的隐性美育功能。法国马克思主义批判哲学家列斐伏尔的空间批判理论认为，物质的、社会的空间生产了人的抽象无形的精神空间。对于学校来说，教育空间与所处其中的学生的互动关系，必然也生产出作用于人的隐性影响因素。因此，创造一个对学生审美素养发展起到潜移默化作用的教育空间十分重要。在艺术教室设计以及校园、班级文化建设中，应改变过往同质化、缺乏艺术性的空间布置模式，依据审美艺术的法则和学生个性需求，构建真正具有艺术化、人文化和个性化的学校空间环境，让社会主义核心价值观、中华优秀传统文化基因通过校园文化环境浸润学生心田，以美感人，以景育人。

（三）以生活美育课程为拓展

当代社会一个最重要的特征就是审美、艺术与生活之间的隔阂不断被打破，生活与审美的关系越来越紧密。拓展生活美育类课程，培养学生良好的生活审美素养也应该成为学校美育课程新的内容和目标。其实，中国古代一直就有"生活美育"的传统，如近代美育先行者蔡元培先生就认为儒家六艺之教中有五艺与"美"相关。他说："吾国古代教育，用礼、乐、射、御、书、数之六艺。乐为纯粹美育；书以记实，亦尚美观；射御在技术之熟练，而亦态度之娴雅；礼之本义在守规则，而其作用又在远鄙俗；盖自数之外，无不含有美育成分者。"而实际上，即便是数之规律也不乏美的性质。因此，中国儒家的六艺之教实则就是关乎生活经验而带有"美质"的全面教育。

当前学校美育应构筑包含生活美育课程的大美育体系。这类课程可以包括两部分。一部分是生活审美课程，内容可以涉及花艺茶艺、饮食美学、居住美学、服装美学等跟学生的衣食住行息息相关的生活美学，让学生既可以从这些看似"无用"的生活美学课程中培养生活的技能，又可以潜移默化地涵育美感，在欣赏美、创造美的过程中成为生活的"艺术家"。另一部分是有关生命美学的课程，内容可以包括对自我生命、自然生命的审美体验与思考，这部分内容可以和学校的品德、心理类课程实现整合。因为生活美育所倡导的审美化生活不只是在生活中拥有艺术、美化生活，更重要的是让学生实现生活态度的审美化，实现身心和谐；不仅是对个体生命的审美，还需要感受自然万物的生命之美，从而建立人与自然的和谐关系，并最终实现作为人的审美化生存，这也是美育的终极目标。

资料来源

王国东，易晓明.健全学校美育课程体系［Ｎ］.中国社会科学报，2020-12-28.

二、案例（材料）点评

（一）适用范围

本案例适用于第七章"课程"中第二节"课程开发"和第三节"课程改革"内容的教学。课程是指学校为了实现培养目标而选择的教育内容及其进程的总和。课程的开发和实施是学校的重要工作内容，具体包括课程目标的确定、课程内容的选择与组织、课程实施与评价等基本环节。

（二）思政元素

1.坚持以美育人、促进学生身心健康发展

促进学生德智体美劳全面发展，必须坚持"五育"并举，做好美育工作并遵循美育特点，既要体现地方美育特色又要紧跟时代发展趋势，让青年一代身心健康成长。

2.传承中华优秀传统审美文化，增强民族认同感和文化理解力

案例中的学习因地制宜重视艺术教育教学方式，探索简便有效、富有特色且符合实际的艺术教育方法，提高艺术教育的教育效果，切实提高了美育的教育教学质量。

3.提高人民的审美素养，不断完善中国美育体系

进入新时代，人们对于美的需要愈来愈强烈，实现作为人的审美化生存也是美育的终极目标。要使美育融入公众生活，提高全民审美素养。案例中的学校不断拓展生活美育类课程，促进了学生身心和谐发展。

（三）课程思政教学目标

1.知识目标

借助案例分析，学生明确实施美育的必要性，以及审美意识、提高审美能力对于提高生活质量的重要性。

2.能力目标

通过案例学习，学生在今后的教学实践中能够将美育贯穿教育教学全过程，主动培养学生发现美、感受美和鉴赏美的能力。

3.情感目标

通过案例学习，学生感受到美育对于人一生发展的无比重要性，产生对美育的高度认同感，产生将美育工作落实好的迫切感。

（四）相关经验总结

教师在讲解案例之前可以引导同学们思考并讨论"什么是美育？美育的价值是什么？实施美育的必要性？"之后可以做一个小调查：同学们在学校都接受过哪些美育熏陶？通过营造浓厚的学习氛围，让同学们感受到沉浸在美育讨论中的快乐感和愉悦感。

学生沉浸在教师营造的氛围中，更能深切感受到美育对于人一生发展所产生的重要且深远影响。同时作为新时代的新人，能够将美育放在与"德智体劳"育同等重要地位。

第八章

"教学"思政教学案例

案例一　赵菊慧：小县城里的"女先生"

一、案例（材料）简介

赵菊慧，甘肃省舟曲县第一中学语文教师，曾获甘肃省甘南藏族自治州高中同课异构教学竞赛三等奖、甘肃省弘扬楹联文化先进个人等荣誉。毕业于西北师范大学中文系的赵菊慧，大学期间便立志做一名教师。大学毕业后，赵菊慧来到贫困的舟曲县城任教，她让中华优秀传统文化中的美好旋律在课堂流淌，带着藏族学生和汉族学生一起唱诗词、写对联，共同沉浸在家乡风物和文化的浓郁熏陶之中。

无穷的远方，无数的人们，都和我有关

在赵菊慧当老师的第一年，春季学期刚开学，班里最贫困的小虎拿来手掌大小的一块儿腊肉。小虎说："是我娘让我给您的，已经煮熟了，您回去炒着吃。"赵菊慧的眼眶有些湿润，她没有推辞，收下了这份珍贵而特别的礼物。

赵菊慧当然知道这块腊肉的意义，也知道小虎有着怎样不幸的家庭和命运：早逝的父亲，操劳且已近花甲之年的母亲，哥哥姐姐都在外地打工供他上学，经济条件很不好，所以小虎有时候连早点都吃不上。刚参加工作的赵菊慧看在眼里、疼在心里，经常把面包、点心拿给小虎当早餐吃。

小虎没有辜负赵菊慧的期望，虽然遭遇不幸，但他成了一个既懂事又自强自立的孩子。作业永远写得工工整整，每次进出办公室都要向赵菊慧深深鞠躬。赵菊慧说："这个孩子降生在生活的深渊里，但他依然勤奋而努力。面对这样的孩子，我怎么可以不努力工作呢？"对孩子的可怜和关爱，也成为对赵菊慧的鞭策和勉励。

在赵菊慧看来，教育就意味着希望，意味着远方的梦想和光明。尤其对于舟曲这样一个贫困地区而言，教育可以帮助千千万万的孩子改变命运。"无穷的远方，无数的人们，都和我有关。"赵菊慧引用鲁迅的话来表达自己的教育情结。

康河的柔波，是课堂翩然流淌的旋律

爱美的赵菊慧，经常穿着旗袍上课，旁征博引，气质优雅，她说："爱美是人的天性，小地方的孩子也不例外，希望我可以带着他们一起发现美、寻找美、欣赏美。"

赵菊慧的课堂总是充满了美，翩然飘动着诗一般的旋律。为了让学生更好地理解《再别康桥》的意境，赵菊慧专门买了一个蓝牙小音响，播放了歌手李建翻唱的版本。她举着小音箱站在教室中央，美好的乐曲如泉水般流淌而出，如月光般倾泻而下，学生或闭目聆听，或凝神静思，那一刻是如此美好。

经常作诗填词的赵菊慧，到了教学古诗词环节更是得心应手。在赵菊慧的熏陶下，学生都知道诗词是可以唱的。当赵菊慧唱罢《琵琶行》一诗时，她的一个学生竟然说："老师，您唱得不是最好听的，杨荣菲会唱更好听的版本。"杨荣菲是个学习很好但有些腼腆的小女孩，在大家的鼓励下，她鼓起勇气站起来，竟然把《琵琶行》全文唱了下来。赵菊慧感慨道："全班学生都受到她的感染，当听到'莫辞更坐弹一曲，为君翻作琵琶行'这几句时，大家不由自主地一起合唱，被那种知音寥落的慨叹深深打动了。"

听着雪花飘落的声音，在翠峰山顶写诗

在一节语文课上，为了锻炼学生遣词造句的能力，赵菊慧给他们讲了明代才子解缙的巧对故事"门对千竿竹，家藏万卷书"。据说，解缙对门的财主因自家竹子被"借景"而大为恼火，把竹子全部截短。赵菊慧便让学生替解缙想办法，对联应该怎样改。

学生兴致勃勃地讨论起来，仿佛自己都化身为明代的解缙才子一般。

"老师，你教我们对对联吧""我们还要学诗词"不知是谁先喊了一句，接着全班学生都喊了起来。

"通过诗词、对联这些精美的古典文学，培养学生的文化素养、写作能力、阅读兴趣、审美体验，这是我一直想做的事情。"回想起学生殷切期望的场景，赵菊慧说道。尽管有很多困难和顾虑，赵菊慧还是决定试试，她一直认为语文教学不能只关注知识摄取，更重要的是在语言文化的环境中汲取养分。她干脆把课堂搬到教室外，带着学生找寻舟曲街廊、商铺、景区悬挂的对联，分析其中的对仗和声律规则。从《声律启蒙》《笠翁对韵》到简短的五七言练习，学生的创作水平越来越高，赵菊慧开始让学生尝试专题创作。

虽然赵菊慧日常工作十分繁重，但她还是担任了课外社团的辅导教师，与学生一起写对联、写诗词，从讲解知识、修改作品再到最终的编辑发表，赵菊慧都投入了大量心血。学生写传统节日、校园景物、雪花飘落、泥石流等自然灾害，笔触遍及生活的方方面面。"让文学走进生活，也让生活成为文学的素材。"赵菊慧说，"他们不仅越发喜爱古典文学，连作文水平也提高迅速，有不少学生的作品都发表在省级、国家级刊物上。"

赵菊慧还会依托舟曲当地的民俗文化、人文风景开展一些社团活动。比如巴寨乡五月有"朝水节"，是藏族祛病祈福的节日，赵菊慧找到图片、视频、文字，让学生感受乡民在曲纱瀑布中淋浴歌唱的氛围。"翠峰晚照"是舟曲古代"西固八景"之一，赵菊慧更是写了许多文章帮助学生深入了解。他们漫步于盘旋蜿蜒的山路，在碧草繁花之间轻歌曼舞、作诗填词。赵菊慧说，人文为乡土注入了灵魂，无论是脚下的舟曲县城，还是更广阔的祖国大地，只有触摸到乡土的灵魂，才会更加依恋乡土、热爱乡土。

在赵菊慧的影响下，舟曲的孩子也变得谈吐文雅、眼界开阔，"腹有诗书气自华"。赵菊慧用自己微薄的力量，在舟曲这块贫瘠而美丽的田野上耕耘着，这块田野上的小花小草也因她的耕耘而蓬勃向上、明艳动人。

资料来源

金锐.赵菊慧：小县城里的"女先生"［N］.中国教师报，2020-09-09.

二、案例（材料）点评

（一）适用范围

本案例适用于第八章"教学"内容的教学，包括教学的方法与教学的组织形式等。同时还适用于第九章"教师与学生"中第一节"教师"内容的教学，包括教师的职业与角色，教师专业发展等。

（二）思政元素

1. 积极引导学生树立正确理想信念，以扎根基层奉献青春为方向努力奋斗

习近平总书记指出，正确理想信念是教书育人、播种未来的指路明灯。理想是源头活水，是不竭动力，只有坚定理想，才能找准方向。作为一名老师应树立正确的教育理想，以赵菊慧老师为榜样，在贫瘠的土地上也能不懈耕耘，培育出明丽动人的花朵。

2. 倡导学生培养自身良好道德情操，提高自己的审美修养，以德立身以德施教

道德情操，是修为境界，是好老师成长的阶梯。习近平总书记在会议上强调，要加强师德师风建设，坚持教书与育人相统一，坚持言传和身教相统一。一个好的老师正如赵菊慧那般时刻要求自己保持优雅，德行美好高洁，才能做到潜移默化地影响熏陶学生。

3. 积极弘扬中华民族优秀传统文化，建立民族自信，热爱乡土歌颂祖国大好河山

文化自信是一个国家，一个民族发展中更基本、更深沉、更持久的力量。习近平曾提出"四个自信"，即中国特色社会主义的道路自信，理论自信，制度自信，文化自信。坚持文化自信就是要激发党和人民对中华优秀传统文化的历史自豪感。从赵菊慧老师影响学生热爱乡土热爱祖国山河的故事中，要有所启发，在教学和生活中弘扬中华文化，坚定文化自信。

（三）课程思政教学目标

1. 知识目标

通过案例学习，教师使学生明白树立理想信念的必要性和重要性，注重引导学生培养自身良好的道德情操，提升自我审美修养，强调文化自信的重要性，明白中国优秀的传统文化是文化自信的底气，积极弘扬中华优秀传统文化。

2. 能力目标

通过案例学习，教师要引导学生树立正确的理想信念，以奉献自我于教育事业为导向；重视德育，培养高尚的道德情操，在教学和生活中，以身作则，言传身教；大力弘扬中华优秀传统文化，了解热爱民族文化，在多元文化的社会中做到坚定文化自信。

3. 情感目标

通过案例学习，让学生体会到中华传统文化的优美动人，感受到赵菊慧老师

美好的道德情操，在资源贫瘠的土地上对学生的关爱以及谆谆教导，增进学生对民族文化的认同，对美好师德的追求，对奉献自我的肯定。

（四）相关经验总结

在教学实践中，首先，教师要在讲解知识前引导学生观看案例材料；然后在课堂上分析材料故事，和学生一起共同交流感想，感悟故事中人物的美好道德，明白理想信念的重要性，积极弘扬中华优秀传统文化坚定民族自信；最后，教师对学生交流的结果做一定点评和总结，并引导学生将这些美好品质加以内化。

学生通过案例的学习感受到中华文化传承弘扬的必要性，同时明白，作为一名好老师应该加强师德的培养，树立坚定的理想信念，在未来的教学和生活中不断提升自我修养，用自己的良好言行举止去影响他人。

案例二　创新实现有限教育的无限可能

一、案例（材料）简介

王玲莉，宁夏回族自治区银川市金凤区良田回民中学语文教师，金凤区级骨干教师，多次被评为金凤区优秀教师，曾获"一师一优课，一课一名师"部级优课。"隐藏"在"良田"的农村教师"玲儿姐"，在有限的条件与空间里，以自己的仁爱与智慧，为众多贫寒学子打开了无限的人生可能。

扶贫有智　假干部唤醒"宝贝"真斗志

王玲莉任教的银川市金凤区良田回民中学是一所移民学校，在校学生近2000人，其中回族学生占92%，主要来自原宁夏泾源县移民和现在彭阳县的生态移民——学校所在的良田镇就是重要的移民迁入地之一，辖区部分居民是当地的精准扶贫对象。

单亲家庭的禹彩虹是王玲莉所带2017届毕业生，初三时为了减轻家里负担，禹彩虹准备辍学外出打工。没想到，开学第一天王玲莉就以精准扶贫对口干部的身份上门了。其实，王玲莉"骗"了他们，她不是什么扶贫干部，只是以这个身份做掩饰，"名正言顺"地上门做工作、送钱粮，帮助禹彩虹重新回到学校。那时候的禹彩虹，突然觉得"王老师身上闪烁着光芒，有一种难以抑制的力量无法阻挡"，她想要"成为像她一样的人，去做和她一样的事"。

多年来，王玲莉所带班级因各种原因辍学生并不少见。不能总是以"扶贫干部"身份开展工作的王玲莉，便又想出了"宝贝计划"——她自掏腰包，以政府奖励家长的名义，帮助女孩重返校园。在她工作的 7 年时间里，先后资助学校 60 余名学生，为了消除学生接受资助的压力和顾虑，王玲莉总是"编造"各种各样的项目、计划。当学生得知后，她又像邻家大姐一样悉心开导，并告诉学生：不要感谢她，只要长大后成为对社会有用的人就是对她最好的回报。她觉得，资助孩子的学业是教师工作的一部分，为教育作贡献最好的呈现方式就是以身作则。

而她带过的学生，多年后仍然对她充满感激，并且满怀前进的勇气和对社会的善意。

教学有模　创课王建构"5+5+2"新课堂

语文课怎么上？年轻的王玲莉有她自己的一套"哲学"。善于钻研的王玲莉逐渐将她的语文教学结构固定化，形成了"5+5+2"教学模式——这是在确保学生主体地位的前提下，将教学内容、教学环节、学生构成模式进行重构的教学方式。其中，在教学内容上，50% 阅读（包括课内课外）+50% 写作（包括写与说）+20% 课内知识（100% 课内教学内容）；在教学环节上，50% 思考与实践 +50% 小组合作 +20% 教师引导；在学生构成上，根据学生优势互补原则 5 人一组 + 听说读写行 5 个维度 + 组间竞争与个人积分 2 种呈现方式。可以说，"5+5+2"教学模式是王玲莉大语文观建立的全新体验。再加上"诗意·人生"唱诗阅读体验模式，"微课 +X"课堂教学探索，王玲莉为自己的大语文建构了完整的教学谱系。

王玲莉还将这些经验或创课想法分享给教研组里其他教师，听取意见，弥补不足。也因为她的想法多、创意好，曾被戏称为"课王"。学生就在她的影响下爱上了阅读，爱上了诗歌，也获得了全新的人生体验，感受到生活的美好。"扶贫"更得"扶志"，在王玲莉的语文课堂上得到了充分诠释。

育人有道　小达人开拓"诗意"大人生

作为班主任，学生都喜欢她上的班会课；除了诵读，她会带着学生把诗词谱曲唱出来，让学习走向了诗意；寒暑假，学生每天都期待与她的互动，渴望她布置不一样的趣味作业；学生也喜欢她倡导的"抱抱"文化，期待老师爱的"抱抱"。从走上讲台的那一刻开始，王玲莉带着朴素的育人情怀，将立德树人的理念渗入到自己的教育教学工作中，并不断探索怎样将理念付诸行动。几年下来，分享教学经验，撰写研究文章，参加课堂展示活动，围绕上课的实践多了，她便成了同事眼中的"达人"。而"达人"王玲莉被学生亲切地称为"玲儿姐"。而在她眼里，每个学生都是天使，每个学生都有优点，她从不吝啬夸奖，哪怕学生有一点点进步，她都会买奖状、发奖品。她相信，只要真心关爱孩子、尊重孩子、宽容孩子，真诚对待他们，就一定能找到开启学生心灵的"钥匙"。

成长有得勇战士 "脱胎换骨"谋作为

2020年的新冠肺炎疫情，王玲莉开始研究"空中课堂"。在语文"综合性学习：古诗苑漫步"的唱诗环节，王玲莉找到了灵感。她动员丈夫孙旭为诗词谱曲配乐，然后再试音、录课那段时间，王玲莉的微课成为"空中课堂"中的一道风景。

一个多月时间，11节省（区）级课程、23节县区级课程录制，王玲莉深知这不是她一个人在战斗。在那段高压状态下，含着速效救心丸工作的王玲莉，回头看时却发现自己有了"脱胎换骨"式的成长。

这样的专业成长，贯穿在她职业生涯的诸多"战场"上。从2017年"自治区第一届中学语文教育教学研究成果"初中组论文一等奖，到连续两年获得"中考模拟卷研讨"评选一等奖，再到"一师一优课，一课一名师"部级、市级连续获得一等奖，王玲莉不断用"好课"证明自己。同时她还带领学生一起"突围"，2017年班级中考语文成绩位列金凤区第一名，她指导的7名学生先后获得银川市作文比赛一等奖，2018年、2019年连续两年指导学生获得银川市课本剧比赛一等奖第一名。

那个丈夫孙旭眼中的"清泉"，同事王晓娟笔下的"暖阳"，学生眼中美丽的"玲儿姐"，疫情面前的"战士"，就是藏身"良田"始终"发光发热"的王玲莉。

资料来源

韩世文.王玲莉：有限教育无限可能［N］.中国教师报，2020-09-09.

二、案例（材料）点评

（一）适用范围

本案例适用于第八章"教学"中第三节"教学实施"内容的教学，具体包括教学环节、教学方法以及教学组织形式等。同时还适用于第九章"教师与学生"中第二节"班主任"内容的教学，具体包括班主任的角色与作用、班主任的任务与职责以及班主任的班级管理等相关内容。

（二）思政元素

1.积极引导学生树立扶危济困的公德意识

扶危济困是中华民族的传统美德，也是构建和谐社会的基础，是劳动人民在长期共同的劳动、生活中，培养的互相支持、互相帮助，以帮助他人为荣，以解人之危为乐的一种高尚的道德品质、情操和行为。作为社会主义的建设者，我们要支持推进党和国家的扶贫工作，树立自己的扶贫意识，大力弘扬中华民族乐善好施、扶危济困的传统美德，救助社会困难群体，促进社会公平与人类进步；同时作为一名老师也要保持一颗仁爱之心，尽自己所能去关心关爱每一位学生，帮助他们个性健康地成长，成为社会主义现代化的建设者和接班人。

2. 激励学生努力培养自力更生、自主创新精神

创新是一个民族进步的灵魂，是国家兴旺发达的不竭动力。在这个飞速发展的国际社会，唯创新者进，唯创新者强，唯创新者胜，才能像王玲莉一样，在自己的工作育人中，不断总结经验发展创造新的教学模式，研究设计出生动有趣的微课，最终实现从无到有，脱颖而出。只有坚持创新，个人才能体现价值，企业才能获得优势；只有拥有创新精神的国家，才能立于世界强国之林。

3. 鼓励学生学习扎实学识、刻苦钻研的专业态度

习近平总书记曾提到扎实学识，是行动利器，是好老师的实践工具，它包括了专业技能等教师从教需要的知识，能力与教育智慧。作为一名老师，应像王玲莉一样，在教学工作过程中，不断磨砺自己的专业能力，从教学中汲取经验，不畏困难和挑战，努力开拓进取。

（三）课程思政教学目标

1. 知识目标

通过案例学习，教师要鼓励学生培养扶危济困的意识，使学生深刻认识到作为一名好老师，除了要有仁爱之心，关爱每一位学生，还要努力学习专业知识扎实学识，在自己的专业领域不断创新精益求精，实现自我的价值。

2. 能力目标

通过案例学习，教师要引导学生树立扶危济困的公德意识，支持协助推进国家的扶贫工作，培养学生创新的能力，以及在工作生活中不畏艰难，开拓进取的精神。要求学生将所学知识加以内化，并在未来的教学工作中锻炼自己的专业能力，不断提升发展。

3. 情感目标

通过案例学习，让学生体会到王玲莉老师从有限教育到无限可能的自力更生、创新创造的精神，从她暖心资助的故事中感受老师仁爱育人的温度，以及在抗疫时期直面困难不断钻研出空中课堂的新形式的专业态度。激励学生以故事中

人物为榜样，在日后的工作和生活中不断提升自己的道德修养和能力。

（四）相关经验总结

在教学实践中，首先，教师要在讲解知识前引导学生观看案例材料；其次在课堂上分析材料故事，和学生一起共同交流感想，感悟故事中人物的品质精神，明白仁爱育人是好老师的成就之根，扎实学识是好老师的实践工具，自主创新是好老师的必备法宝；最后，教师对学生交流的结果做一定点评和总结，并引导学生更好地体会案例中人物的精神态度。

学生通过案例的学习感受到开拓创新、自力更生是人才的必备竞争法宝，是国家的不竭动力，在教学和生活中，不仅要有专业的职业操守、扎实的学识，还要贯彻仁爱育人的理念，努力成为一名素质优秀敢于挑战的好老师，不断耕耘奉献自己的价值。

案例三　俞敏洪当乡村校长一年的成绩单

一、案例（材料）简介

2019 年 11 月，新东方创始人俞敏洪来到贵州省黔西南州考察，并受聘为普安县第一中学名誉校长，希望和当地的老师们一起，通过至少三年的努力，让更多的农村孩子进入中国优秀的大学，同时帮助孩子们成长为快乐、身心健康、视野开阔的人。

这一年，俞敏洪带领新东方老师通过双师直播课堂，持续为普安一中学生提供优质的教育内容，并对当地教师进行专业的教学培训。同时，他亲自为学生开展英语课和励志演讲，捐赠经典图书，组织骨干教师到新东方总部培训，资助教师出国游学……逐一兑现此前的承诺。

在当地老师和学生的共同努力下，9 个月后，普安一中高考取得了喜人的成绩：883 名参加高考的学生中，本科上线 333 人，上线率从去年的 26% 提升至38%，上升 12 个百分点。很多从未出过大山的孩子们已经领到了录取通知书，奔赴四面八方，开启人生新的征程。

打造"量身定制"的双师直播课堂。普安一中，位于贵州省黔西南州普安县城，这所依山而建的乡村高中，学生功课基础薄弱，优质师资长期欠缺。为了改善该校薄弱的师资状况，俞敏洪当名誉校长后着手做的第一件事，就是联合情系远山公益基金会，在此前面向全校学生开展的双师直播课堂的基础上，针对即将冲刺高考的高三学生，提供更有针对性的帮扶方案：从10个高考科目中选拔新东方具有多年教学经验的老师、学科教研组长，定向为普安一中学生开展远程直播教学，与当地老师密切配合，共同帮助学生把成绩提上去。双师课堂开课前，新东方老师组成的教研团队前往普安一中实地调研，深入了解当地的教学现状和师生诉求，确定帮扶方案。在此基础上，各科老师制定本学期的教学目标和教学计划，每周根据学情反馈精细化备课，并于周一到周日晚上进行网络直播授课。拥有14年教学经验的新东方高中化学老师王伟春是支持普安一中的10位远程教师之一。在双师直播课开课前，他通过实地调研，发现当地教学存在几大问题：首先，复习进度慢；其次，老师教学方法不够先进，经常"就题讲题"，没有更多的知识拓展；最后，学生很盲目，不知道怎么学。据此，王伟春迅速明确了教学思路：首先，减法教学，不浪费时间做特别难的题，而是着重于夯实基础、提升做题速度和正确率；其次，备课、讲课更为细致，每道题的每一步都详细讲解，"每讲完一道题，都在聊天区问学生听懂了没，如果只有一部分学生举手，就用另一种方法再讲一遍，要讲就要保证学生听懂、学会。"同时，王伟春和普安一中化学老师组成教学小组，授课内容上互相配合，他负责讲重难点和解题方法，当地老师负责夯实基础，带着学生落实、练习。课前、课后，他也会和当地老师紧密对接，通过集体备课保持教学进度的100%同步，并通过习题反馈、试卷分析等，对学生开展更有针对性的辅导。因疫情停课期间，为了避免学生的学习节奏中断，双师课堂"搬"到了手机上，新东方老师通过直播平台持续对普安一中高三学生开展全科学业辅导，努力将疫情对学生学习的影响降到最低。从2019年11月到今年高考前，新东方老师一共为普安一中学生带来180堂直播课，另外举办了多场高考讲座和心理讲座。高考放榜，学生高考总分平均分比开课前月考成绩提升69.4分，理综平均提升36.1分，文综提升25.9分，语文提升24.3分……"对比2019年高考，双师课堂教学的强劲效果明显展示出来，新东方老师们的知识，视野，标准的授课模式深深吸引学生，帮助边远地区的孩子立下远大理想和目标，扎根课堂，努力学习。"普安一中校长花兆丰表示。成绩的提升，是学生和老师共同努力的结果，其中，"一块屏幕"发挥了重要作用。

助力学生、教师全面成长与发展。除了利用双师直播课堂，让乡村教师在同步听课、集体备课的过程中提升教学、教研水平，在俞敏洪的推动下，新东方还联合情系远山公益基金会，通过建立乡村教师骨干团队、组织老师技能测试、师生同考、讲错题、同步备课教案等方式，把普安一中的教师培训推向深入。在新东方老师的影响下，普安一中的老师开始着力打磨专业功底，并对课堂进行调整、创新。此外，俞敏洪还利用一切资源，为普安一中教师提供开阔视野、提升自我的机会：2019 年 12 月，选拔 9 名普安一中教师到北京，参加新东方全国骨干教师核心素养培训，观摩各学科优秀教师"赛课"，并与他们深入探讨、交流；2020 年 1 月，资助普安一中老师赴新加坡、英国游学，让他们近距离感受异国文化，了解西方的教育理念和教学方式，将广阔世界"打包"带回给乡村孩子……同时，俞敏洪不断为普安一中学生们补充精神食粮，捐赠了丰富的书籍，并亲自带来多场线上、线下讲座，传授英语学习方法、高考备考经验与心理准备，为他们加油鼓劲。2020 年 5 月，俞敏洪为普安一中铺设了 5G 网络，此后，来自新东方的优质教学内容可以更为清晰、流畅、高效地传递给普安一中的学生。

新学期，面向普安一中 2021 届高三学生的双师直播课堂已经开课，俞敏洪和新东方与普安一中的故事还在继续。未来，借助互联网、AI 等科技的力量，更多创新的公益模式、优质的教育资源将持续落地，帮助更多寒门学子接受更好的教育，走向更广阔的人生。

资料来源

佚名 . 俞敏洪当乡村校长一年成绩单：普安一中本科上线率提升 12%［EB/OL］. 中国网，http：//edu.china.com.cn/2020-09/28/content_76760720.htm？a=true&f=pad，2020-09-28.

二、案例（材料）点评

（一）适用范围

本案例适用于第八章"教学"中的第三节"教学实施"中的内容教学。学校教育的主要途径是教学，教学是由教师的教和学生的学共同组成的双边活动，这就决定了教学质量不仅要看教师教得怎么样，更要看学生学得怎么样；教育组织形式主要有集体教学、个别教学、小组教学等。随着社会的发展，科技的进步，教育组织形式也将发生翻天覆地的变化。

（二）思政元素

1. 坚持实事求是的思想路线

实事求是既是马克思主义的精髓，又是毛泽东思想活的灵魂，还是马克思主义认识论在实际工作中的运用。习近平总书记在全国教育大会上明确指出，要坚持扎根中国大地办教育。这也就要求我们始终要立足基本国情，坚持一切从实际出发。俞敏洪担任普安县第一中学的名誉校长后，首先从新东方选拔优秀授课教师和教研组长组成教研团队，再开展实地调研工作，充分了解本校的教学情况，发现问题，在此基础上确定帮扶方案，体现了整个团队具体问题具体分析，一切从实际出发的严谨求实的态度。

2. 促进教育公平，助力教育强国梦

现阶段我国教育的主要矛盾是学生家长日益增长的对高质量教育的需要同教育质量不平衡不充分的发展之间的矛盾。我国教育质量参差不齐与教育资源分配不均衡有着直接的关系。百年大计，教育为本。为打赢脱贫攻坚战，为全面建成小康社会和实现中华民族伟大复兴，就必须要重点关注贫困落后地区的教育发展状况，打赢教育脱贫攻坚战，促进教育公平。俞敏洪和新东方教研团队通过创新公益模式，将优质教育资源跨越时空持续落地，帮助更多寒门学子接受更好的教育，成长为社会需要的人才。

3. 坚持与时俱进，勇于创新和探索

随着科学技术的日新月异，社会正在加快发展的步伐，世界也在发生着深刻的变化。只有不断学习和运用新知识和新技术，坚持解放思想和开拓进取，在大胆探索中继承与发展，才能更好地面向世界，面向未来，面向现代化。俞敏洪带领新东方老师突破传统的线下授课模式，开启双师直播课堂，持续为普安一中的教师和学生输送优质的教育资源。这一创新之举在提升学生的成绩以及促进教师的专业成长方面发挥着重要作用。

（三）课程思政教学目标

1. 知识目标

引导学生明确新时代我国坚持和发展中国特色社会主义的总目标和总任务；科学技术的变革对教育乃至社会产生的重大影响；明确终身学习的必要性。

2. 能力目标

鼓励学生提升对于计算机操作和熟练运用的能力；提升学生在团队中相互协作和互相配合的能力；提升学生创新思维和实践动手能力。

3. 情感目标

让学生通过了解我国新时代的总目标和总任务后，深刻感受到时代赋予他们的重任，党和国家寄予他们的厚望，有紧迫感和进取心，为党和国家的事业而奋发努力，不懈追求。

（四）相关经验总结

教师可以组织学生观看电影《中国合伙人》片段，简要介绍俞敏洪事迹和新东方教育机构，然后引导学生就俞敏洪带领新东方老师前往贫困地区学校取得的成绩分组讨论，接着引导学生理解教育扶贫的必要性及实现途径。

学生了解俞敏洪的相关经历之后，纷纷表示非常敬佩俞敏洪，要学习他勤奋认真的学习态度、实事求是、勇于创新的优秀品质等方面，并且对当前的教育组织形式有了新的认识，认为应该开拓更加多样化的授课方式。

案例四　孝德内涵新解读与学校教育途径探索

一、案例（材料）简介

孝德是中华民族的传统美德，也是中国优秀传统文化的精髓所在，更是支撑民族生存与发展的精神力量。结合当下的时代精神以及学校德育工作的需求，丰富传统孝德的内涵能促进小学生优良品行的养成。本文根据社会主义核心价值观关于个人层面的要求，从"爱""敬""诚""善"四个方面，对孝德的内涵进行现代化解读。

教育的根本在于立德树人。在传统孝德文化基本内涵的基础上，文章结合社会主义核心价值观个人层面的四个点，对孝德的内涵进行拓展，以明确小学生品行养成的目标，这目标中包括个人素养层面、交友待人层面、个人与国家层面。

1. 爱——爱己及人，心怀天下

在中国古代时期，孟子表达了"守身事亲"的重要性，其"守身"为"身体发肤受之父母"，需要珍惜父母给予我们的身体，爱惜自己，不伤害自己。近些年来，网络上不断爆出一些新闻，如某学生与父母争吵一气之下跳下高架桥，××学校学生跳楼自杀等，这些孩子连自己的生命都不爱惜，谈何孝敬父母。对于小学阶段的孩子尤其是低年级的学生，教师应该在孝德教育中首先教育其要学会爱护自己的身体，珍惜自己的生命。随着年龄的增长，可以对学生进行"爱他人"的教育，这里的他人可以是身边的亲人朋友，还可以是身处困境的陌生人。我们每一个人都是社会的公民，是中国人，有国才有家，爱国的教育也是"爱"的最高层次，当学生进入中高年级之后，教师就要对学生进行爱国主义教育，培养学生的家国情怀，使其成为心怀天下的人，努力实现自我的社会价值。

2. 敬——尊师敬长，乐学敬业

"孝"的内涵中最基本的便是孝敬自己的长辈。谈及"孝"，人们便会认为这是家庭内部长辈与晚辈之间的一种关系。现代孝德的内涵对"孝"进行了延伸，由家庭延伸到小学生接触的更广的空间层面。而在小学阶段，学生除家庭以外，在学校的时间最多，与老师同学相处的时间最长。因此，在对孝德文化进行现代化解读的过程中，应结合社会主义核心价值观中的"敬"这个层面进行解读。其一，在于"敬人"。低年级学生在学校应学会尊重自己的老师，能主动和老师问好，在学校组织的活动中能够根据老师的要求去行动。中年级的学生要能够体谅老师的辛苦，对自己的行为有一定的自觉意识；高年级的学生要能主动帮助老师分担班级管理事务，逐渐形成自我管理能力。其二，在于"敬业"。学生的主业在于学习，家长最关心的也是孩子的学习，因此，学生能做到敬业乐学对父母来说是最实在的孝行。对学生学习习惯的培养也能直接促进学生责任意识、进取精神的提升，从而使其养成良好的学习品质和行为方式。

3. 诚——内诚于心，外信于人

诚信也是中华民族传统美德之一。"言而无信，不知其可""言必信，行必果"在对孝德文化进行现代解读的时候不可忽略其中"诚"的因素，对家人诚实，对集体忠诚，也应该成为当代孝德教育的延伸点。如何衡量学生在家中的孝德品行，可观察其在与父母家长沟通交流中是否坦诚相待，是否真实表达自己的内心需求，是否如实告知自己的学习情况、老师的评价等。低年级的学生应该做到诚实不说谎，捡到东西及时归还不占为己有，遵守与同伴的约定等；中年级的学生应该逐渐培养辩证思考的能力，学会正确看待善意的谎言，并学着分辨什么样的谎言是善意的，什么样的谎言是恶劣的；高年级的学生应学会遵从内心，这时的诚信并不仅仅对外界，更指向于自己内心，具体对应到行为，如在班级管理中能够说真话，在面对选择时不人云亦云，坚持自己的理想信念，用当下最热门的话语，即"不忘初心"。在小学阶段，如果教师能不断渗透孝德文化，相信学生将来进入社会也能树立正确的价值观，内诚于心，外信于人。

4. 善——友善团结，分享共生

贺才乐、胡志群在《中国传统孝德及其现代转型探讨》中提出："广义的孝德指个体在一生的为人处世过程中所有合乎道德的善的举动。"那么对于小学生而言，这些善的举动可以对应为"与同伴友善，团结集体，学会分享"。在学校生活中，学生之间的矛盾看似简单，但是由于学生的年龄特点，他们往往没有辨别能力，一味地想着自己的得失，导致很多老师在班级管理中需要花费很大的精力去协调学生之间的矛盾。学校的孝德教育中"善"的层面应关注同学之间的相处，良好的同伴关系能让父母更加安心。

资料来源

朱慧.孝德内涵新解读及学校教育途径探索［J］.教育界，2020（34）：15-16.

二、案例（材料）点评

（一）适用范围

本案例适用于第八章"教学"中第三节"教学实施"内容的教学，包括教学目标和教学方法等。以"孝德"为代表的中华优秀传统文化是中华民族思想观念和情感认同的集中体现，学校教育教学过程中，应当全面把握"孝德"内涵，将其融入日常的教学和学生的培养过程中。

（二）思政元素

1.积极弘扬孝德文化，引导学生爱国主义精神

习近平总书记指出："爱国主义是我们民族精神的核心，是中国人民和中华民族同心同德、自强不息的精神纽带。"爱国主义是中华民族精神的核心，是中华民族最重要的精神财富和强大精神动力。中国特色社会主义进入新时代，实现中华民族伟大复兴的中国梦，需要大力弘扬爱国主义精神，凝聚全民族力量，激发全国人民建设社会主义的巨大热情。面对国内形势和国际环境的新变化，新时代弘扬爱国主义精神须准确把握时代本质内涵、融通中华古今优秀文化、胸怀世界构建命运共同体、厚植青少年爱国主义情怀、唱响网络爱国主义主旋律等，促使中华儿女心中最自然朴素的爱国情感转化为决战脱贫攻坚、决胜全面建成小康社会和实现中华民族伟大复兴的中国梦的强大力量。

2.积极弘扬孝德文化，培养学生诚实守信的美好品质

《中庸》里讲："诚者，天之道也。诚之者，人之道也。"诚信是中华民族的传统美德，也是每一个有品行的人必备的品质。诚信不仅是处世之本，也是立业之基。因为诚信不仅仅是个人品行的重要特质，而且在成就事业方面，也发挥着相当大的作用。现在我国已经跃升为世界第二大经济体，正在为实现中华民族的伟大复兴而奋斗，我们更应该强化诚信意识、加强诚信建设、打造诚信中国，这对于完善市场经济体系、实现社会稳定、提升国际影响力，都具有重要而深远的

意义。

3. 积极弘扬孝德文化，树立敬业友善等社会主义核心价值观

敬业和友善是对孝德文化新方面的解读，敬业精神是推动社会主义现代化建设的重要力量，敬业精神可以提高劳动者的综合素质，有利于社会主义市场经济的完善，敬业精神是社会主义文化建设的重要内容，是社会主义文化繁荣的重要手段，有利于社会和谐发展，归根结底，敬业是公民实现自我人生价值的重要手段。友善就是朋友之间亲密和睦，就是以宽广的胸怀关爱他人，实现人与人，人与自然和谐相处。通过实践社会主义核心价值观，大力继承和延续中华民族思想，精神基因和文化血脉的本质，我们可以更好地建设中华民族精神，中华民族价值观和中华民族力量，使中华民族能够以更加昂扬的态度站在世界的国家森林中。

（三）课程思政教学目标

1. 知识目标

通过案例，学生明白孝德是中华民族的传统美德，也是中国优秀传统文化的精髓所在，更是支撑民族生存与发展的精神力量。从"爱""敬""诚""善"四个方面解读，对孝德内涵有深刻的认识。

2. 能力目标

教师引导学生就案例材料进行讨论，表达自己对孝德文化的理解看法。培养学生仁爱友善，诚实守信的良好品德，以及爱国主义的情怀。能够将孝德文化引入日后的教学育人工作中，同时不断提升自己的品德修养，以良好的道德情操熏陶影响他人。

3. 情感目标

通过案例学习，学生能体会孝德文化丰富的内涵，感受孝德文化的内涵对德育工作的理论指导作用，使学生能够从孝德文化的解读中受到启发，明白弘扬孝德文化的重要性，在德育工作中注重爱国情怀、诚实守信、敬业友善等中华传统美德的培养。

（四）相关经验总结

在教学实践中，首先，教师要在讲解知识前引导学生观看案例材料；其次在课堂上分析案例内容，和学生一起共同交流感想，表达自己对孝德文化的看法和理解，并讨论如何更好地把孝德文化与育人工作相结合；最后教师对交流进行总结与评价。

学生通过案例的学习，对孝德文化有全新的认识，并能够从案例中受到启发，将孝德等中华优秀的传统美德与育人工作相联系，思考如何更好地探索新的教学途径和方式去弘扬孝德文化，发挥立德树人的最大效果。

案例五 留守儿童成长路上的"灯塔"

一、案例（材料）简介

周二放学后，在重庆市永川区红炉镇周家院社区的活动室，"青少年之家"课堂即将开始，两位社工将讲授以生命教育为主题的公开课。听课的学生中，绝大多数是留守儿童。在课前，社工刘沫淳正与孩子们互相熟悉。看到老师是和自己年龄相差不大的哥哥姐姐，孩子们少了些许拘谨。

为上好这堂课，刘沫淳和同事刘宴麟准备了不少时间。她俩都是西部计划志愿者，当其他志愿者选择支教、支医、支农时，她们考取了社会工作者职业水平资格证，成了专业社工。他们来到了重庆永川，成为永川团委创办的"青少年之家"的志愿服务者。

爱玩、爱闹、爱新鲜，是每个孩子的天性。除了在室内上课，社工们也将课堂放到室外，带领孩子们在游戏笑闹中，有了很多认识新朋友的机会。"青少年之家"如同一个大家庭，让每个孩子在这里找到温情与依靠。

亲手制作道具、玩具，设计趣味游戏……几个小时的课程，备课却往往需要耗费数倍时间。在这期间，社工们需反复确认活动方案，排练活动细节。从孩子的角度思考要讲些什么、怎么讲好这堂课。

"青少年之家"不是课外补习班，也不同于以往社区里的"4点半课堂"。2019年，永川区购买了青益志愿者协会社工服务，选派社工、志愿者到青少年之家工作。相较于辅导孩子们的功课，他们更多的是给社区的孩子们带来心理的关怀和价值观的引导。

游戏互动、故事演绎、情景模拟、知识普及……在社工们别出心裁的教学设计中，青少年之家的课程从来都不缺少趣味与欢笑。这里的孩子们与哥哥姐姐们一起玩耍，交谈。对于他们而言，收获的不只是知识，更是温情满满的陪伴时光。

孩子们认真听着课，眼中闪烁着光芒。在不少地区，对留守儿童物质上的保障已经解决。而精神层面的关爱，却易被忽视。稚嫩而纯真的年纪里，他们的欢笑需要有人分享，他们的困惑需要有人排解，他们的成长变化需要有人见证。在青少年之家，社工既是孩子们倾诉的朋友，也以"知心大姐姐"的形象引导他们成长。

如今在永川，许多父母外出打工的地方不远。视频通话、语音聊天等方式让亲情有了更多表达的"端口"。经济发展也使很多留守儿童不再面临家境窘迫的问题——但梦想的倾听、烦恼的倾诉，对孩子们来说却并非那么容易。

老人们带大了一代孩子，对孙子孙女也倾注了爱与关心。但不可否认的是，信息的爆炸增长，科技的不断进步，社会的日新月异，让教育的方式发生了改变，让孩子对未知世界的认知发生了变化。这种变化，使和下一代的沟通、引导也发生了变化，但留守农村的老人们，往往来不及跟上步伐，于是在与孩子生活中，不理解便自然出现，也让老人们在教育上，感到有心无力。

年龄接近的社工们，则在孩子与家长们之间，搭起一座桥，为他们打开理解与认知的"窗口"。专业知识，让他们更懂得如何与孩子交朋友。在这里，社工将每一个小朋友看作独立的个体，与他们平等交流，满足他们这个年龄段的内心需求。

当孩子们围着凳子奔跑，脸上洋溢着发自内心的笑容时，刘宴麟也感到开心与感动。在她眼里，这些孩子单纯可爱，他们纯真的快乐是童年真正的美好。

课程结束了，但关爱仍未止步。社工会继续对孩子们进行入户走访。对一些建档的孩子，社工将针对性地给予长期帮扶，关注他们的生活与成长。临走的时候，正在读二年级的李承睿叫住了老师，他说他今后想要当发明家，为祖国建设添砖加瓦。刘宴麟摸着他的头鼓励他。与刘宴麟一样的"心灵使者"还有很多。他们潜入留守儿童心间，在孤独的黑夜里，犹如点点繁星，让梦中有人相随，让童年不再孤单。

资料来源

黄嫣然.留守儿童成长路上的"灯塔"[EB/OL].新华网，2019-11-06. http://www.cq.xinhuanet.com/csxc/20191021/index.htm.

二、案例（材料）点评

（一）适用范围

本案例适用于第八章"教学"中第三节"教学实施"内容的教学，具体包括教学目标、教学环节、教学方法、教学组织评价等方面的内容。教学作为教师促进学生成长的重要途径，应当进行科学合理的设计与组织实施。

（二）思政元素

1. 把个人理想融入民族复兴伟大理想和中国特色社会主义思想中

习近平总书记指出，为早日实现中华民族的伟大复兴，需要一代又一代的中国人共同为之努力。留守儿童在志愿者和社工们正确的爱国主义思想的熏陶之下，深刻理解青春理想、青春活力、青春奋斗，是中国精神和中国力量的生命力所在。广大青年正在以青春之我、奋斗之我，努力为民族复兴铺路架桥，为祖国建设添砖加瓦。

2. 体现了中华民族助人为乐、扶贫济困的传统美德和中国精神

助人为乐有利于全社会树立奉献、友爱、互助、进步的时代新风范。材料中社工无偿帮助留守儿童，默默奉献自己，这种奉献自己成就他人的高尚品德历来就被人民群众所称颂。而弘扬中国精神也是实现中国梦的必要条件。

3. 以"社会主义核心价值观"为导向，构建正确的价值观、人生观、世界观

正确的理想信念是留守儿童健康成长的前提。"青少年之家"课堂开课的目的，一方面想教会学生知识，另一方面也想对这些缺乏足够关爱的孩子们进行思想品德教育，帮助他们树立正确的价值观与人生观。坚定文化自信，为实现中华民族伟大复兴的目标而不懈努力。

（三）课程思政教学目标

1. 知识目标

借助案例分析"留守儿童"的事例，社工们悉心照顾留守儿童，智育与德育相结合，让留守儿童身心健康成长。学生在原来知识的基础上，可以对"德育"有进一步的了解，把握"智育"与"德育"两者之间的内在逻辑联系，以及深刻理解社会主义核心价值观的核心要义。

2. 能力目标

结合社工们对留守儿童进行关爱的各种举措——游戏互动、故事演绎、情景模拟、知识普及，学生不仅能在认识上对留守儿童现状有了改变，而且在实践中也进一步地学习到了该如何更好地关爱他们，让他们身心健康发展。因此学生应该多参加社会实践，在实践中运用知识才能更好地掌握知识，用理论指导实践，锻炼自己，发展自己，将自己更好地投身于社会、服务于社会。

3. 情感目标

"留守儿童"的现状闻者动容，父母不在身边、无法上学、生活环境差、心

理问题得不到解决……身为新时代的大学生，会更加珍惜现在的生活条件和学习环境，努力学习，报效祖国，回报父母养育之恩。同时志愿服务精神与奉献精神正慢慢融汇和渗透于学生的思想中，让学生在实践中受教育、做贡献，尽自己的微薄之力帮助更多需要帮助的人。

（四）相关经验总结

留守儿童教育问题是一个越来越突出的社会问题，是构建和谐社会的重要组成部分，更是我们从事教育工作所面临的一个新课题。我们要本着对每一个孩子负责的态度，把更多的关爱和呵护留给这些心灵最脆弱的孩子：第一，对留守儿童要有爱心、耐心。第二，关爱留守儿童要从身边的小事做起。第三，关注留守儿童的心理健康。第四，留守儿童要给予更多的鼓励与表扬。第五，要加强对留守学生的思想品德教育，增强学生法治观念。

学生要珍惜现在优越的学习环境与生活条件，对比留守儿童没有家人的关爱与良好的学习、生活环境，我们比他们好太多，此刻，学生更加要懂得努力学习与感恩现在所拥有的，以优异的成绩回报父母与老师的栽培。同时积极参与社会实践，帮助和关爱那些留守儿童，弘扬中华民族传统美德——助人为乐、奉献友爱。

案例六　将红船精神融入学校思政教育教学

一、案例（材料）简介

2005 年 6 月 21 日，时任浙江省委书记习近平在《光明日报》上发表署名文章《弘扬"红船精神"，走在时代前列》，首次公开提出"红船精神"，并系统阐述了"红船精神"的深刻内涵和时代意义，认为"开天辟地、敢为人先的首创精神，坚定理想、百折不挠的奋斗精神，立党为公、忠诚为民的奉献精神，是中国革命精神之源，也是'红船精神'的深刻内涵"。由此可见，"红船精神"的内涵包括三个方面："首创精神""奋斗精神"以及"奉献精神"。

"红船精神"的内在品质契合学校思想政治理论课教学目标，新的时代条件下，将"红船精神"融入思想政治理论课教学，可以从课堂教学、网络教育、实践教学、校园文化等方面着手，探索红船精神融入思想政治理论课教学的实践路径。

　　思想政治理论课课堂教学是大学生思政教育的主渠道、主阵地，新时代要想将"红船精神"有效融入思政教育，需要了解学生既有知识基础和接受能力，针对学生实际，采取有针对性的办法渗透。首先，要加深思政课教师对"红船精神"的认识和理解，提高教师进行理论融合的能力和水平。2019年3月18日，习近平同志在学校思想政治理论课教师座谈会上强调"办好思想政治理论课关键在教师"。要对思政课教师进行"红船精神"的专题培训，让教师能够全面深刻理解"红船精神"的内涵，并能结合新时代的新情况、新问题，明确"红船精神"的当代价值，搜集整理图片、视频、故事等关于"红船精神"的相关教学资料。在此基础上，对教师在教学中融入"红船精神"提出明确的教学要求，并建立相关的考核评价机制。

　　其次，要将"红船精神"融入思想政治理论课教材体系。高职学生的思想政治理论课程相较于本科少了两门，高职学生对中国近现代史的知识基础和理论思维能力也相对薄弱，在教学中要梳理教材理论知识点中与"红船精神"相关的内容，寻找二者之间衔接的恰当方式。"概论"课程中，可以选择用行动践行"红船精神"的英雄模范人物来阐释社会主义核心价值观部分的教学内容；在讲述习近平新时代中国特色社会主义思想时，可以深度融合敢为人先的首创精神内容；中国梦的内容则可以和奋斗精神相融合；在讲述中国共产党的初心和使命时，要处处体现奉献精神。"思修"课程涉及理想信念、人生价值、择业创业、中国精神、道德示范等内容，这些都可以融入"红船精神"的相关内容，用体现"红船精神"的历史故事帮助学生理解相关理论。"形势与政策"课程则可以直接将"红船精神"作为教学专题，讲述"红船精神"的内涵，明确新时代条件下当代大学生如何继承和弘扬"红船精神"。

　　在教学中，可以建立并充分发挥网络教学平台作用，以突破教学的时间和空间限制，扩充思想政治理论课教学内容。将大量体现"红船精神"的历史资料和现实的英模人物事迹等放到平台之中，供学生课下自主学习。在网络教学平台中，教师可以针对"红船精神"的内涵和相关要求，拍摄一系列微课进行解读，学生通过观看微课，辅助学习。还可以在网络教学平台中设置系列思考和讨论题，让学生发言，了解学生的思想状况，有针对性地进行解决。

　　在校园文化浸染中开展"红船精神"教育，校园是学生重要的生活和学习空间，通过相关校园文化的设计，将"红船精神"融入学生校园生活的方方面面，扩展思想政治理论课的教学空间，实现全方位的思政教育，使学生在潜移默化中学习知识、认同价值。在宣传栏、走廊、图书馆、校园广播处等设置专门的"红船精神"学习板块，让学生能时时处处感受"红船精神"。在马克思主义学院和学生处、团委的领导下，以学生社团"中国特色社会主义理论体系研读会"为依托，开展丰富多样的"红船精神"宣传教育活动，如主题征文比赛、主题演讲比赛、校园红色情景剧、快闪活动等，推动学生主动学习、深入思考。（有部分内容删减与小部分改动）

资料来源

牛涛，曲士英."红船精神"融入思政课的价值维度与实践探索［J］.中国职业技术教育，2019（19）：15-19.

二、案例（材料）点评

（一）适用范围

本案例适用于第八章"教学"中第三节"教学实施"内容的教学。要将爱国主义、集体主义以及理想信念教育等内容传递给学生，就必须重视教学的实施。教学实施主要包含确定教学目标、教学环节、教学方法等内容。

（二）思政元素

1.弘扬"红船精神"的创新精神，培养学生开拓进取、勇于创新的精神

在高校思政教育中挖掘"红船精神"中所传达的创新精神，引导学生学习敢为人先的精神品质，保持勇于创新的锐气和激情，敢于突破陈规的束缚，增强学生创新创造的责任感，在立足扎实专业基础上不断推陈出新，成为创新创业大潮的中坚力量，为实现中华民族伟大复兴的中国梦贡献力量。

2.弘扬"红船精神"的奋斗精神，鼓励学生坚定理想信念，塑造奋斗精神

将"红船精神"的奋斗精神与高校思政教学相结合，教师要鼓励学生立志当高远，为理想而奋斗，在坚定理想信念的指导下，用马克思主义理论武装头脑，坚持社会主义共同理想，坚定中国特色社会主义的道路自信、理论自信、制度自信和文化自信。

3.弘扬"红船精神"的奉献精神，引导学生培养乐于奉献、敢于担当的精神

教师要引导学生自觉把个人的理想目标融入伟大中国梦的奋斗中来，不忘初心和使命，勇担民族复兴使命，努力为社会多做贡献，在为人民服务的过程中彰显自己的人生价值。

（三）课程思政教学目标

1. 知识目标

通过案例分析，教师要引导学生全面深刻理解"红船精神"的内涵，并能结合新时代的新情况、新问题，明确"红船精神"的当代价值，鼓励学生在新时代背景下继承和发展"红船精神"的时代内涵，并结合所学专业知识，勇担时代使命，全身心投身于中华民族伟大复兴社会实践中。

2. 能力目标

通过案例分析，教师要引导学生结合自身所学的基础和专业知识，在把握"红船精神"的时代内涵下，能够牢记坚定自己的理想信念，树立正确的世界观、人生观和价值观，能够自觉地成为共产主义远大理想和中国特色社会主义共同理想的坚定信仰者和忠实实践者。

3. 情感目标

通过案例分析，教师不仅要在课堂上弘扬"红船精神"，而且要融合于校园文化氛围，将"红船精神"融入学生校园生活的方方面面，扩展思想政治理论课的教学空间，使学生能够在潜移默化中坚定共产主义的理想信念，树立民族自豪感和文化自信，将对"红船精神"丰富内涵和时代价值的认知和体会转化为具体行动的力量。

（四）相关经验总结

在教学中，首先，教师要在课前搜集整理图片、视频、故事等关于"红船精神"的相关教学资料，帮助学生全面理解和掌握"红船精神"的相关理论和时代内涵。其次，设置相关的思考和讨论主题，开展课堂讨论，在师生互动中带动学生主动学习和思考。最后，要将"红船精神"体现的时代精神和民族精神渗透于社会实践中，将理论付诸实践，推动学生将"红船精神""内化于心、外化于行"。

第九章

"教师与学生"思政教学案例

案例一　陈国庆：学生心中的守护者、陪伴者

一、案例（材料）简介

近日，广州玉岩中学陈国庆老师被评选为 2020 年广州"最美教师"。陈国庆，中学生物高级教师，担任班主任工作 18 年，带过 13 届高中毕业班，曾先后任科组长、市中心组成员、年级主任。教学中，陈国庆善于旁征博引，课堂风趣幽默，师生关系融洽；管理工作中，能以身作则，团结协作，同事关系和谐。陈国庆曾获广东省优秀辅导教师、广州市优质课一等奖、市评课竞赛一等奖等荣誉，先后在《中学生物教学》《教育与观察》等刊物发表多篇论文。

在广州市玉岩中学内高班 152 名新疆学子的心中，陈国庆老师就像父亲一样，孩子们亲切地称呼他为"陈爸爸"。"陈爸爸"不仅代表着责任和能力，还代表着严厉和慈爱，更代表着信任和依赖。疫情暴发以来，陈国庆以校为家，用爱和行动坚定守护着每一位在校学生的安全，温暖着每一个孩子的心灵。

关键时刻做学生坚强的守护者

寒假，对教师来说，是一年中珍贵的时光，调理身体、整理资料、回顾自查、家庭欢聚……但在广州玉岩中学，有这样一个集体，他们每年都不能在家里与家人团聚共度春节，而是要留在学校，陪伴一群"特殊的家人"——内地新疆高中班在校学生。今年春节期间，恰逢新冠肺炎疫情暴发，他们更是以校为家，为了152名内地新疆高中班在校学生的安全，坚守在防控疫情的第一线，陈国庆就是其中一员。

1月18日，陈国庆正在吃午饭，突然接到电话："新疆班一名学生被查出患急性阑尾炎，需尽快手术。"陈国庆放下碗筷，多方沟通，为了尽快手术，他急忙联系车辆转院、跑上跑下为学生办入院手续，直到深夜学生顺利做完手术。

学生钟鑫和霍嘉琪随父母在广州过春节。在为期14天的返校健康隔离观察期间，为确保学生吃上热腾腾的饭菜，陈国庆每天先给学生送饭，再自己吃饭。

新疆班同学远离父母亲人，更需要老师的关爱，尤其是关键时候、特殊时期，陈国庆老师用自己的爱心和行动赢得了他们的信任，成为他们值得信赖的依靠。

特殊时期做学生科学的教育者

疫情暴发后，陈国庆多次召开学生会议，通报上级防疫要求，明确学校纪律，强调在特殊时期要把学生生命安全和身体健康放在首位，及时领取和发放防疫物资、储备生活用品；要求新疆班召开疫情主题班会，组织"防'疫'从我做起"征文活动，做好科学防疫工作和学生心理健康教育；提出要加强学生劳动养成教育，做好校园保洁和个人卫生工作；落实"停课不停学"要求，对学生线上上课和线下答疑进行了详细安排。

在校领导的关心支持下，在陈国庆的统筹安排和其他同事的辛勤努力下，新疆部各项工作有序开展，目前新疆班学生在校生活既充实，又舒心。

在全力保证学生生命安全和身体健康的同时，陈国庆和同事们开展了一系列疫情期间的英雄事迹宣传，并组织学生观看新华社抗疫纪录片《英雄之城》。学生们深受感动和启发，拿起纸和笔，回忆武汉战"疫"中"关键之举"背后的故事，讴歌感天动地的中国抗疫群英谱，抒发对"逆行者"的崇敬和赞美。这些教育活动增强了同学们的民族自信心和自豪感，坚定了同学们的爱国之心和报国之志。

内高班是一个特殊的群体，一年365天，除了暑假大约1个月学生返疆，其余时间不分寒暑周末均在学校。只要有新疆班学生在校，就有"陈爸爸"的身影。特殊时期，更是如此。自新冠肺炎疫情暴发以来，为减少外出给学生带来感染风险，陈国庆老师除偶尔回家拿换洗衣服外，其余时间都守在学校，以校为家，全身心投入到防疫抗疫工作中。

"陈爸爸"每天天还没亮就起床前往食堂查看学生早餐准备情况，上课前早早到课室前给学生量体温，查看学生口罩佩戴情况，检查学生是否严格按照防疫要求分散自习，然后又要给高三毕业班学生进行学科答疑。

下午一放学，陈老师又迅速回到办公室，换上运动鞋，拿起音响，匆匆赶往运动场组织学生跑操。他总是陪着学生跑步，用自己的行动来引导学生锻炼身体。

晚自习结束，他还要给每个班学生配好消毒液，指导学生做好课室和宿舍的消毒工作。消毒后还要查寝直至学生入睡，每天忙完已是深夜。"桃李不言，下自成蹊。"这就是新疆孩子心中可爱可敬的"陈爸爸"。

资料来源

广州市玉岩中学.最美教师陈国庆：学子口中的"陈爸爸"［EB/OL］.广州日报客户端，2020-09-03.https：//www.gzdaily.cn/site2/pad/content/2020-09/09/content_1371176.html.

二、案例（材料）点评

（一）适用范围

本案例适用于第九章"教师与学生"中的第一节"教师"内容中的教学，具体包括教师职业与教师角色、教师与学生的关系等方面的内容。

（二）思政元素

1. 爱岗敬业、乐教不倦的职业精神，深化学生职业理想与职业道德

老师要想教育好学生，需要渊博的知识以及专业的教学技能，坚守自己的岗位，不为私利所动，凡事把学生放在第一步，关心学生，在自己的岗位上散发光和热。

2. 培养学生崇高的理想信念，树立正确的世界观、人生观、价值观

陈国庆不仅自己热爱国家，拥护中国共产党的领导，疫情期间还教育自己的学生，组织学生观看抗疫纪录片、书写观后感等，以生活中的点点滴滴来影响感染学生的政治思想观念，以帮助他们树立正确的社会主义核心价值观。

3. 服务他人，奉献自己，甘于人梯的中国精神

中华民族传统美德源远流长，要坚定中华民族文化自信。在历史的长河中，有无数为教育投身奉献的老师，每个人奉献的事迹虽有不同，但都有一个鲜明的特点，那就是不求回报。他们短暂的一生里，始终坚守在自己岗位上，恪尽职守，为人所敬佩。

（三）课程思政教学目标

1. 知识目标

借助案例分析，陈国庆老师一点一滴、日复一日地为学生默默付出，热爱学生，从学习到生活，从校内到校外，从疫情前到疫情结束，让学生明白了优秀教师的职业道德素养，理解了爱岗敬业、服务他人、甘于人梯的"中国精神"的深刻内涵，为日后自己成为一名德才兼备的优秀教师做好了思想上和认知上的准备。同时通过案例的学习，学生深刻理解了爱国爱党，坚定中国共产党领导的道路自信。

2. 能力目标

疫情期间，陈国庆老师积极响应党和国家的号召，多次召开学生会议，强调疫情工作的重要性，不仅仅是让学生学会如何科学防疫，保护自己和家人健康，更是想让今后从事教育工作的学生在学校发生紧急意外事件时，掌握冷静解决突发问题的能力。同时，学生在陈老师的潜移默化的爱国思想的引导下，也应该将这种浓厚的爱国爱党、坚定党的领导的政治思想传达给身边的家人和朋友，以自己的实际行动来热爱祖国，做祖国的坚定拥护者。

3. 情感目标

陈老师乐教不倦、爱岗敬业的伟大职业精神必然也默默感染着在校的学生，这种难能可贵的中国精神可以培养学生在今后的职业生涯中做到"干一行爱一行"，始终保持高度的责任感和奉献精神。陈老师在疫情期间组织学生观看"英雄抗疫事迹"，增强了学生的民族自信心和自豪感，坚定了学生的爱国之心和报国之志，让学生在思想上与党组织靠拢，深刻感受到中华民族历经磨难之后依然屹立于世界文化之林的精神命脉。

（三）相关经验总结

身为教师，与时俱进的教育教学理念，渊博的知识是基础，授予学生科学且正确的知识，同时还应该时刻保持高度的责任感和奉献精神，关爱学生，以学生为本，将这些精神渐渐渗透于学生的日常学习生活中，教会学生学习更要教会学生做人，在思想政治方面，将正确的社会主义核心价值观有效地纳入整体课程安排中，做到专业教育和核心价值观教育相融共进，课余时间可以给学生开设思想政治课，引导学生以正确的理想信念，热爱祖国、坚定党的理想信念，同时以实际行动来拥护党和国家的领导。

陈老师以身示范去教导学生，通过课程的学习，在学习中，学生要认真学习专业知识，掌握扎实的知识技能，成为一名真正的教师之后才能教育好自己的学生；在生活中，学生要以真挚的情感对待身边的同学家人，帮助他人、奉献自己，始终做一个具有高度责任感、进取心和爱心的人；在政治思想上，学生要与党和国家的思想相统一，爱国爱党爱人民，坚持正确的社会主义核心价值观，争做"四有"好青年。

案例二　从《叫我第一名》中看教育

一、案例（材料）简介

《叫我第一名》是根据真人真事改编的一部励志电影，叙述患有妥瑞氏症的男主角布拉德·科恩通过自己的努力实现成为老师的梦想，并且克服病症的故事。

电影的主人公布拉德·科恩天生患有妥瑞氏症，但他乐观向上，不向命运妥协。妥瑞氏症是一种非常严重的痉挛疾病，患这种病的人无法由意志控制、会反复出现不自主的动作及声语上的抽动。布拉德在六岁的时候就有了明显的症状，他会无法控制地晃动脑袋发出怪声，老师和同学认为他在故意搞怪，小学老师要他站在教室前面向全班同学道歉并保证以后不再发出这种愚蠢的声音，甚至小学校长都要开除他，他的父亲也无法接受这样的现实，最终离开了他们母子。最初家人以为他是心理问题，为此找了很多心理医生服用药物，最后他的妈妈在图书馆查到了妥瑞氏症的病例，但却得知目前没办法治愈。布拉德的妈妈带他去教堂的妥瑞氏症互助会，他们看到各种类型的妥瑞氏症患者。很多患者自己和父母都选择放弃，他们不敢告诉别人自己孩子的病症，甚至主动让孩子退学，跟这个社会隔离开来，孤寂怪异地生活着，他们和他们的父母都被这种病症打败了。布拉德的妈妈向他道歉说不该让他看到这些失败者，布拉德说他不会忘记，这些人已经被妥瑞氏症打败，而他永远不会。他用自己的行为和乐观坚守了这句话。后来布拉德转到一所新的学校，他遇到了梅尔校长。他问布拉德学校到底是干什么的？教书育人？用知识驱赶无知。当他得知布拉德课堂上的行为是由于患病所造成的，他安排布拉德去参加学校的音乐会，当大家都被布拉德发出的噪音烦扰的时候，他把布拉德叫到讲台上通过问答向所有师生做了解释，所有人鼓掌表示理解和接纳布拉德。校长的所作所为真正阐释了教育和学校的核心意义所在。他是名伟大的校长，他给了布拉德一个机会让他能不卑不亢地在学校得到被公平对待，不被视为异类的机会……或许没有他，也就不会有布拉德的乐观，以及取得的优秀的学业成绩，还有他最后面对病症和歧视时的乐观，这也是让他立志成为教师的原因。布拉德以优秀的成绩大学毕业后，他非常想成为老师，他更多的是感受到自己的遭遇，他明白很多孩子会遇到类似的遭遇，他也很想成为梅尔校长那样的人，他更想用自身的例子告诉学生永不放弃理想。

理想是美好的，现实是残酷的，一次次面试的冷遇，再也没有消息的通知，甚至是不理解和歧视，他也曾在汽车里痛哭流涕，他也曾经失望地给妈妈打电话，但很快又重新乐观起来拜访了所有的学校，为了让自己成为教师的理想得以实现。当大部分学校已经开学后，他自己也有些黯然，他的脸不再那么光洁，下巴长满了胡子，他不得不去父亲的工地做工。在第 25 次面试时，他终于得到在景山小学任教的机会。接纳他的山景小学的两位校长，跟那位可敬的中学校长一样有金子般宝贵的心灵，是他们给了布拉德进行尝试的机会。当然他也遇到了学生的不理解，遇到阿曼达父亲的不认可，他将自己的女儿调到另外"正常"老师的班级。他坦诚地向学生解释自己的妥瑞氏症，他用自己的才华和真心赢得了学生的认可，尤其是身患绝症的希瑟。在她的葬礼上，希瑟的母亲说："你让希瑟的人生完全不同了。"这句话是对他最大的认可。他遇到了喜欢的女朋友，充满智慧的南希不介意他的病症，她觉得那些肤浅、夸夸其谈、自以为是的人，制造出更多的噪音。他最终跟父亲取得了和解。他被评为年度最佳新教师奖，他是第一个当选全美最佳教师的妥瑞氏人。电影的最后，在布拉德的讲话中，他把他的病——妥瑞氏症，比作是他最具献身精神的老师，他的忠贞伙伴，因为他从肌体缺陷中学到了最宝贵的一课就是：*Never let anything stop you from chasing your dream*（别让任何事情挡住你追寻梦想的脚步）。不仅他学到了这宝贵的一课，他的学生也从他的身上感受到了。（部分内容略有删减）

资料来源

范晓晶，邓云丽. 从《叫我第一名》看美国的教育 [J]. 时代文学,2012(6)：218-219.

二、案例（材料）点评

（一）适用范围

本案例适用于第九章"教师与学生"中的第一节"教师"中的内容教学，具体包括教师职业与教师角色、教师与学生的关系等内容。

（二）思政元素

1. 教师要树立以学生发展为本的教育观，根据学生特点进行创造性教学

教育的目的是不仅要培养社会定向型人才，而且也要培养具有个性色彩的人才，面对具有特殊情况的教育对象，教师要有更大的包容性去接受学生的特殊性，做到因材施教，平等对待每个学生的教育机会。在影片中，梅尔校长帮助布拉德扫除妥瑞氏疾病的阴霾，他深知教育是要培养有个性色彩的人，每个学生都有他的优势和劣势，如何帮助他们找到适合自己发展的独特人生道路是教育者应尽的良知和职责。教育本就该是接受不同，更要鼓励学生敢于接受不同，因为教师的一句话就可能会扭转一个人的一生，这正是教育和学校存在的意义。

2. 教师要秉持对教育事业的热爱，尊重、信任、引导每一个学生，在奉献社会的同时也实现自我的人生价值

影片中，布拉德在人生导师梅尔校长的鼓励下，战胜了妥瑞氏所带来的心理创伤，也赢得了被平等对待的教育机会，这也是他第一次见证了教育的独特魅力，所以他带着这份对教育事业的热爱即使在面对 24 所学校拒绝和父亲的否定还能保持初衷，在实现自身人生价值的同时也向学生传递了他的教育理念与人生态度。

3. 鼓励学生在砥砺自我中前行，保持积极乐观与执着坚韧的人生态度

教师要引导学生在生活中，不要被疾病和困难所淹没，而是被它激发，要学会接受不完美的人生，正是因为不完美才有追求完美生活的意义；鼓励学生在面对新的环境新的面孔、新的挑战和新的难题时，不要被它们牵绊脚步，要勇敢自信地追寻梦想，怀揣希望的同时保持乐观、自信、执着、努力的品质。

4. 家庭教育的好坏影响孩子道德品格和理想信念的塑造，引导青少年树立正确人生观

影片中，最刺痛布拉德的是父亲因他的疾病不能接受别人异样的目光，而且从来不相信患上妥瑞氏症的人能够当老师，但他也是幸运的，因为母亲从来没有放弃他，而是始终相信和鼓励他能像正常人一样生活，始终捍卫儿子的尊严。面对孩子的特殊，为儿子寻求疾病康复团体，在发现那种所谓的俱乐部其实是一群逃避疾病放弃自我的失败者的自我安慰，毅然地带儿子离开，并鼓励孩子要战胜疾病，像正常人一样去追求梦想和享受生活。母亲的言传身教让布莱德明白，生活是残酷而又现实的，虽然自己饱受妥瑞氏综合征的困扰，但不能自暴自弃，唯有坚持和努力才能积聚正能量，发挥潜能，像"正常人"一样去生活、工作。

（三）课程思政教学目标

1. 知识目标

通过案例可以让学生更加明确教育和学校存在的意义，折射出教育的目的不仅要培养符合社会发展的人才，更要关注学生的差异性，作为教育者更要以公平公正的态度对待每个学生，要以更加开放包容的心态去接纳每个学生，最重要的是学会尊重学生异于常人的特性，做到因材施教。教师作为学生的引路人，不能用异样的眼光看待不一样的学生，尤其是中小学教师面对的是一群正在萌生、构成思想的孩子，教师的言行、思想对孩子的成长至关重要。

2. 能力目标

通过案例学习引导学生学会接纳异于常人的一类群体，有时不经意间的异样眼神和嘲讽的言论会对一个"非正常"学生造成严重的心理阴影，要使学生能够以更加开放、包容的心态对待异于自己的人；就像布莱德所说偶尔以小孩的单纯眼光看世界，孩子看世界的眼光和大人不一样，他们会说"我要做什么"而不是"我不能做什么"，能够带着不被世俗观念所定义的思维去理解和包容他人的不同。

3. 情感目标

通过案例学习，教师要引导学生从布拉德的经历中汲取生活哲理：要始终对生活怀有希望，坦然接受命运的不公，不要让磨难牵绊自己前进的脚步，始终保持乐观的态度和坚持不懈的精神，去追求梦想、热爱生活；顽强的意志和不懈的努力可以让你走出心理和生理缺陷的阴影，成就属于自己的精彩人生。即使是24次失败摆在布莱德面前，但他没有气馁，仍然乐观地面对这一切，由于他坚持不懈的努力和独特的教学理念，他不仅很快赢得了孩子们的尊重和喜爱，而且他还赢得了全州年度最佳青年教师的称号。

（四）相关经验总结

教学过程应当是一个激发学生学习兴趣，引导学生不断探究的过程，教师首先要通过案例分析，鼓励学生自己分析和思考影片中传达出来的教育理念和人生价值感，分享自己的心得体会，主动提出自己的见解，主动地获取知识。教师也可以鼓励学生带着质疑的态度上课，鼓励学生在课堂上积极提出问题和回答问题，参与课堂讨论，发表自己的看法，学生积极进入问题情境，通过交流、碰撞去寻求问题的解决方案。其次，通过案例学习，一方面让学生对比中外教育理念的差异，使学生在关注人文价值的同时，也能了解到中外教育目的、教育制度、教育内容、教育手段的不同；另一方面也能让学生看到中外家庭教育和家庭关系的差异性，使学生认识到家庭教育的重要性，为学生提供另类视角观察教育现象。

案例三　援疆是奉献，更是责任

一、案例（材料）简介

2014年2月，年近半百的江西省抚州市临川第一中学教师胡冬莲满怀热忱，义无反顾地来到万里之外的西部边陲——新疆克孜勒苏柯尔克孜自治州，开展对口支援新疆教育的工作，在平凡的岗位上展现出不平凡的风采。

胡冬莲是江西省第八批援疆干部人才中年龄最大的一位，也是一位从教30年、教学经验丰富的女教师。在克州第二中学，胡冬莲主要负责"江西班"高一、高二两个班的教学任务。胡冬莲坦言，刚来克州二中时，由于学生的基础较为薄弱，自己不免存在着心理落差。针对南疆学生基础薄弱这一现状，胡冬莲改变以往在内地的教学思路，摸索出一套更适合当地学生的方法。授课时，注重基础知识的讲解，注重思维能力的培养和物理模型的建立；练习上，每节课的练习都从知识点的难易和应用等多个角度进行精心选编。

为了调动学生们的积极性，胡冬莲没少费心思。她先是让班里的学生每天把自己不会的一道题写在纸条上，由学习委员收齐。随后，她私下里教会其中的一名学生，上课时再由这名学生给大家进行讲解。"自己写的题目自己弄懂后给大家讲，充分提高了学生们的积极性。"胡冬莲说。

由于气候干燥，胡冬莲经常流鼻血、咳嗽、浑身无力，皮肤也不时出现过敏反应，一挠就容易出血。尽管如此，她还是坚持带病上课。常言道："病来如山倒。"一直在咬牙坚持上课的胡冬莲，有一天终于撑不住了，倒下了没去给学生上课。

谁知，第二天病情稍微好点儿的胡冬莲走进教室时，却意外地发现学习委员没有把大家的作业收起来放在讲台上。胡冬莲有些生气，结果学生们异口同声地说："老师，我们想让您休息！"这让她很感动。

功夫不负有心人。凭借自己近30年的物理教学经验，胡冬莲所带班学生的物理成绩逐步提升。第一次考试成绩超出年级平均分11分，第二次超出20分，第三次超出23分。

2016 年，胡冬莲所教班的学生高考成绩斐然、物理成绩突出，为此江西省教育厅领导打来祝贺电话："克州二中'江西班'高考成绩比'内高班'的成绩还要好。"

在繁忙的教学中，胡冬莲还想方设法抽出时间走访结对认亲对象——阿图什市上阿图什乡白沙克村阿卜杜扎伊尔·塔依尔老人。胡冬莲每次来到阿卜杜扎伊尔家，像闺女般照顾老人，打扫卫生，拆洗被褥，赢得了老人和邻里的交口称赞。

在援助新疆的 1000 多个日子里，胡冬莲以自己的爱心感染了学生；以真情打动了少数民族乡亲。她先后被克州评为"最美援疆干部"和"优秀援疆干部"。

"我深深地爱着这片土地，爱着这里的人民。"2017 年，胡冬莲老师又一次响应组织号召，成为江西省第九批援疆干部人才，继续全身心投入到教育援疆工作中。胡冬莲接受记者采访时，她没有豪言壮语，有的是一种信念、一种精神。因为选择援疆，就选择了奉献；选择援疆，就选择了梦想；选择援疆，就选择了舍家为国！

资料来源

韩婷.江西省抚州市援疆教师胡冬莲：援疆是奉献，更是责任［EB/OL］.江西省临川一中官网，2017-7-24.http：//www.lcyz.net/Item/6596.aspx.

二、案例（材料）点评

（一）适用范围

本案例适用于第九章"教师与学生"中第一节"教师"内容的教学。教师职业对于个体、社会和国家都具有十分重要的价值，主要表现在传播人类文明、传递社会价值、开发学生潜能、升华人生价值四个方面。

（二）思政元素

1. 热爱自己的岗位，注重实践

作为一名人民教师，不在乎环境的改变和物质上的满足，前往大山深处，前往最需要教师资源的边疆地区，保持本心传播知识，是爱岗敬业的体现。在实地考察和了解当地的教学状况后，提出了适合当地教学的特有模式，帮助当地学生建立学习的信心，通过"小纸条"及时得到教学反馈以助于更好地进行教学，同时凭借着胡老师三十余年的教学经验，同学们的成绩不断进步，高考成绩斐然。

2. 关心学生成长，关爱困难群众

胡老师在援疆的过程中，在做好自己的本职教学工作以外，还心系学生的身心发展状况，主动深入了解学生的家庭情况。对于家庭经济条件不佳的学生会主动向上级申请补助，同时还十分关注学生的身心发展状况，经常主动找学生聊天，倾听学生内心的声音，做他们的朋友。在社区里，胡老师也是志愿者队伍里的常客，拜访老人，看望留守儿童，将自己的爱洒在辽阔的大疆土地之上。

3. 响应国家号召，支持国家政策

在国家发出援疆支教的号召后，胡老师积极行动，体现了她对国家的认同和教师岗位独特的家国情怀。家是国的雏形，国是扩大的家。胡老师舍小家为大家，不远万里前往新疆支教，展现了教师队伍的独特风貌。新疆气候干燥，极端天气频繁，与胡老师长期生活的南方差距大，但是她并没有因此退缩，而是迎难而上，不断地克服所面临的困难，圆满完成上级所给予的教学任务。2017 年，胡老师再一次响应国家号召，前往新疆支教。

（三）课程思政教学目标

1. 知识目标

借助案例与学生一起总结胡老师身上的优良品质（如：爱岗敬业、关爱他人等）。再通过教师讲解让学生们理解"爱岗敬业"的真正内涵。在教学过程中，提供多个不同职业的案例，让学生们了解各个职业在社会中的平等性和重要性。让学生知道"爱岗敬业""关爱他人"不仅仅体现在教师岗位也可以在其他岗位中发觉。

2. 能力目标

通过案例分析增强明辨是非的能力，能够较准确地判断社会中各项职业行为是否正确，例如，教师无由体罚学生是否正确、拒绝服兵役是否符合社会主义核心价值观等。

3. 情感目标

让学生形成正确的择业观，树立正确的职业价值观，明白每一份平凡的职业都有其独特的价值，都可以在社会上发光发热。树立奉献祖国的远大抱负，明白有国才有家，在未来要做一个对祖国发展有利的人。

（四）相关经验总结

课程的最后，对学生进行开放性提问：你未来想做什么？学生 A 说："我的理想就是成为一名老师，我希望我会像胡老师一样成为一名优秀的人民老师，把自己学到的知识教给教师资源匮乏地区的孩子，同时我也希望能够给予他们更多关爱，让他们快乐成长！"学生 B 说："我以后想当兵，成为保家卫国的战士，在电视里常常看到军人救人的故事，我希望我也可以像他们一样在平常的日子里保护人民群众。"学生 C 说："我想成为一名医生，让人们可以不受病毒的影响，一直快乐地生活。"

通过学生们的回答，可以发现学生们真切地理解了这几个词的内涵，也对他们的未来职业规划产生了一定的影响，让他们更好地树立自己的职业梦想。

案例四　凝心铸师魂　立德育新人

一、案例（材料）简介

自 1988 年踏上三尺讲台以来，江苏省苏州市吴江中学老师须海萍一直认真工作、谦虚上进，作为吴江区的资深班主任，在长达 30 多年的任教生涯中，她以"严而不缚、爱而不纵、关注细节、责任至上"的带班理念，努力创建"和谐、快乐、务实、上进"的班集体。须海萍所带教的班级不但班风正、学风好、能力强，而且都取得了高考优良成果证书。她本人也因此被评为苏州市卜佳班主任，多次被评为苏州市优秀班主任、吴江市双十佳班主任、吴江市优秀班主任，并获得了吴江市首届德育带头人的称号，被人力资源社会保障部、教育部授予"全国模范教师"称号，享受省部级表彰奖励获得者待遇，还成立了以"须海萍"命名的班主任名师工作室。

严于律己　言传身教

初为班主任时，须海萍就督促自己时刻以身作则，给学生做个好榜样。吴江中学规定住宿生要在早上 6 点 45 分到达教室自习，但班级内迟到的现象偶有发生，须海萍就每天 6 点 30 分到班级默默看书备课，以实际行动带动全班的自习氛围。一段时间下来，学生们发现老师每天到得比他们还早，也就不好意思迟到了。

"把整个心灵献给孩子"

须海萍不仅以她的人格魅力引领着学生的言行，还做到了像苏联著名教育实践家和教育理论家苏霍姆林斯基那样"把整个心灵献给孩子"。

这一学年，须海萍班级中有一位家庭情况比较特殊的孩子，这个孩子从小跟随爷爷奶奶生活，性格比较内向。当她得知这一情况后，就时刻留意这个孩子的学习、生活情况，给孩子多一份爱和关心。当这个学生学习成绩有进步的时候，须海萍为他高兴，同时还给他指明前进方向；当这个学生学习成绩落后的时候，须海萍和他促膝谈心，帮他分析学习上存在的问题。

"由于家境比较特殊，这个孩子的性格很内向，在这样的情况下，我就鼓励他多跟同学交往，融入班级大集体，并且提醒坐在他身边的同学，多关心他，多和他交往。他的字写得特别漂亮，我就让他和出黑板报的同学一起出黑板报，每当黑板报获奖的时候，他也会很高兴。"须海萍一边回忆一边笑着说。

须海萍认为，家庭是社会的细胞，学生入学后，他们的全部生活仍然与家长保持着联系，因此家庭教育能做到学校教育做不到的事情。所以须海萍除了传统的家长会、家访、电话访问外，还充分利用网络，建立了和家长沟通的QQ群和微信群，并会在群内分享本学期的班级计划、学科学习目标、学生阶段思想动态等信息，供家长了解。此外，须海萍还会在网络上传播家庭教育新理念，助力形成家校合力，呵护孩子成长。

做大做强班主任工作室

近日，记者走进高一语文组老师办公室时，须海萍正在倾听徒弟规划的备课思路。"我建议可以在学生朗读课文后，设置一些问答，这样既可以增加和学生的互动，也可以加深学生对课文内容的理解。"须海萍一边认真倾听一边给出一些诚恳的建议。

一花独放不是春，百花齐放春满园。在吴江中学，须海萍带教的年轻老师有十几位之多，她以身作则，成了徒弟们学习的榜样。2017年成为班主任工作室主持人后，须海萍不仅积极开展各项德育活动，还指导工作室成员提高班主任素养、规划班主任生涯，使他们获得了长足的进步。现在这些年轻老师已成长为吴江区德育和学科领域的骨干。

30多年来，须海萍用无悔的青春和高尚的师德诠释了园丁们绵延闪烁的平凡和伟大，这些充满正能量的一言一行，在有意无意之间体现着教师的崇高风范：捧着一颗心来，不带半根草去。

资料来源

高琛.须海萍：凝心铸师魂　立德育新人［N］.吴江日报，2020-05-15.

二、案例（材料）点评

（一）适用范围

本案例适用于第九章"教师与学生"中第一节"教师"和第二节"班主任"

内容的教学。具体包括教师的角色：学生发展的引导者、共生关系的对话者等，以及班主任的角色：学生思想道德的教育者、学生日常生活的管理者、学生健康成长的引导者和学校文化的建设者。

（二）思政元素

1.爱岗敬业，言传身教，努力在平凡的岗位上铸就辉煌

习近平总书记曾说过，教师要时刻铭记教书育人的使命，甘当人梯，甘当铺路石，以人格魅力引导学生心灵，以学术造诣开启学生的智慧之门。须海萍在从教的过程中，始终做到严于律己，言传身教，以实际行动带动全班的学习氛围，在平凡的教师岗位上用无悔的青春和高尚的师德诠释了园丁们绵延闪烁的平凡和伟大。

2.注重家教，注重家风。将家庭与学校二者的教育相结合，促进学生的发展

中华民族历来重视家庭，广大家庭中重言传、重身教，教知识、育品德，通过这些途径帮助孩子扣好人生的第一粒扣子，迈好人生的第一个台阶。须海萍认为，家庭教育能做到学校教育做不到的事情，大力推进家校合作；还会在网络上传播家庭教育新理念，助力形成家校合力，助力学生的健康成长。

3.践行集体主义精神，用社会主义核心价值观引领知识教育、引领师德建设

集体主义精神是深入中华民族血脉的价值观，须海萍在教学过程中坚信"一花独放不是春，百花齐放春满园"，坚持开放共享理念，不仅在教学过程中积极开展各项德育活动，引导学生以分享促学习，还指导其他教师提高素养，在学习分享中共同成长。

（三）课程思政教学目标

1.知识目标

通过案例分析，更加直观生动地向同学们展示育人的根本在于立德。了解作为一名人民教师，应始终把德育放在首要位置，也应更充分地认识到家校合作的重要性，关注学校教育与家庭教育之间的合作，引导学生个性健康成长。

2.能力目标

通过案例学习，使学生能够用社会主义核心价值观引领知识教育、指导自身的发展，拥有指导学生与自我教育、自我成长的能力。

3.情感目标

借助案例教师引导学生对教师职业有更加深刻的认识。作为教师，不仅是要传授给学生知识，更要教会学生做人，在今后的教学过程中能够以身作则，关爱

学生。

（四）相关经验总结

首先，在课前就应对教学目标有清晰认识。将例子展开分析，引导学生积极思考与讨论发言。其次，在授课过程中，应注意课程相关知识与思政元素结合，避免顾此失彼。最后，通过案例引导同学们去思考如何更好地传授德育以及以何种方式更好地传授相关知识，更好地提升自己对教学的认识。

通过该案例的讲解使学生深刻体会到教书育人、立德树人的使命。学生对自己的角色也有了更深刻的感悟，不仅扎实了课本知识，还多了一些课本之外的思考，扩充学生知识面，锻炼学生思维。

案例五　全国三八红旗手贾益芹：
做学生幸福人生的圆梦人

一、案例（材料）简介

28 年来，她教过 20 个班，每次接手一个新班，她都会问学生："你们的梦想是什么？"

"我的梦想是做一名舞蹈演员""我的梦想是考入北京联合大学""我的梦想是听到妈妈的声音"……孩子们的梦想稚嫩、朴素又让人心酸。在山东省淄博市特殊教育中心听障教育部，教师贾益芹是这些孩子幸福人生的圆梦人。

荣获"全国模范教师""全国教育系统巾帼岗位标兵""全国三八红旗手""全国先进工作者""全国五一劳动奖章""国家第四批万人计划教学名师""山东省特级教师""山东省教学能手""山东省有突出贡献的中青年专家"等荣誉称号，光荣当选中国妇女十二大代表……这背后是贾益芹 28 年来脚踏实地的实践："最好的教育方式是爱，最高的教育智慧也是爱。"

呵护稚嫩幼苗

1992 年 7 月，贾益芹从山东省昌乐特殊教育师范学校毕业，被分配到当时的淄博市第二聋童学校。她担任二年级的语文老师兼班主任。聋童学校的学生全部住校，二年级的学生年龄小，生活上需要老师的照顾。

原来的班主任把每一名学生的情况都仔细地介绍给贾益芹：小秋自尊心特别强，说话不能说重了；小晖天天流鼻涕，记得桌上放包卫生纸……贾益芹接过了接力棒，小心翼翼地呵护着这些稚嫩的幼苗。

1993年的一天晚上，8岁的小科在宿舍里打闹从上铺摔下来，导致手腕骨折。最近的医院离学校也有3公里，那时没有出租车，深夜里，贾益芹用自行车带着小科赶到医院。当大夫得知她是孩子的老师时，不由得感叹："你们特教老师太辛苦了，真是了不起啊！"

孩子们小，头疼脑热、磕磕碰碰的事情时有发生。20多年来，贾益芹自己都记不清有多少次陪学生去看病。

"微笑面对每一天，迎着朝阳奔跑"是贾益芹的日常状态。早晨，她会微笑着摸摸孩子们的头，拍拍他们的肩，再伸出大拇指鼓励他们："你是最棒的！"孩子们说："你真漂亮！"家长们说："你的微笑让我们感到温暖，孩子交给你，我们放心。"

贾益芹还对学生们进行"感恩教育"。活动中，孩子们抚摸着父母粗糙的大手，理解了父母的辛苦。父母读着孩子的家书，感觉孩子长大了、懂事了……失去听力的孩子，手语沟通是那样费劲。特教老师用生命和生命对话，带孩子们走向幸福。

牵着蜗牛散步

"贾老师的手语很清晰，她的课我们都能听懂，我们愿意听。""我们虽然听不到世界的声音，但贾老师就是我们最美妙的耳朵，让我们感受到生活的幸福，世界的多彩。"手语是聋哑学生的母语。贾益芹苦练手语基本功，和学生进行无障碍沟通。2005年，她还被聘为淄博电视台第一位手语主持人。

有人说"特殊教育是牵着蜗牛散步的艺术"。特殊孩子的成长是一个反复而漫长的过程。为了让学生发出音节，20世纪90年代初，老师把学生的手放到自己的嘴边感受气息，摸着自己的咽喉位置感受声带的振动，借助小镜子、压舌板一点点地开启学生的声带，一声声、一遍遍，千百次地重复练习。

在语文教学中，贾益芹注重发挥聋哑学生观察力和模仿力强的优势，在"听说读写"四个领域的基础上，增加"演"的训练。《丑小鸭》《皇帝的新装》等经典名篇汇编成课本剧，通过直观形象的表演，让学生对课文内涵有了更准确的理解。

为了创设生活化的语文环境，贾益芹常常把课堂搬到户外。在学校的支持下，贾益芹带领学生到花山、孝妇河、齐文化博物馆、淄博市图书馆等地，领略优美的自然风景和家乡的变化，接受文化的熏陶，让学生由封闭走向开放。

刻苦钻研结硕果。贾益芹在国家级、省级刊物发表论文20篇，主持了山东省"十五"重点课题《聋生心理健康现状及教育对策研究》等2个省级课题，出版了《无声心语》《手语说书法》《走进心灵》等6部教育著作，被山东省教育科学研究院聘请为特殊教育兼职教研员，被山东理工大学聘请为课程特聘教授。

作为"贾益芹名师工作室""劳模创新工作室"的主持人，她努力为青年教师搭建平台。在她的带动下，近年来学校先后有10多名青年教师在省市优质课、教师基本功比赛中获奖。

实现天使的心愿

2018年10月，贾益芹到北京参加中国妇女十二大时，把孩子们的画带到了人民大会堂，还特意在天安门前拍了照片。这之前，孩子们听说老师要去北京，用手语说："我们的老师真了不起。"贾益芹告诉孩子们："不是你们的老师了不起，是党和国家对特殊教育事业的重视了不起。国家不仅免去了你们的学费等费用，还发学习用品补贴，你们多么幸福啊。"孩子们的脸上洋溢着幸福和自豪，商量着用画画表达心声。一个小女孩画了这样一幅画，画面中一个戴着电子耳蜗的小女孩对妈妈说："妈妈，我爱你。"而妈妈的眼里流出了激动的泪水。

近年来，在国家政策的支持下，孩子们都佩戴上了助听设备。老师们凭借信息化平台，对学生进行康复训练。半年过去了、一年过去了……很多孩子能听会说了。有的孩子经过康复训练，实现了上普通幼儿园、普通小学的梦想。

在贾益芹的教育生涯中，收获最多的是学生带来的满足感。她的学生张明月被评为全国百名美德少年，入选中国好人榜。学生伊鹏走上中央电视台"非常六加一"的舞台，展示才艺和阳光般的笑脸；学生国金颖获得山东省优秀共青团员、全国最美中学生称号；耿晓娜主演了微电影《舞者》……一批批学生考入了长春大学、北京联合大学等院校，他们凭借自己的技能，在工作岗位上用辛勤的汗水创造着财富和幸福。

贾益芹说："看到学生们快乐成长，自食其力，组建自己幸福的小家庭，就是我最大的幸福。"孩子们对她也充满了信任和依赖。他们会打听她的生日，会在某一个日子给她送去神秘的礼物。考上北京联合大学的一名学生，带着女朋友从北京回山东，没回家就先来找老师，给老师看看自己的女朋友。

贾益芹教过的学生陆续结婚了。因为学生听不见司仪的主持，他们请老师和司仪一起主持自己的婚礼。礼乐奏响，看着学生牵着爱人的手缓缓地走上人生幸福的红地毯，贾益芹激动不已，泪眼模糊中，仿佛回到了从前。

淄博市特殊教育中心有一块刻着100个"爱"字的"百爱石",每一个"爱"字背后都有着一个故事。在这里,爱的故事一直在延续。

资料来源

鲁淄.全国三八红旗手贾益芹:做学生幸福人生的圆梦人〔EB/OL〕.鲁网,2020-08-31.http://zibo.sdnews.com.cn/zbgd/202008/t20200831_2785963.html.

二、案例(材料)点评

(一)适用范围

本案例适用于第九章"教师与学生"中第一节"教师"内容的教学。具体包括教师职业的意义,教师的角色以及教师的权利和义务等。

(二)思政元素

1.为学生点亮理想之灯,引导学生立鸿鹄志,做奋斗者,探索有意义的人生

贾益芹在教学过程中,引导学生立鸿鹄志,面对特殊儿童,不轻言放弃,立志做奋斗者。引导学生们要有信念、有梦想,探索有意义的人生,照亮学生前行的路。

2.刻苦钻研结硕果,敬业奉献注重创新

中华民族是一个充满智慧而勤奋的民族,无论处在哪种阶段,我们都应该始终处于学习状态,不断创造,不断奉献。贾益芹在教学过程中,面对特教学生,为给他们营造更丰富的学习环境,刻苦钻研,将课堂搬到户外,注重教法的多样创新,让学生们有更丰富的课堂体验。通过案例分析使同学们能够站在知识发展前沿,刻苦钻研、严谨笃学,不断充实、拓展、提高自己。

3.弘扬爱国精神,在教学中激发学生们的爱国情感

中华民族在几千年的发展过程中,形成了以爱国主义为核心的民族精神,爱国主义是一种崇高的思想品德。弘扬爱国精神,不需要人人都做出特别伟大的贡献,而需要将其融入工作与生活。贾益芹在教学过程中的所感所发,都渗透着深深的爱国情感,这能引起同学们的共鸣。在学习过程中,让同学们感受到国家与党对教育事业的重视,激发内心对国家的热爱与对党的拥护。

(三)课程思政教学目标

1.知识目标

借助案例分析,教师引导学生进一步对教师的职责有更明确的认识。同时,让学生对课堂的新课导入过程有新的启发与思考,在教学过程中能够更好地运用

相关理论与方法授人以渔。

2. 能力目标

通过案例学习，学生能够拥有提升自我、刻苦钻研的能力，拥有更多面对不同情况解决问题的能力，锻炼学生更强大的内心。

3. 情感目标

通过案例教学，让学生感受到作为一名教师，能够培育出许多优秀人才时候的满足感，并且增强学生的爱国之情、巩固其爱党之心。

（四）相关经验总结

老师在教学过程中，要注意站在贾益芹的角度去讲述故事，使故事更有带入感，能带给学生更深刻的体验感，增强学生的感性认识。并且注意不要单独陈述个人故事，而忽视背后思政元素的挖掘。

通过此案例的分享，学生深刻明白教师岗位的特殊性，为贾益芹的故事所感动。也在故事中感受到，国家对教育的支持与鼓励，对教师的关爱，增强了学生对未来就业的信心。更重要的是，培养学生的那份社会责任感，从而达到教育学的教学目标。

案例六　索南尖措：照亮孩子脚下的路

一、案例（材料）简介

索南尖措，藏族，中共党员，青海省黄南藏族自治州同仁市兰采乡中心寄宿制学校教师。曾荣获黄南藏族自治州模范班主任、兰采学区优秀教师、优秀班主任。在学校，索南尖措既是教师也是家长，他以爱心、耐心、热心孜孜育人，在辽阔的高原上谱写着不悔的青春之歌。

2018 年春季开学，兰采乡中心寄宿制学校为落实"两不愁，三保障"，做到精准扶贫、精准脱贫，与班主任和任课教师签订责任书，所有学生包保到人，每位教师承包一户贫困家庭，定时走访、帮扶。

与此同时，学校建立健全控辍保学的各项制度，如学龄前儿童登记制度、学生情况变动及时报告制度、留守儿童帮扶制度、辍学学生劝返复学制度、学困生帮扶制度、控辍保学奖惩制度等，完善各种档案材料共计 18 项，这些制度有力保障了牧区孩子受教育的权利和义务。

　　索南尖措包保的贫困户周本卡洛家有五个孩子，一个读高中，两个读初中，两个读小学。二三十只牛羊是这个家庭的全部生活来源，经济状况可想而知。因为贫困，家长和孩子都承受着沉重的心理负担，尤其是读高中的久美扎西，他品学兼优，就读的同仁市民族中学是青海省名校。可是入学后他的压力更大，既想全心投入读书，又因为家中的经济状况而担忧、分神。为了帮助久美扎西减轻心理负担，集中精力学习，索南尖措除了定时家访，给予这个家庭物质上的帮助，还时常到学校看望久美扎西，约他在黄南州的书店见面，鼓励他，送书给他，用书里的故事开导他。

　　有时候，索南尖措也请久美扎西吃饭，在轻松的环境里"现身说法"："我上学时家里也很穷，是村里数一数二的贫困户。我的父母都不认识字，但是坚持送我到学校读书。他们不懂得什么大道理，只是朴素地认为读书可以摆脱贫穷、改变命运。我在学习上从来没有服输过，小学的学习成绩总是全班第一，一直保持到小学毕业；从中学到大学毕业，村里人都不知道我放假回来了，因为我回来后不出门，总是在家里看书。"索南尖措给久美扎西讲自己求学时的经历："上了大学，每次开学我都是哭着返校的。因为每次开学前，爸妈都要去亲戚朋友家里借钱。在那种情况下，我都坚持下来了，现在国家有各种教育政策做保障，你要有勇气面对自己的处境和未来……"久美扎西听得很认真，平稳度过了高一学年。

　　另一个让索南尖措记忆深刻的一个孩子名叫才让卓尕，这个性格内向、老实、学习一般的小女孩从小没有父母，由奶奶养大。她的眼神里总是透出一种孤独感，远远地躲着老师，上课也不言不语，很少和同学玩笑。当时索南尖措刚参加工作，执教一年级。他想帮助她、改变她，让她内心充满阳光。索南尖措总会把目光落在这个小女孩身上，用眼神与她交流，并在她进步的时候，给她一张奖状；总会在适当的时候请她回答问题，给她竖起大拇指；总会在带学生玩乐时拉她一起参加……渐渐地，才让卓尕的神情不再紧张，脸上有了从容的笑意。

　　学生辍学，有的是因为家庭贫困，更大的原因是发现不了学习之美。真正留住学生就要留住他们的心，让他们爱上学习、爱上课堂。为此，索南尖措从提升自身的专业修为着眼，首先丰富自己的精神世界，再去拓宽学生的视野，开发学生的心田。当学生在课堂上有了别样的体验时，课堂便有了吸引力，学校就成了他们喜欢的所在。

　　索南尖措的书架上，历史、文学、教育类书一字排开。他酷爱历史，尤其是古代史。他说，汉文版《西藏通史》是目前介绍西藏最全面的书籍。除了历史文学类滋养心灵的书籍，索南尖措也非常注重专业书的阅读与学习，这是他提高教学水平的重要渠道。"阅读教育名家的著作，跟着他们的步伐自己就不会迷茫。钱理群、朱永新、华丹尼玛、尖荣旦增等，读他们的书我就会感觉自己做得还不够，还要不断学习，他们都是我的榜样和老师。"阅读让索南尖措更清楚教育的魅力来自于对学生心灵的影响。

藏文好说但不好教，尤其是藏文语法教学，更是藏文课的重点难点。为了让自己的教学更好学易懂，索南尖措在语法教学上下了不少功夫，看视频学语法又成了他的新方法。青海民族大学有一位语法权威教授德却，他讲解的藏文语法切中要害。"说的藏语与写的藏文有很大区别，德却教授的视频点中了藏文语法要害，令人茅塞顿开。"索南尖措说，"只有自己懂了、讲解准确了，才能明明白白地教会学生。"

索南尖措非常注重学习形式，课堂实行分组教学，为学生创设自主学习的氛围。起初，班里大部分学生不会朗读课文，他会让朗读比较好又爱帮助别人、自律意识较强的学生担任小组长，负责带动大家朗读，并坚持每天写一段话，每周一测试。学生在练习的时候，可以问组长，也可以问老师。索南尖措还在网上买了 200 张奖状，测试完后奖励给学生。

班里的当增闹日是个孤儿，性格很好，每天都笑容满面，就是学习成绩总也不见起色，班里的仁青卓玛恰好是他的亲戚，而且学习特别好。索南尖措就安排当增闹日到仁青卓玛任组长的小组里学习，因为是亲戚关系，当增闹日交流起来没有心理负担、不害羞，仁青卓玛也会协调组员一起帮助他。经过一段时间的尝试，当增闹日的学习成绩明显提高。

索南尖措说："教师的天职是教书育人，并不能因为学生成绩不好放弃他们，反而更应该给他们提供个性化的帮助，让他们重拾学习的信心和勇气。"他还表示，"当学校生活变得丰富多彩，当学习变得充满挑战又趣味横生，当学生卸下防御的铠甲，责任感、求知欲、上进心被激活，有什么能阻挡他们生长的力量？""世界进步唯一的途径就是教育，没有教育就没有未来。"

新学期来了，索南尖措又踏上了手执粉笔、挥斥方遒的旅途。琅琅书声在高原的青山绿野远播。（有修改）

资料来源

高影.索南尖措：照亮孩子脚下的路［N］.中国教师报，2020-09-12.

二、案例（材料）点评

（一）适用范围

本案例适用于第九章"教师与学生"中第一节"教师"内容的教学，具体包括教师的职业与角色等。同时还适用于第八章"教学"中第三节"教学实施"内容的教学，包括教学的方法以及教学的组织形式等。

（二）思政元素

1. 弘扬敬业的社会主义核心价值观，不断精进教学技能，终身学习

在信息化时代，唯有终身学习才能不被时代所淘汰。索南尖措意识到要留住学生，必须要提高自己的教学水平，于是广泛阅读、积极思考，给予学生个性化的帮助。

2. 贯彻落实国家扶贫政策，保障每位孩子享有受教育的权利

索南尖措不仅到久美扎西家家访、请他吃饭、给予他物质上的帮助，还送他书、给他讲自己求学时的经历，在精神上鼓舞他。

3. 多多关心、鼓励学生，激发学生自信心，成为学生健康成长的引导者

才让卓尕从小没有父母，性格内向。索南尖措想要帮助她，让她内心充满阳光。因此在课上多多跟她交流，多鼓励她，带她一起参加各项活动，这使得才让卓尕脸上露出笑意。

（三）课程思政教学目标

1. 知识目标

借助案例分析，学生知道作为教师应尽自己所能保障孩子享有教育的权利，不辜负人民教师的责任。

2. 能力目标

借助案例分析，学生能够在今后的教学实践中多多关注需要帮助的学生，让他们感受到来自教师的温暖和关注。

3. 情感目标

借助案例分析，学生愿意在今后的教学实践中不断精进教学技能，提升自己教学水平，做新时代的优秀教师。

（四）相关经验总结

教师在课前可以布置学生收集一些优秀教师的事例，初步感受优秀教师的魅力。在课堂上，有条件的情况下教师可以播放一些与索南尖措事迹相关的视频，

提升感染力。课后，教师可以引导学生谈谈自己的感受，教师给予一定的总结和评价。

学生沉浸在教师营造的氛围中，更能深切感受到索南尖措的优秀教师品质，也萌发出要向索南尖措学习的想法，不断提升自己。

案例七　焦丽芳：用爱温暖每一个孩子

一、案例（材料）简介

早上七点刚过，河北省承德市兴隆县第二小学数学教师焦丽芳就到学校了。

"经过了一个漫长的假期，要帮助孩子们收收心。提前来会儿，和新生见个面，增进感情。"焦丽芳笑眯眯地说。

2020年是焦丽芳连续第八年接手六年级"新生"了。过去的七年，每到暑期开学，焦丽芳都要成为校长室"贵宾"，不好带的班级、成绩不突出的班级，一准儿落进她手里。兴隆二小校长杨福兴告诉我们，焦老师从来不推辞，只要说让接六年级新班，二话不说就去主动了解班级情况。

教室里已陆续来了一些学生，焦丽芳站在门口，迎接着孩子们。提前和五年级老师了解了这些孩子的情况，虽然两极分化严重，但焦丽芳有信心教好他们。简单的自我介绍后，焦丽芳首先做的就是重塑孩子们的信心。"其实他们并不是不想学习，成绩不好的时候，信心不足，学习没动力，形成恶性循环，成绩可能会越来越差。第一堂课，我就和孩子们交心，告诉他们，我是来和你们共同学习的，希望咱们共同成长，这一年我们各方面一定都有提高，为明年的小考打下坚实基础。"

为了尽快与孩子们拉近距离，焦丽芳每年接手新班级的第一节课并不急于讲课，而是带着爱和目的与孩子们聊天。她会设计幻灯片让孩子们选择自己将来生活的样子，有了未来的目标，再让孩子们畅所欲言，怎样达成这样的目标，现在该如何去做。针对自己教学的数学学科，再让孩子们围绕"我眼中的数学"来谈谈自己对数学的理解，借此了解孩子们对生活、对数学的真实想法。

焦丽芳说，只有给学生的爱是发自内心的，是走进学生心灵的，才会让学生感受到爱，体会到被爱之乐，他们才会学着去爱别人。印象深刻的，是2014届一位叫一宁的小女孩，小圆脸大眼睛，一说话就害羞。她的作业书写工整且完全正确，可课上回答问题却一问三不知。焦丽芳了解到她的家庭情况后，多次找她谈心，通过一个个爱的故事激发一宁的学习兴趣，课上找一些她能作答的机会来提升其自信心，并多次在作业本中写鼓励的评语……慢慢地，孩子发生了变化，课上能主动回答问题，作业不再完全照抄，遇到不会的题还会主动问老师。

"最让我感动的是我们班'六一'演节目，她集化妆师、服装设计师、导演于一身，小宇宙完全爆发了！毕业后，她在班级 qq 群里称呼我为'焦妈妈'，到现在每个大小节日都会打电话聊一会儿，我想这就是作为教师的我们最大的幸福和快乐吧！"焦丽芳朴实的笑容里溢满幸福。

下午四点，焦丽芳接到了上届毕业学生的电话："老师，我们来看您了，在大门口呢！"可马上就上课了，焦丽芳狠心拒绝了几个孩子："老师得上课，还得和学生们打扫卫生呢，没时间去见你们了呀！你们回家吧，路上注意安全，别贪玩儿！"五点半，焦丽芳送学生出校门，几个孩子还等在门外："焦老师！"为了见到亲爱的焦老师，孩子们居然等了一个多小时。焦丽芳泪如泉涌，那是为人师者最感动的幸福瞬间……

把全部心思用在学生身上，无论是班级管理还是教学教研，焦丽芳都"有一套"。连续八年教毕业年级数学学科，焦丽芳并未懈怠，"每一年的课程虽然一样，但孩子是不一样的啊，咱们得根据学情选择适合的教学方法，做到老课新教。"课件激趣、小组研讨、分块复习、互考互评，新颖的教学方法笼络了孩子们的心，他们的数学思维越来越敏捷，数学成绩越来越优秀，连带其他学科成绩也有了很大进步。数学曾经考了38分的金浩同学，毕业考试考出了94分的好成绩！

去年六月初，焦丽芳不小心扭到腰，行走困难，医生建议在家静养一周。想到即将小考的孩子们，焦丽芳选择回到挚爱的三尺讲台。带着护腰板一步一步挪到教室上课，为了少走几步路，她干脆"留守"在班级，陪孩子们一起上每一节课，课下再继续辅导孩子。同学们看在眼里记在心上，最终，以优异的小考成绩回馈了敬爱的焦老师。

行源于心，力生于志。从教27年的焦丽芳没有忘记教书初心，她更牢记育人之志，秉持着"捧着一颗心来，不带半根草去"的教育信条，她愿意将爱的教育进行到底！（略有删减）

资料来源

何静.用爱温暖每一个孩子——记河北省优秀教师、兴隆二小教师焦丽芳[EB/OL].兴隆发布.https://mp.weixin.qq.com/s？__bi.2020-09-10.

二、案例（材料）点评

（一）适用范围

本案例适用于第九章"教师与学生"中第一节"教师"的内容教学，具体包括教师职业与教师角色，教师与学生的关系等。

（二）思政元素

1.坚守教师岗位，主动承担教育教学职责

焦丽芳老师爱岗敬业，连续八年主动接手不好带、成绩不突出的班级，不怕困难不怕吃苦，全心全意为中国的社会主义教育事业奉献自己，为全体学生的成长进步付出心血，焦丽芳老师的所作所为必将为学生幼小纯净的心灵播撒下一颗立志从教的种子。

2.鼓励学生锐意进取，树立正确的人生观念

焦丽芳老师在第一堂课上就帮助学生重塑信心，寄予学生期望，许诺将会陪伴同学们共同学习和成长。现在不能决定未来，切不可囿于现状，不去努力奋斗。相反，未来掌握在自己手中，勤勉努力，树立信心，在各个方面必将会有所提升。

3.尊重信任每位学生，营造公正平等的育人环境

焦丽芳老师秉持"以人为本"的学生观，相信每位学生都是有发展潜力的，虽然班级中学生的学习成绩两极分化，但是她不歧视不放弃任何后进生，平等对待每位学生，关心爱护他们，做到教育面前人人平等。2014届的小女孩儿一宁正是在她耐心教导下逐渐向积极的方面发生着变化。

4.不忘教育初心，牢记育人使命

十九大报告提出：要全面贯彻党的教育方针，落实立德树人根本任务，发展素质教育，推进教育公平，培养德智体美劳全面发展的社会主义建设者和接班人。焦丽芳老师从教27年用自己的实际行动贯彻落实党的教育方针，无论是在班级管理还是教学教研工作中都尽职尽责，精心钻研，上好每一堂课，教好每位学生，为我国社会主义事业培养栋梁之材。

（三）课程思政教学目标

1.知识目标

通过案例分析，引导学生领悟锐意进取和爱岗敬业的精神实质及其重要性，明确锐意进取是典型的时代精神，爱岗敬业是伟大的职业精神，符合时代发展的

特点，应该大力弘扬和不懈追求。

2.能力目标

培养学生在逆境中不屈服、不妥协的解决问题的能力，在现状中勇担当、有作为的进取意识。

3.情感目标

培养学生对社会主义教育事业、教师职业的热爱，乐于奉献、关心集体的崇高品质，养成时刻保持向上向善的积极心态。

（四）相关经验总结

讲解案例过程中可以鼓励学生发表个人对于焦丽芳老师的评价并适时向正确的方向予以引导，将案例中的思政元素融入专业课程中，传授学生师生关系和教师职责的同时达到培养学生锐意进取、尊师重教的课程思政的教学效果。

学生从案例中感悟到，爱岗敬业的教师对学生一生的发展能够产生重大的影响，爱岗敬业的精神会为国家教育事业做出重要的贡献，如果一位教师不热爱学生、不关心学生是很难教好自己的课程，也很难与学生形成良好的师生关系。

案例八 "最后一课"老范放不下的，究竟是什么？

一、案例（材料）简介

据统计，我国有近300万名扎根基层的乡村教师，一支粉笔，两袖清风，三尺讲台，四季耕耘。影片中的老范正是这些乡村教师的缩影，"最后一课"的故事未完待续……

1.退休之后再回村，"我放不下孩子们"。1985年8月，教师方平尔离开了任教两年的浙江杭州富阳高桥乡中心小学，只身扎根浙江杭州淳安大山。大山里，很多孩子的父母外出打工，方平尔经常为贫困学生垫付学杂费、补贴伙食费。寒冬腊月里，她还冒着大雪背学生去医院。"只有付出加倍的爱，孩子才会信任你。信任你了，你才能够教育他们。"就这样，方平尔扎根山区近40年。2013年，方平尔退休，从学校出来，"心里空荡荡的，眼泪止不住地流，教了39年书接下来该干点什么呢？"2014年，大墅村向退休的方平尔发出邀请，村里筹建文化礼堂，需要一个宣传文化员。几乎是想都没想，方平尔就接了下来。"我放不下村里的孩子们，尤其是那些留守儿童。"有人问她图啥，她说："我就是这一门心思，这就是我的路。"

2. 任教期满却继续坚守，"那种渴望的眼神拽住了我"。90后研究生赵鹏菲是河北唐山人，毕业于云南大学体育教学专业，他也是河北平山县上文都小学的特岗教师。因山区老师稀缺，赵鹏菲要教语文、数学、体育等6门学科，因此，学生们总说我的语文、数学、英语……真是体育老师教的。一开始，赵鹏菲认为自己是研究生，教小学课程应该易如反掌。但第一节数学课上下来，赵鹏菲就意识到，自己想得太简单了。但他从未放弃，在同校老师的帮助下，赵鹏菲的教学水平有了明显的提升。今年8月，赵鹏菲3年特岗教师服务期满。慎重考虑后，他决定为了山区里的孩子留下继续任教。"孩子们那种求知欲、那种渴望的眼神，拽住了我。"

3. 从一个人变成一群人，"爱心"不会缺席。2015年，浙江宁波李惠利小学的退休教师周秀芳和好友，来到湖南省溆浦县九溪江桐林小学。当看到三个年级的孩子围着火盆上课，一位老人用自己听不懂的方言在教孩子时，周秀芳当即决定留下来，因为"这些孩子需要我"。因患有高血压和风湿性关节炎，医生建议她手术换膝盖。6万元的费用周秀芳舍不得花，但为了孩子们，她却很大方。走访贫困学生时，她经常会送上校服、被子、文具，图书等学习生活必需品，还给学校买了电脑。她把自己的"养老钱"用得精光，常常一碗米饭、一碟泡菜就对付一餐。最困难的时候，她的工资卡里只剩下3.6元。但是，个体的力量毕竟有限。于是，周秀芳将桐林小学的图片配上文字，发到微信朋友圈，引起了很多人的关注。四年多来，周秀芳把宁波、杭州、上海等地数万市民的爱心，源源不断地"搬"到湖南溆浦山区。捐建希望小学29所（已建成19所，10所正筹建中），结对帮近400名贫困生，累计捐款捐物近3500万元。如今，72岁的周秀芳为众人的支持倍感欣慰。

有人说，是这些扎根在山村的教师创造了奇迹，但其实，他们本身就是奇迹。向坚守大山的教师、向照亮山里孩子的暖光致敬。

资料来源

央视新闻."最后一课"老范放不下的，究竟是什么？[EB/OL].中国青年网，2020-10-11.http://news.youth.cn/sh/202010/t20201011_12525764.htm.

二、案例（材料）点评

（一）适用范围

本案例适用于第九章"教师与学生"中第一节"教师"中的内容教学，包括教师的职业与教师角色以及教师与学生之间的关系等。教师是学校当中专门负责教育教学的专职人员，教师应当具备师德、师知、师能、师心和师体等基本素养，应当成为学生的朋友、学习的榜样。营造良好的师生关系，需要教师与学生共同努力，相互尊重和信任。

（二）思政元素

1.增强责任担当意识

习近平总书记曾说："每一代人有每一代人的长征路，每一代人都要走好自己的长征路。"这是时代赋予我们的使命。生而为人若没有负担，便是生命中最大的负担，所以每个人都应当担负起应尽的责任。责任是肩上的一份重担，更是一种品质，一种美德，一种人格的升华。乡村教师方平尔本可以在物质条件等其他方面更好的学校任教，但是她选择扎根杭州淳安大山近40年，只因她对村里的孩子们，尤其是留守儿童怀有强烈的责任担当意识，这是一位教师对学生最深沉的爱。

2.弘扬爱心奉献精神

"捧着一颗心来，不带半根草去。"是我们耳熟能详的一句名言，这是人民教育家陶行知先生对教师爱心奉献的真实写照。教师的工作具有复杂性的特点，因为教师既要教书更要育人，既要重视学生的学习，也要关心学生的生活，这就决定了教师对学生需付出极大的努力和心血，才能将学生教育好。因为感受到山里孩子们需要她，教师周秀芳退休后坚持到乡村继续执教。身患疾病，医生建议动手术，而她不舍得花钱，但是为了给孩子们提供基本的学习条件，她却把自己的"养老钱"用得精光。周秀芳教师将个人的爱心进行撒播，逐渐变成了一群人的爱心，照亮了山里的孩子们前进的道路。

3.发扬工匠精神，不断取得进步

工匠精神是社会文明进步的重要尺度、是中国制造前行的精神源泉、是职工个人成长的道德指引。特岗教师赵鹏菲意识到教小学也并非想象中那么容易，但他从未放弃，而是向同校教师虚心请教，勤加练习，精益求精。工匠精神还意味着一种坚定执着，即一种几十年如一日的坚持与韧性。赵鹏菲充分彰显了工匠精神，在 3 年特岗服务期满后，他仍选择留山区任教，坚守岗位，教书育人。

（三）课程思政教学目标

1. 知识目标

引导学生了解"工匠精神"的来源、精神内涵以及现实意义；明确新时代中国青年运动的方向，新时代中国青年的使命和担当。

2. 能力目标

引导学生在学习过程中能够尊敬教师，信任教师和理解教师，学会与教师正常交往，形成理想的师生关系，共同营造良好的学习氛围。

3. 情感目标

引导学生树立正确的职业道德观念，对于勤勉认真的教师肃然起敬，尊重他人的劳动成果；培养学生具有强烈的责任奉献意识以及回馈家乡的强烈愿望。

（四）相关经验总结

在教学过程中，教师可以采用情景教学法，带领学生回到教师节那一天，介绍教师节的由来、历史及其重要性，流畅引出几位优秀教师的事迹，引导学生讨论并派代表发言，帮助学生认识到师德等基本素养对于教师专业发展过程中的巨大作用以及教师对学生发展的重要影响，而培养出来的学生对于国家发展又是如何的重要，进而探讨教师对整个国家发展的作用，使学生深刻理解科教兴国和人才强国战略的必要性和科学性。

学生对上述优秀教师的事迹进行热烈讨论之后，对于教师职业以及如何成为一名好老师有了更新的认识。有学生表示，要想成为一名好教师，不仅需要扎实的专业知识，而且更重要的是要有高尚的道德品质，尤其是无私奉献、爱岗敬业、热爱教育事业热爱学生等等。因为专业知识可以在工作过程中去学习和积累，相对于个人稳定的品质而言，是更容易提升的。

案例九　听说，这个老师是"航母级"

一、案例（材料）简介

身兼数职：他是航母级老师

"航母级老师""最棒的老师""他带的班都是第一名"……在香格里拉市第一中学，提起鲍雪松老师，他的同事和学生这样评价。鲍雪松身兼数职，要从班主任工作开始说起。

参加工作 18 年来，鲍雪松有 15 年一直担任班主任工作。班主任之外，他还是物理教师、教务处主任、控辍保学负责人、学校考核组负责人等，身兼数职。

作为班主任，鲍雪松时时以"爱心、耐心、细心"贯穿于班主任工作始终，关心每一位学生，努力创造"轻松、愉快"的学习氛围。

鲍雪松一直相信每个学生都有自己的兴趣和特长。因此，在教学内容和目标的实施过程中，不强求"齐头并进"，而是正视事实，追求"差异发展"和"个性发展"，关心爱护每一个学生，从学生实际出发，组织教学活动，运用讲授、讨论、演示、实验、启发式等多种教学方法，注重培优补差，力求做到一课一得，根据不同学生的基础，精心设计好每天的作业，尽量达成学生能力的发展。

2011 年集中办学至今，鲍雪松老师已经连续八年被评为优秀班主任，其中三年是市级优秀班主任，虽然腿脚不便，但他以惊人的毅力把班主任工作做到极致。

作为学科带头人，鲍雪松深知"一树不成林"的道理。他利用工作之余，努力学习专业知识，不断提高执教水平。总结工作中成功的经验指导教育教学，同时注重发挥自身辐射作用，竭尽所能对学校青年教师进行"传、帮、带"活动，加强与他们在教育教学方面的交流学习。

赵杰廷是鲍雪松一对一帮扶的青年教师，2016 年 9 月进入香格里拉市第一中学，鲍雪松是他的指导老师，鲍雪松帮助他从一个新教师迅速融入一中教学工作中。

除了班主任工作、指导青年教师，鲍雪松还承担了教务处的工作，组织完成全校 2500 多学生的正常教育教学工作，以及其他事务。鲍雪松每天上班时间都安排得满满的，从早上五六点到晚上十点。每天都是超负荷运转。

控辍保学：让贫困学生也有春天

从 2011 年至今，鲍雪松一直负责学校的控辍保学工作，在他的努力下，学校辍学学生从百十名减少到几名。

在控辍保学的工作中，他一直用心、用情把工作做好，对每一名有可能辍学的学生情况都了然于胸。

为了留住学生，把控辍保学工作做得更好，鲍雪松一直遵循德育为先的理念，努力构建孩子对真善美的认知，让每个孩子看到未来，同时，也默默帮助了不少学生。

鲍雪松最欣慰的事，就是这些大山里的孩子，能通过读书改变自己的命运，改变家庭贫困的面貌。"不让一个孩子因贫失学，作为老师，我们要以人为本，不放弃不抛弃每一个孩子，关心热爱每一个孩子，助力每一个学生健康成长。"鲍雪松说。

在鲍雪松的帮助下，近年来，多位家庭经济困难学生都考上了理想的高中。

披星戴月：肩负 2000 多个家庭的希望

鲍老师家庭很和睦，妻子王秀菊在香格里拉市第三中学担任英语教学，他们的孩子在这次中考的学业水平考试中，生物考了满分。

"我们两个都是老师，我很理解他，也很钦佩他。我也很忙，但我知道他比我更忙。"说是抱怨，妻子王秀菊更多的是心疼："他每天一般是五点半起床，晚上十点才回来，遇到有学生生病时，很晚才回家。平常家里基本顾不上，我们见面时间就是吃饭的时候。"

教师是蜡烛，蜡烛就是有一分热，就要发一分光。"这些年来我知道对家庭照顾不周，没有尽到作为丈夫和父亲该尽的义务，在这里我只能说声抱歉，也感谢这些年来妻子在背后默默付出。"鲍雪松说，谁让自己背后是 2000 多个家庭的希望。

资料来源

徐倩，项佳楚，张春铭.听说，这个老师是"航母级"[EB/OL].中国教育新闻网，2020-9-16.https：//zixun.changingedu.com/changzhou/34-2490153.html.

二、案例（材料）点评

（一）适用范围

本案例适用于第九章"教师与学生"中第一节"教师"的内容教学，主要包括教师职业与教师的角色，以及教师与学生的关系等。习近平同志提出了"四有好老师"的要求：要有理想信念、要有道德情操、要有扎实学识、要有仁爱之心。好教师应该让每一位学生都健康成长，让每个学生都享受成功的喜悦。

（二）思政元素

1.培养学生正确的人生观、价值观

学校不仅是让学生学习知识的地方，更多地应该是让学生成人的地方，是让学生形成正确的人生观、价值观的地方。因此，德育教育是保证学生健康成长的重要环节。为了留住学生，把控辍保学工作做得更好，鲍雪松一直遵循德育为先的理念，努力构建孩子对真善美的认知，让每个孩子看到未来，同时，也默默帮助了不少学生。

2.舍小家顾大家，甘于奉献

人生的意义在于奉献，而不是索取。奉献精神是社会责任感的集中表现。教师是蜡烛，蜡烛就是有一分热，就要发一分光。鲍老师身上肩负2000多个家庭的希望，他不得不牺牲掉和家人相处的时光，把时间和精力都放在了学生身上。

（三）课程思政教学目标

1.知识目标

通过案例学习，学生能够清楚知道德育的重要意义，掌握和运用德育的一般方法，遵循德育的一般规律。

2.能力目标

通过案例学习，学生可以将德育贯穿到教学的方方面面，使教学质量得到提升。同时运用讲授、讨论、演示、实验、启发式等多种教学方法，促成学生能力的发展。

3.情感目标

通过案例学习，学生可以具备良好的教师职业道德。培养学生的爱心，热爱每一位学生，关心爱护贫困辍学生以及培养勇于担当的责任心。

（四）相关经验总结

首先，课前布置有关教师奉献的名言、故事的查找。其次，在课堂上展示案例，让学生通过分组讨论进行探究式学习。最后，由教师进行点评，对学生的讨论结果进行概括和进一步引导。

在案例学习过程中，学生认识到人的一生在于拼搏奉献，超越自我，展现自己的价值。我们应该向那些默默奉献的人们学习，做自己力所能及的事，做平常的小事，无论大事小事，只要做得好，就是超越自己的价值。人不怕被超越，超越自我，实现价值。

第十章
"教育科学研究"思政教学案例

案例一　没有真实，所有科学俱为谎言

一、案例（材料）简介

在波澜壮阔的水面投入 107 颗石子，将会发生什么？

4 月 20 日，施普林格·自然出版集团发表声明，宣布撤回旗下《肿瘤生物学》期刊 107 篇发表于 2012 年至 2015 年的论文。这些论文全部来自中国作者，撤稿原因是同行评议造假。

相比于近年来中国科研取得的成就，107 篇被撤稿的论文或许只能算是微小的石子。可是，当这 107 颗微小的石子投入浩浩荡荡的洪流，激起的水花绝不容轻视。

524 名医生，119 家高校和医院，这是涉及中国学者人数最多的一次集体撤稿。虽然出版集团对媒体表示，撤稿不会造成今后对中国科学家的投稿采用更为严格的流程，但还是有人担心中国科研工作者的国际声誉因此受创——中国科学家的投稿或许会被预设为有问题而加大核查力度，延长投稿周期。甚至相关学术机构也会因此受到影响。

科学从来都是踩在前人肩膀上进步的。看起来再微不足道的论文，也都将汇入科学发展的大潮，共同推进人类进步。旨在预防不良学术成果产生的同行评

议，是建立可靠的研究和知识体系的关键，阻止大量的污泥浊水混入科学的清流。如今，被撤稿论文作者借助的"第三方"中介机构提供的虚假评议，正在冲击这条防线。

因此，这些微小的石子并不是科学发展洪流中的小插曲，它们在源头上损害了学术诚信，这种诚信是同行评议制度建立的基础，也是科学共同体的基石之一。若无真实，所有科学俱为谎言。

更可怕的是，类似的杂质不时随着发展的大潮浮现。2015 年 3 月，英国现代生物出版集团宣布撤销旗下 12 种期刊的 43 篇论文，其中 41 篇来自中国。当年 10 月，爱思唯尔撤销旗下 5 本杂志中的 9 篇论文，全部来自中国。仅在 2015 年到 2016 年间，几大国际出版集团的 4 批集中撤稿中，涉及中国作者的论文就有 117 篇。其中，23 篇标注得到了国家自然科学基金的资助，另有 5 篇被列入已获得资助的项目申请书。

由此而被损害的学术公信力，已经到了必须受到重视的地步。

107 篇被撤稿的论文，涉及许多中国名校或医院。有人认为，僵化的评审制度是早已埋下的导火索。职称评审与论文发表数量挂钩，在一线疲于奔命的医生无暇写论文，提供润色甚至代发服务的"第三方"中介机构就成了不可避免的捷径。

这样的现实不容回避。2015 年 2 月，某家医学行业网站在约 2000 名三甲医院医生中进行的问卷调查显示，超过半数的医生表示，在中级职称的评定中需要发表在核心期刊上的论文；其中 23.55% 的医生表示，需要 2 篇论文发表在核心期刊上。而到了副高级职称的评定中，18.41% 的医生表示必须发表 SCI 论文。

制度的缺陷并不足以成为不端行为的借口。推动制度完善需要理性的声音、合理化的建议，寻求快捷的刊发论文渠道，只能算作利益诱惑下对现实的妥协。在由公共财政支撑的科研体系中，用粗制滥造的论文换取更高的职称，更多的项目资源，是科学战场上的一次退败，牺牲的是全体纳税人的利益。

如今，曾被视为藩篱的职称评定制度正在松动。国务院总理李克强在 2015 年两会参加审议时就表示，县以下医院多拿论文评定职称，是"搞花架子"。中共中央办公厅、国务院办公厅今年印发了《关于深化职称制度改革的意见》，要求合理设置职称评审中的论文和科研成果条件，不将论文作为评价应用型人才的限制性条件。

此时，我们更需要考虑，那些损害学术公信力的论文，是否会随着职称评定制度的变化而销声匿迹？

2015年中国作者被集中撤稿后，中国科协就重申了"不由'第三方'代写论文，不由'第三方'代投论文，不由'第三方'对论文内容进行修改，不提供虚假同行评审人信息，不违反论文署名规范"的五不行为准则。对于国家自然科学基金资助的项目，国家自然科学基金委还进行了集体通报，追回相关项目的科研经费，同时也勒令取消其5年基金项目申请资格。但是，鲜见涉事作者受到进一步处罚。对于论文代投和论文买卖，也缺乏明确法律规定。曾有报道称，一些撤稿事件的作者不仅没有被处罚，还在这一事件发生后，仍被评选为当地的"优秀青年"。

相比于不端行为造成的负面影响，这样的处罚过于轻松。公信力的恢复和重建，既要靠学术共同体的自觉，也要靠明确的罚则来划定边界。

这样的要求或许严苛，但科学家理应有更高的操守。在中国百余年的变迁中，"德先生"和"赛先生"始终是国人追求的主题，是推动中国现代化的两个相辅相成的车轮。代表科学的"赛先生"并非只有科研成果和技术改良，科学精神也应是题中之义。若学术公信力从源头消失，科学精神从何谈起？

没有真实，所有科学俱为谎言；没有科学，所有未来皆为虚幻。

资料来源

陈卓.没有真实，所有科学俱为谎言［N］.中国青年报，2017-04-26.

二、案例（材料）点评

（一）适用范围

本案例适用于第十章"教育科学研究"中第一节"教师与科学研究"和第二节"教育科研过程"等内容的教学。教育科学研究是研究者以教育问题为研究对象，运用科学的研究方法认识教育现象、探索教育规律，进而服务教育实践的过程。教育科学研究应该科学、真实，不能弄虚作假，出现学术道德问题。

（二）思政元素

1.营造良好学术环境，弘扬学术道德和科研伦理

正所谓没有好的土壤，就不会长出好的庄稼。科研水平怎么样，很大程度上取决于我们的科研环境。但学术界仍存在一些违背科研诚信的行为，比如，学术抄袭、论文造假等，这极大地损害了学术的发展。因此，学生的培养在当前及今后一个时期，必须要强化学术道德的规范和教育。

2. 恪守诚信，强化责任意识

诚信是社会主义核心价值观的重要内容，是公民基本道德规范。人无信则不立，作为研究工作者，应认真领悟诚信的本质和内涵，积极践行诚实守信的道德观念，诚信做人，诚信治学。

3. 自觉培养创新思维，贯彻新发展理念

学术诚信既是学术创新的基石，也是实施创新驱动发展战略、实现世界科技强国目标的重要基础。广大研究者应以实现国家富强、民族振兴、人民幸福为己任，着力攻克关键核心技术，破解创新发展难题，在重大科技领域不断取得突破，为我国科技事业发展作出突出贡献。

（三）课程思政教学目标

1. 知识目标

通过案例教学，学生了解到在研究工作中，学术道德和科研诚信能直接影响整个学术环境，而学术环境对人才的成长起着至关重要的作用；明白了研究人员应当务实求真，严谨自律，不断追求创新。

2. 能力目标

通过案例教学，学生能够严于律己、坚守道德防线。在今后的学业以至研究生涯中秉承专业精神，严格遵守学术道德规范，做到科研自律，用务实的科研行为营造诚信学风，用扎实的科研成果推动科技进步。

3. 情感目标

通过案例教学，塑造学生高尚的学术人格，培养他们坚定捍卫学术神圣性的品格，激发学生坚持实事求是的科学精神和严谨的治学态度，并且在各自的研究领域脚踏实地、有所创新，以自己的实际行动为建设文化强国、科技强国做出自己的贡献。

（四）相关经验总结

首先，课程开始给同学们展示邓稼先、钱三强、郭永怀等老一辈科学家的科研经历，让同学们了解老一辈科学家严谨的态度、求真的精神；再通过案例教学，将现代一些学术不端行为与老一辈科学家诚信治学的坚守进行比较，引发学生思考；接着，让同学们进行讨论发言，教师进行总结，讲授学术诚信的重要性。

学生通过此案例学习，对学术道德有了新的认识，不仅要继承和发扬老一辈科学家的优良传统，大力弘扬科学精神，还要戒骄戒躁，摒弃社会上的不正之风，踏踏实实做事，成为一名有信念的人。

案例二　一次难忘的课题申报

一、案例（材料）简介

学生需要成长，教师也需要成长。教师的专业成长，是不断接受新的知识，增长专业技能的过程，是教师从青涩走向成熟不可绕开的路，你我都在路上。而教育科研，当是专业成长之路上不可或缺的"风景"。

初识：第一次申报课题

2017年9月，学校科研工作要求每个教研组进行新一轮的课题申报，抱着一种"我也可以试试"的想法，我主动承担了新一轮的课题申报任务。这个阶段的我，处于一种迷茫状态，没有深入思考，不知从何处下手，完全是科研的门外汉，我只能求助于科研负责老师。她建议我，一是可以从日常的教学着手，找有创新点的课题。二是可以从教研组前期课题研究中寻找研究点，进行更进一步探索。

遵循专家及组内老师的意见，我沉下心来进行了学习和思考。我想到了可以借鉴前期英语写作研究的经验，同时弥补前期课题中的不足，开展小学高年级英语写作过程性评价的研究。有了明确的研究方向，我便开始执笔撰写区级一般课题申报表。

学习：我一直在路上

在撰写的过程中，我也遇到了各种各样的问题：情报综述是什么？关键词如何界定？研究目标、内容、方法、成果、过程怎么写？带着这些问题，我开始学习。向有教科研经验的老师们请教，翻阅文献、查找资料，学习专家们的真知灼见。

这是一个自我学习和寻找方向的阶段，痛苦且漫长。我经常埋头查找资料，却仍理不清思路；经常坐在电脑前数个小时，只写出200—300字；好不容易写出了一点东西，又觉得不知所云，最后推翻重来。在我纠结痛苦的时候，感谢前辈老师们为我指点迷津。虽然是不同学科，但是他们凭着自身丰富的教科研经验，深厚的教学功底，为我答疑解惑。之后，课题组成员们的群策群力，让我渐渐"缓过神来"。在大家的帮助下，我第一次申报区级一般课题获得立项。

深入：开展课题研究

只要做过课题的人，都能体会课题研究的"煎熬"，也只有亲自尝过课堂教学中的酸甜苦辣，才能收获实用的教学体验。此次课题研究的关键点是对评价机制的研究。

随着课题研究不断推进，研究进入总结阶段。这是一个沉下心来写作的阶段，也是朝着更深处迈进的阶段。虽然在撰写报告过程中，仍有困惑，但这对于我，不再是任务，而是教学实践的需要，是有所悟而有所写。我对前期研究资料进行了归纳、总结，提炼出了一些本课题研究的成果，如：教材分析表，写作过程性评价路径，评价表等。

改变：形成教学主张

专业发展的道路一如逆水行舟，不进则退。2020年，新冠肺炎疫情来袭，受疫情影响，我们开启了"空中课堂"+"直播教学"模式。一段时间后，我发现五年级的学生仅通过网课进行口头操练，没有了针对性写作指导、写作小练笔和写作评价，他们失去了写作的兴趣，大部分学生"写"的技能逐渐退化。如何激发他们写作兴趣？如何在线上进行写作指导？我想到了可以借助"家校互动平台"，将前期研究成果运用在"线上英语写作教学"中。于是，我又进行了"新媒体技术助力小学英语写作过程性评价的实践研究"。

复课后，各学科都在开展"线上线下融合教学"的尝试。基于疫情期间在"线上写作教学"的研究，我有了更深入思考，如何继续借助"信息平台"发挥"写作过程性评价"的作用？如何开展线上线下混合式写作教学评价？如何通过线上线下英语写作过程性评价来更好地激发学生英语写作的兴趣，培养他们良好的学习习惯，是值得我继续研究下去的。面对新的一轮课题申报，我有了新的想法……

在这几年的研究过程中，我能深刻体会到教育科研带给我的变化，从最初阶段的迷茫，到逐步了解，到现在能形成自己的教学主张，我觉得这就是教育科研带给我的成长。教育科研专业化发展没有尽头，唯有百倍努力，在前行中思考、表达，静待花开。

资料来源

曹萍.一次难忘的课题申报［EB/OL］.上海学习平台，2021-06-08.https：//article.xuexi.cn/articles/index.html？ art_id.

二、案例（材料）点评

（一）适用范围

本案例适用于第十章"教育科学研究"中第一节"教师与教育科研"内容的教学。教师开展科学研究具有重要的价值与意义，包括促进教师的专业成长，提升教师的自我价值和工作满意度等。新时代教师开展科学研究应该坚持以教师专业与发展为导向、以解决学校的实际问题为导向、以理论与实践相结合为导向。教师开展科学研究对于教师成长为专业化教师具有十分重要的作用。

（二）思政元素

1.坚持马克思主义的立场，采用辩证法全面的、联系的和发展的眼光来展开研究

教育研究是针对现实中的教育问题展开的系统研究过程，在这个研究过程中要对研究问题具有全面深刻的认识，就应当坚持马克思辩证法的观点，对研究问题形成正确的认识。

2.坚持理论与实践相结合的教育科研导向

教师的教育科研活动要将相关的教育教学理论与自己的实际工作结合起来，坚持理论的指导，将其运用到实际问题的解决当中，同时也在实际问题的解决当中形成新的观点与理论。

（三）课程思政教学目标

1.知识目标

通过学习，让学生了解教育科研是什么，教师开展教育科研具有什么样的意义以及教育科研的一些基本过程等。为学生树立正确的教育科研观点，引导学生采用科学的方法对教育问题进行分析。

2.能力目标

通过案例的讲解与分析，让学生找到将教育科研与实际工作相结合的相关方式与方法，从问题的确立、问题的分析以及问题的解决等教育科研基本过程方面让学生能够自主地对某一个教育问题展开研究。

3.情感目标

通过学习，可以更多地了解马克思主义关于实事求是，具体问题具体分析等相关品质与精神传递给学生，提高学生对于教育科学的正确认识，端正态度。培养学生的科学探索、自主探究的精神。

（四）相关经验总结

教师可以选择一篇教育研究的论文来展开具体的教学，从研究问题的选择、分析以及解决等基本环节让学生对于教育科研的内涵、类型以及基本的导向有较为清晰的认识。同时，能够正确引导学生选择自己感兴趣的一个教育问题进行研究，将理论学习与实践能力进行有效结合。鼓励学生采用不同的研究视角、研究理论以及多样的研究方法对问题展开全面且深入的研究，帮助其掌握教育科研的基本过程与方法，为其教师专业成长奠定良好的基础。

案例三　中小学教师如何做到"教""研"相长

一、案例（材料）简介

中小学教师该不该做教科研工作？中小学教师做教科研的话，该做什么，怎么做？这些问题困扰着很多中小学教师和学校管理者。

从清华附中多年的实践经验看，我认为做教科研是让新教师迅速掌握教育教学规律、熟悉课堂教学、站稳讲台的好方法，也是让教师个人及学校的教师团队快速成长、促进学生全面发展的好途径。对中小学教师而言，完全可以做到教学和教科研"鱼与熊掌"兼得，二者相得益彰。中小学教师应该从教育教学中的"小问题"入手，通过教科研工作的推动，努力让自己成为研究型教师。

通过教科研探索教育教学规律

中小学的教科研与高校或专业研究机构的科研不同，我们并不提倡教师做纯学术理论的研究。如果教师能一边把教育教学工作做好，同时有时间、有兴趣对某个专业的学科领域进行深入研究，甚至能攻克学科难关，取得高水平的学术研究成果，这当然是可喜可贺的，但这样的人毕竟很少。实际上，一个人的精力是有限的，中小学教师的第一要务是把课上好、把学生培养好。我们更希望教师能专注本职工作、聚焦课堂教学和开展与教书育人有关的教科研，并将教科研成果反哺教学，这样"教""研"相长、循环往复、螺旋式上升，形成良性循环。

基于这样的认识，我认为，中小学的教科研工作应该紧密围绕教育教学、学生培养、学校管理等与学生成长发展有关的问题确定选题，围绕教学和育人中的"老大难"问题和新形势下的新问题、新现象确定选题，寻找破解之策，特别是要下功夫对尚未认识清楚的教育教学规律、影响教育教学质量的因素等重点进行分析和研究，为改进教育教学提供参考依据。

在教学中，有的教师觉得某个知识点自己讲得很清楚了，但是学生理解总是不到位，再讲一遍学生还是听不懂，但是有的教师三言两语一点拨，学生马上就学会了。为什么会这样？这背后就是对规律的把握。这不仅包括课堂教学的经验和规律，还包括学生的心理和认知规律，教师不仅要研究教材，还要研究教学对象，这样才能把教学和育人的全流程各个环节都设计好。

中小学教师做教科研重在反思

基于课程教材、教学方法和教学设计进行反思，是中小学教师做教科研工作的基础，也是一个重要的思想方法。一个青年教师要想快速成长，就要多反思、多总结、多实践、多向其他优秀教师学习。

这里所说的反思，不是上完课后在脑子里过一遍，或者口头上跟其他教师交流一下得失，而应该付诸文字，字数多少不限，也不一定要公开发表，但一定要把发现的问题说清楚，把实践探索的做法写明白，把改进和创新的思考写出来，通过不断的反思提高自己的教育教学水平。

一个不研究问题、不善反思的教师，只会不断地在原地打转，日复一日的教学只是量的积累，而得不到质的提升。可以说，会做教科研工作是优秀教师的一项基本功。特别是对于新教师来说，要用研究的态度、科研的思维对待难以驾驭的教学内容和教育教学中遇到的各种问题，解决这些问题的过程，就是教科研的过程，也是教师快速成长的过程。

学校应建立激励机制，培养研究型教师

清华附中鼓励教师做教科研工作。学校有一个口号：不做教书匠，要做研究型教师！研究型教师有一个重要特点，就是他们能用研究的眼光去对待教育教学和学生发展，他们对教育教学规律、学生成长规律的把握比一般教师更深入。一个只知道照本宣科的教师和一个善于研究、充满教育智慧的教师，哪一个更受学生欢迎，哪一个教学更有成效？答案不言自明。

从学校层面来说，除了鼓励教师做教科研工作，更要关注影响学校教育教学质量的重大问题，结合国家在课程教学改革、中考高考改革、育人方式变革等方面的文件精神，基于学校的实力和特色，组织开展"大兵团作战"，即针对一些重大、重点问题设立课题，组织教师团队，抓住带有普遍性的问题，集中团队的力量进行研究，寻找解决办法。

清华附中非常重视教师的教科研工作，学校层面建立了论文年会制度，每年以教研组为单位向教师征集教育教学论文并组织评审，以此鼓励教师以教科研指导教学。学校还设立专门的教育教学研究基金，用以支持校内教研组建设、教师的专业化成长与发展、拔尖创新人才的培养、新课程理念下校本课程的建设、完善评价体系等方面的研究工作。比如本学年清华附中共计有14个校内课题申请开题，其中，"在初中英语阅读教学中培养学生思维品质的实践研究""科普阅读与超级数学建模""数学之王——学科综合活动模式探究""经典名著阅读教学"等12个与教学实际紧密结合的课题获得通过。清华附中还鼓励、组织教师研究带有区域性或全国性特征的一些问题。比如专门设立课题，集体研究体育和美术人才培养方式及文化课要求问题，研究特殊人才全面培养与个性发展的匹配问题，研究取得的成果已经应用到"马约翰班"（体育）和美术创新班的人才培养上，取得了很好的效果。清华附中还组织团队研究开发了"中国大学先修课程"，针对当前基础教育在人才培养上存在的一些问题，给出解决方案以及实践经验。

有的学校可能不具备组织本校教师开展大课题研究的条件和力量，而实际上，中小学开展教科研工作，不一定局限于本校单打独斗，可以联合其他高水平学校、联合高校特别是师范院校的专家教授协同开展研究，以提高学校的教科研水平，拓宽视野，提升教育教学的境界。跨越围墙、跨校联合、大中小学协同研究，用"众筹"的思维实现"众创"，也是中小学推进教科研工作的途径之一。

资料来源

王殿军：中小学教师如何做到"教""研"相长［N］.中国教育新闻网－中国教育报，2021-06-07.

二、案例（材料）点评

（一）适用范围

本案例适用于第十章"教育科学研究"中第一节"教师与教育科研"内容的教学。教师参与教育科研具有重要的意义。一方面他们可以根据自己的需要有选择地接受最新的现代教育理论并用于指导具体实践；另一方面，他们对自己的教育教学过程采取不断反思与批判的态度，以便发现问题、解决问题。教师这种"行动研究"成果，是理论与实践高度结合的产物，其中既有通俗易懂的教学理论，又有身体力行的实践体验，其现实性、可操作性要比一般单纯从事理论研究的成果强得多。因此，对教育教学实践的指导作用更为直接、更为有效。

（二）思政元素

1. 坚持以马克思主义理论为指导，在教学与研究过程中与时俱进，不断创新。教师的教育研究应该坚持一切从实际出发，理论联系实际。围绕教学和育人中的"老大难"问题和新形势下的新问题、新现象寻找破解之策，对尚未认识清楚的教育教学规律、影响教育教学质量的因素等重点进行分析和研究，为改进教育教学提供参考依据。

2. 坚持马克思主义理论，看问题、办事情要善于抓住重点，集中力量解决主要问题。教师在科学研究的过程中，要抓住主流，正确认识事物的性质。针对一些重大、重点问题设立课题，组织教师团队，抓住带有普遍性的问题，集中团队的力量进行研究，寻找解决办法。

3. 坚持马克思主义理论，把尊重客观规律和发挥人的主观能动性结合起来。发挥主观能动性与尊重客观规律之间存在着辩证关系。发挥主观能动性的前提和基础是尊重客观规律。认识、掌握和利用客观规律是发挥主观能动性的必要条件。发挥主观能动性和尊重客观规律相辅相成、辩证统一。教师开展教育科研活动的过程，就是发挥主观能动性的过程，而要想提高自身的教科研水平，拓宽视野，提升教育教学的境界，就必须尊重教育教学的客观规律，按客观规律办事。

（三）课程思政教学目标

1. 知识目标

通过案例的学习，可以深化学生对科研的认识，对科研的意义有更深入的理解，激励学生去追求新知，勇于实践，探索未知，探索可能，探索未来，在不断的试错中找寻真理。

2. 能力目标

通过案例的学习，培养学生一定的科研思维能力、敏锐的科学预见性，提高学生对具体问题深入探索的积极性。

3. 情感目标

通过案例的学习，可以认识到党的解放思想、实事求是、与时俱进的思想路线中富含的科学精神，培养学生具有时代特征的价值取向，以及科学精神所倡导的崇尚理性。

（四）相关经验总结

首先，教师要认真钻研课本，不断地创新，从多个方面、多个角度理解和挖掘科学意义和精神等。其次，要加强课堂教学的有效性，根据学生的心理特点，组织科学探究活动，鼓励学生积极参与，合作探究，提高学生科学探究的积极性和兴趣性。最后，立足提出科学概念，体现活动的启发性和趣味性。

案例四　课题研究打开教师专业进阶之门

一、案例（材料）简介

教师培养是提高教育质量的关键。在如何培养教师这个问题上，我们试着从教师发展源头追问："是什么让教师不断进步？""从新手教师到专家型教师有怎样的路径？"我们通过对专家型教师访谈、开展教师现状分析，总结出促进教师进步的因素及专家型教师的特质，发现了三个共同点，分别是"对教育对象的深刻理解""实践工作中的问题意识"及"教学反思能力"。这三点恰恰是一个教育研究者的基本素养。苏霍姆林斯基在《给青年校长的一封信》中指出："如果你想让教育工作给教师带来乐趣，使每天上课不致成为一种枯燥而单调的义务和程序，那你就要引导每一个教师都走上从事教育科研这条路。"因此，我们将课题研究作为教师培养体系的核心，通过课题研究提升教师专业素养，推动教师发展。

通过观察分析深入研究幼儿

近十年来，我们开展的课题研究有"幼儿园儿童哲学教育活动的实践研究"（简称"儿童哲学"）、"幼儿活动投入状态解读与发展支持的研究"（简称"投入状态"），以及"回归生活的幼儿园教育活动的实践研究"（简称"回归生活"），这些课题的出发点都是关注幼儿、研究幼儿。

课题研究重在鼓励教师去观察、思考，从不同角度看待幼儿、分析幼儿，同时要帮助教师掌握方法，用于实践。

比如，在"投入状态"课题中，观察的意义不仅在于评价，更是活动开展的基础和动力。幼儿活动投入与否？投入程度如何？观察是否能做到较为准确和稳定，以确保观察信度？我们通过35次看课活动后的研讨，引导教师讲述自己观察到的幼儿最投入和最不投入的情况是怎样的，从中不断抽取教师描述幼儿行为的关键词，并反复揣摩、体会，逐渐形成了投入程度的三个层次，具体如下：

高投入：很高兴、有发自内心的喜悦、反复试验、带着目的思考、遇到问题能坚持、主动寻找解决办法、持续时间长、不为外界所动。一般投入：完成任务、从众、被动、遇到问题放弃（畏难）、易受外界影响。不投入：不感兴趣、做其他事情、无聊、游离。

标准的形成，让教师观察有了抓手。刚开始，教师并不能很好地把握标准，即使是同一个幼儿的同一种表现，教师的判断也不一致。于是我们对凡是产生争议的现象，都摆出来讨论，直到达成共识。数次讨论后，标准得到认可，逐渐稳定下来。

不同课题由于其研究重点不同，会有不同的观察重点或记录方式。在"儿童哲学"课题中，我们主要引导教师记录幼儿的"原声音"，从中发现幼儿对世界的认识。而在"投入状态"课题中，不仅要观察，更要解读。因此观察不能仅停留在"看见"上，更重要的是"知道"，并与自己的教育行为发生联系。于是，我们形成了"实况详录＋验证解读"的观察方式。

以科学活动个体观察表为例，表的一侧为"实况详录"，要求教师如实记录，不添加任何个人色彩，以保证信息真实性。另一侧为"幼儿活动解读表"，教师要提供幼儿投入程度的证据。这些证据不仅是幼儿活动状态的证明，更是对幼儿学习现象的解释和推断。解读表的增加让教师站在幼儿的角度思考问题，对幼儿投入的状态进行更细致的解读，提高了观察的质量。将这些信息汇总在一起，能指导教师准确解读幼儿，同时反思自己在活动中的策略是否恰当。

我们发现，当教师真正开始关注和研究幼儿时，获得的是源源不断的专业领悟。它让教师学会了研究自己的教育对象与教学工作，教师思考问题更有深度了。

研究聚焦教育实践的真问题

科研本身就是为了解决实践中的"真问题"，它具有很强的问题感。一个课题我们会用3—4年，让教师关注几个主要问题，进行持续研究。

例如，"回归生活"课题研究周期为4年，我们需要解决教师对生活教育的理解狭隘而肤浅、看不见幼儿、看不见幼儿生活，以及幼儿缺少自由自主的生活时间和空间等问题。

研究期间，我们从狭义的生活入手，从班级生活区域创建切入，用朴素的生活观，带动教师观察幼儿园里的人、事、物，将其作为教育活动的资源。最终实现了一日生活从高控到低控，教师从传授知识到与幼儿一起生活，幼儿从被动生活到成为生活的主动探索者。

又如，在"儿童哲学"课题中，有一段时间，我们陷入了瓶颈。教师提出问题：儿童哲学只能是虚无缥缈的口头议论吗？这个问题成为我们着力思考的点。每有一点心得，大家就聚在一起研讨。教师慢慢认识到：儿童的成长经历着从感性、直接的经验积累到理性、间接的经验学习的过渡。感觉的投入、动作的参与、身体的直接体验是幼儿链接自我与外部世界的基本方式，只有亲身体验才会有想象、感悟和思考。于是，我们着重以游戏化、操作化、情境化的方式开展儿童哲学活动。

聚焦实践中的问题，能帮助教师养成质疑、理性思考的习惯，这种习惯会伴随整个研究过程，促使教师不断思考并改进行为。

在研究中提升反思品质

课题研究之前，教师的反思随意性较大。课题研究后，教师的反思多能聚焦到与课题相关的事件上，也逐渐有了角度。比如，我看见幼儿的行为了吗？我在体验幼儿的感觉吗？我知道幼儿在观察什么吗？成人的惯性思维阻碍我了吗？教师通过观察发现、辨别并解读幼儿的行为，努力找到更适合的教育方式，促进不同幼儿的不同发展。

课题研究中，我们通常会收集很多案例，对其中反复出现的具有代表性的现象，尤为重视。通过对典型现象的反思，将其中的现象和教师的反思引入不同活动，能帮助教师透过现象找到分析问题的角度，改进教育策略。

比如，科学区"自制泡泡水"活动中，有8个幼儿兴致勃勃地在玩。唯独阿宝站在盥洗室门口看着里面的小朋友，持续了好几分钟。

刚开始，教师判断阿宝不投入，处于未参与状态。教师反思，可能是其他区满了，阿宝不得到这个区玩，且只想在旁边看。于是询问阿宝想到哪个区玩，阿宝并不理会。接下来，教师提出带领阿宝参与游戏，阿宝仍不为所动。但慢慢地，教师发现，阿宝是投入活动的。因为当"观望"的阿宝，看到美霓吹出泡泡时，他高兴地笑了。教师意识到，幼儿投入的表现是不一样的。对阿宝这种类型的幼儿，教师要耐心等待。

由此案例出发，我们又收集到一些类似案例，如在修建区观望的幼儿、在木工区观望的幼儿等。由此，我们将在活动中的"观望"设定为一个典型现象。通过解读，我们发现这些观望中的幼儿，可能是投入的也可能是不投入的。接着，我们分析了不投入的"观望"可能的原因，并分别针对这些原因，提出了恰当的应对策略。

透过对典型案例的收集、解读和拓展，教师在实践中遇到同样现象时，就知道从哪个角度去思考，并有了支持幼儿的方向。

与此同时，课题研究前，教师只注重埋头苦干，不注重经验积累。随着观念提升，教师认识到，积累的过程也是反思的过程。因而，结合工作实际，我们建立了"两个记录"（教育反思、观察记录）、一个手册（儿童成长档案册）。大家从记录教育现象、自己的感受、遇到的问题及解决方式等角度切入，并试着将点点滴滴的记录用教育理论串联。在这样的反思中，教师可以清晰地看到自己的成长轨迹，体验到研究的乐趣与价值。

资料来源：

闵艳莉：课题研究打开教师专业进阶之门［N］.中国教育报，2020-08-04.

二、案例（材料）点评

（一）适用范围

本案例适用于第十章"教育科学研究"中第一节"教师与教育科研"和第三节"常用的研究方法"等内容的教学。实现教育强国的建设目标，高质量地完成立德树人的根本任务，前提是打造一支高素质的教师队伍，而科研素养则是对教师专业发展的促进。教师通过观察并记录学生的学习情况，得以了解学生的真正学习历程，关注学习个体的困惑与生长点，以学生"怎么学"不断反思自己应该"怎么教"。同时教师将"教"与"研"融为一体，增加了教育敏感与教学经验。

（二）思政元素

1.加强科学精神与人文精神的紧密结合。

科学精神与人文精神作为人类两种不同的内在精神，共同构成了人类认识世界和观察世界的两个不同的方法和角度。在现代化过程中，人们对知识力量的追求，使得科学与人文分离，以至发展为严重对立。要想真正地认识世界，必须将人文精神和科学精神结合起来，使用综合交汇的方法和视线，这样才能达到追求真理、讲究价值的完美统一。教师在科研工作中既应该具有现代科学意识，同时应该充满高度的人文关怀，这才是正确选择。

2.精益求精，激发学生"三更灯火五更鸡"的学习热情。

科研工作者在屡败屡战的探索中，在精益求精的研发中，不断提升科技创新水平，引导学生要以科研工作者为榜样，涵养"不待扬鞭自奋蹄"的学习自觉，把理论学习与工作实际相结合，把具体实践和工作本领相结合，全面系统地学、融会贯通地用，在学用结合中精益求精，不断提升个人的能力本领。

3.坚持追求真理，崇尚创新，严谨治学，弘扬理性。

科学精神是人类文明中最宝贵的精神财富，它是在人类文明进程当中逐步发展形成的。它源于近代科学的求知求真精神和理性与实证传统，随着科学实践的不断发展，内涵不断丰富。科研精神倡导追求真理，鼓励创新，崇尚理性质疑，恪守严谨缜密的方法，坚持平等自由探索的原则，强调科学研究要服务于国家民族和全人类的福祉。

（三）课程思政教学目标

1. 知识目标

引导学生逐步形成健康正确的人生观、价值观。不仅要教会学生掌握知识，更重要的是要教会学生如何学习，恪守严谨缜密的方法。

2. 能力目标

通过学习，形成基本的科研感知认识，引导学生对现有书本知识进行审视，对现存实际问题引发思考，培养学生的科学思维方式，养成良好的科研习惯。

3. 情感目标

通过课堂教学，提高学生的自觉性、坚韧性，提升学生应对问题与挑战的底气。意志越是坚定，越能激发学生践行使命担当的动力。

（四）相关经验总结

在相关的理论课教学中适当穿插一些研究成果和研究体会，特别是介绍研究者具体的一些理论成果和学术观点，可缩短教师、教材与学生之间的距离，有利于激发学生学习的兴趣，启发学生独立思维、培养学生科研分析能力与创新精神。将科研成果应用于理论教学，不仅丰富教学内容，启发学生思维，而且通过与学生交流，形成新的灵感和论点，促进科研纵向发展，通过指导学生的课堂教学，课外实践，形成新的科研选题。科研与教学相互推动，将研究成果应用于教学、教学又推动科研，教学科研相长，共同发展。

案例五　春播桃李三千圃　秋来硕果满神州

一、案例（材料）简介

浙江省玉环市坎门海都小学体育教师叶海辉的每一张照片几乎都是笑着的。

从高中毕业后担任体育代课教师，到参军退役后重返三尺讲台，再到获得浙江省特级教师称号，叶海辉从事体育教育事业已有 27 年。"如何让体育课变得好玩？"叶海辉曾在自己的备课本里写下这个问题。

为了追寻体育教育的答案，他拜"中国游戏大王"为师，跟着学习创编游戏，购买了近 200 本游戏书籍，从中摸索方法。如今，在叶海辉的体育课上，就连最简单的传统游戏"石头剪刀布"，经过动作、情境、人数、场地器材等设计，已衍生出 30 多种新玩法。结合自己的课堂实践，叶海辉整理和创编了热身游戏、辅技游戏、体能游戏、放松游戏等各类体育游戏近 2000 例，打造"阳光历奇"特色教育品牌。"体育既是一门学科，也是一门科学，更是一门艺术，作为一名体育老师，必须要认真挖掘体育塑造品质的育人功能。"

令公桃李满天下，何用堂前更种花。9 月 8 日，教育部公布 2021 年"全国教书育人楷模"名单。他们是扎根山区默默奉献的乡村教师，是高等教育领域的领军拔尖人才，是常年假期无休辅导学生到深夜的一线教师。正如习近平总书记给全国高校黄大年式教师团队代表的回信中写道：好老师要做到学为人师、行为世范。

把知识带进乡村的人

在辽宁省本溪满族自治县，距离县城 100 公里的本溪县第五中学，张万波在这里度过了 24 年。

1997 年，他以辽宁省优秀毕业生的身份回到本溪县南部山区的一所农村中学——祁家堡中学，后进入镇上的本溪县第五中学执教。乡村孩子的教育问题一再地摆在这个年轻的教师眼前。

2000 年下学期，张万波第一次担任毕业班的班主任，第一次接触初三的数学课教学。那时班上有一个成绩优异的孩子因家境困难打算辍学，张万波第一次到孩子家里家访时，被眼前所见触动了：在道路一边有两间泥土堆砌而成的房屋，屋内家具杂乱地摆放。他给孩子做了一顿饭，当晚住在家里和他促膝长谈。之后他才知道，自父母离异后，孩子再也没吃上一顿像样的饭菜。返回校园后，张万波每月都给他生活费。2001 年，这个孩子考入本溪县重点高中。也就是从那一年开始，越来越多祁家堡地区的老百姓认识了这个小个子数学老师——张万波。

扎根乡村学校，张万波逐步探索出适合农村中学的教学模式，发表在中小学名师精品课程系列丛书《修炼——寻找教师职业的幸福》和《骨干教师成长案例与精彩课堂实录》中；主持研究的课题《初中数学纠错本有效性的研究》在县、市都取得了一定的成效。

有人不理解，为何他要把时间都奉献在一个默默无闻的山村？他自己心中有答案："做一天老师就要严格要求自己，要对得起乡村的学生，对得起自己肩上那份沉甸甸的责任。"

也有乡村教师正在探索解决乡村留守孩子家校共育的难题。河南省辉县市西平罗乡中心幼儿园地处深山区，留守儿童多，且往往由留守老人带。一个乡村教育难题——孩子在幼儿园培养起的良好习惯，一回家就回到了"解放前"。"要想改变孩子，首先得改变家长，只有家长好好学习，孩子才能天天向上。"郭文艳的心中，描绘了一幅家园共育的乡村蓝图。

她带领幼教团队成立了全国第一个以幼儿园为依托的乡村社区大学——川中社区大学，把孩子家长带进课堂，为他们设置课程内容。经过几年实践，村里的男女老少慢慢地都走进川中社大。乡村里的吵架声和麻将声变少了，歌声和读书声变多了。截至目前，参加社大的学员有600余人，辐射周边15个村庄。

郭文艳喜欢梁漱溟先生说过的一句话，"一所理想的乡村学校，不仅要成为一所好的育人场所，还要成为改造乡村社会的中心。"她希望家园共育不仅能服务孩子们的成长，也能为村民树立起终身学习的理念，为乡村振兴战略贡献育人力量。

2010年以来，"国培计划"累计培训中西部乡村学校教师校长近1700万人次；此外，"特岗计划"、边远贫困地区、边疆民族地区和革命老区人才支持计划、教师专项计划等，正源源不断地为贫困地区输送优质师资力量。与此同时，另一个数据让人欣慰，截至2019年年底，我国九年义务教育巩固率达94.8%，小学学龄儿童净入学率达99.94%，相关指标已达到世界高收入国家平均水平。

把创新带给教育科研的人

集成电路领域需要大量人才攻关，然而我国集成电路领域的人才缺口仍然巨大。

瞄准集成电路的"锁喉之痛"，西安电子科技大学微电子学院教授郝跃一做就是40年。40年里，他瞄准国际前沿换道超车，主攻第三代半导体器件与材料研究方向，带领团队成员摸爬滚打，用10年冷板凳，换来我国第三代半导体从核心设备、材料到器件的重大创新，并使我国氮化物第三代半导体电子器件步入国际领先行列。

"一枝独秀不是春，百花齐放春满园。"郝跃深知，要实现我国集成电路事业的全面突破，必须有一支庞大并优秀的人才队伍，为行业发展源源不断输送"血液"。

在郝跃的带领下，一批又一批西电学子将个人成长与国家事业发展紧密融合。郝跃先后指导培育中青年学术骨干入选各类国家人才工程和计划入选者近10人，其中包括十九大代表、全国三八红旗手、工信部电子五所总工程师恩云飞，国家级人才张进成、马晓华等，累计培养博士后24名、博士60余名、硕士80余名。他指导的团队成员中多人获得国家级、省部级高层次人才称号。

在祖国的另一边，也有教师正带着学生把论文写在大地上。2006年3月，东华理工大学核资源与环境工程技术中心教授周义朋第一次踏入人迹罕至的戈壁滩，此后一扎就是15个春秋。新疆戈壁滩，与死亡之海"罗布泊"只有一山之隔，地下却蕴藏着丰富的战略资源——被誉为"军工基石，核能粮仓"的铀矿。

在野外项目基地，他把课堂搬进矿山现场，除了手把手向学生传授理论和实践知识，还开展专题讲座和系列技术培训100多场次。每周专门拿出一天时间，与学生和矿山技术人员一起开展专题探讨，解决生产中的技术难题；他亲自设计开发地浸采铀精益化分析方法，引进多套先进的专业技术软件，并进行全程讲授培训。

毕业多年的学生与他电话联系时，第一句总是"周老师，您还在新疆？"他的答复也总是"是的，还在"。

站在东华理工大学"核新讲坛"的讲台，周义朋以"我们都是追梦人"为题，与400多名青年学子分享10多年从事核军工教育、科研的逐梦之旅。他引用吉狄马加的诗句说道："我们和种子在春天许下的亮晶晶的心愿，终会在秋天纯净的高空看见果实的图案……"

资料来源

杨洁：春播桃李三千圃　秋来硕果满神州［N］.中国青年报，2021-09-10.

二、案例（材料）点评

（一）适用范围

本案例适用于第十章"教育科学研究"中第一节"教师与教育科研"内容的教学。党和国家高度重视教育的现代化和科学化，推动教育的科学化，需要教育者坚持科学的方法论，使用科学的工具，在实践中不断探索发现新的教育规律。教育科研的过程本身是对教师思维品质训练的过程，科研的方法论体系以其严谨、求实的特点，与问题解决、批判思维、创造思维具有内在的一致性，能够做好教育科研工作，也就意味着教师具备了促进高阶思维发展的能力。

（二）思政元素

1. 厚植爱国情怀，力担时代重任，为中华民族的伟大事业贡献力量

爱国主义是中华民族精神的核心，也是在我们心中扎根生长、在行动中释放能量的蓬勃力量。我们要像科研工作者一般，以"我将无我，不负人民"的真挚情怀，以"苟利国家生死以，岂因祸福避趋之"的担当积极投身于党和国家事业发展的洪流中，把爱国情、强国志、报国行融合起来，着眼当下砥砺前进，放眼未来扬帆远航，在新时代的征程中唱响奋斗旋律，奏出铿锵音节，推进民族复兴伟大事业不断向前。

2. 永葆攻坚克难、勇攀高峰、敢为人先的锐气和斗志

科学研究活动充满风险性、未知性和不确定性，广大科研工作者以无畏无惧、自强自信的精神凝聚起共同奋斗的力量，以"不破楼兰终不还"的决心攻坚克难，勇闯科技创新"无人区"。学生应从科研精神中汲取奋进力量，以历史方位标注砥砺奋斗的行动坐标，肩负起历史和新时代赋予的重任，在新的赶考之路上激发斗争意志，勇于斗争、善于斗争，凝心聚力、矢志不渝，凝聚起磅礴力量。

3. "行之以躬，不言而信"，发扬淡泊名利、潜心研究的奉献精神

广大科技工作者在科学技术的前沿倾情奉献，不辞艰辛、不计名利，把青春交付于科研事业，将以身许国的报国之志融入伟大事业。在新时代的奋斗征程中，积极鼓励学生发扬科研工作者身上无私奉献的精神，甘当"孺子牛"，不忘初心、牢记使命，自觉投身火热实践，以"无我"精神奋斗和坚守。

（三）课程思政教学目标

1. 知识目标

通过案例的学习，学生可以在教师指导下进行一些比较系统的专题活动，解决具体的研究难题，从而扩大学生视野，增长专业知识。

2. 能力目标

通过案例的学习，培养学生的团队协作精神和独立思考能力，发挥学生的主观能动性，把所学的理论知识应用到解决实际问题中，变书本知识为创新能力，培养他们的创新意识。

3. 情感目标

躬行实践是归宿。要鼓励大学生将个人理想与国家理想结合起来，将爱国情、强国志、报国行自觉融入坚持和发展中国特色社会主义事业、建设社会主义现代化强国、实现中华民族伟大复兴的奋斗之中。

（四）相关经验总结

作为教学的一个重要组成部分，实验课教学有其特殊的意义，是学生通过实际操作对所学理论知识的具体应用，在教学和科研中具有不可替代的作用。除实验安排常规内容之外，可以增加新的实验教学项目，尤其是与教师科研相关的内容，可以先让学生自行设计，具体实践，并将自己在科研过程中发现的问题及应对办法传授给学生。让学生采用主动参与而不是被动接受的实验形式，能够使学生充分发挥其科学思维的积极性，提高学生学习的主动性、参与性，又可提高学生对科研全过程的理解和掌握，改变以往实验只走简单操作过程的验证性实验形式，提高学生对具体问题进行深入探索的积极主动性，从而培养学生一定的科研思维能力。

后　记

"课程思政"是高校以习近平新时代中国特色社会主义思想为指导，以习近平总书记关于教育工作的重要论述为根本遵循，落实立德树人根本任务的重要举措，是构建德智体美劳全面培养的教育体系和高水平人才培养体系的有效切入，也是完善全员全程全方位"三全育人"的重要抓手。因此，加强"课程思政"建设，是坚持办学正确政治方向、培养社会主义建设者和接班人的必然要求。

本书立足于通过"思政元素挖掘—思政案例开发—思政案例教学"的方式将课程思政目标落实到课堂之中。我们依据课堂教学所使用的马克思主义理论研究和建设工程重点教材——《教育学原理》（项贤明主编，高等教育出版社）为基础，结合《教育学原理》的章节安排和教学内容，通过搜集相关教育学案例，挖掘其中蕴含的思政元素，开发和设计出教育学课程思政教学案例，并采用案例教学的方式将其融入课程教学当中。每一个章节都有相应的课程思政教学案例，共有56个案例。江西师范大学教育学院2020级教育经济与管理专业硕士研究生汪帅、叶淑慧、张艳秋、周丽、唐延昕、周培培、张一帆、刘凰梅、周莉琳以及20级教育领导与管理专业硕士研究生龙莹和刘梦婷参与了案例的编写工作，在此对她们的工作表示感谢。

本书是笔者所主持的江西省高校教学改革研究重点课题：师范生"教育学"课程思政教学案例库的建设与应用（项目批准号：JXJG-19-2-11）和江西省学位与研究生教育教改课题：全日制教育硕士"教育学"课程思政教学案例库的建设与应用（项目批准号：JXYJG-2020-060）的研究成果，同时也是江西师范大学本科规划教材的研究成果。本书在出版时获得江西省高校高水平学科建设经费的资助。

感谢江西师范大学教育学院院长衰指挥教授的大力支持，感谢教育学系主任曾水兵博士等同事的热心帮助，他们为本书的出版提供了很多的帮助。感谢为本书出版而付出辛劳的江西省人民出版社的各位编辑同志，感谢责任编辑邓丽红女士的认真校稿，她对本书的内容进行了全面审阅，提出了很多宝贵的意见和建议，为本书的出版付出了很多心血，在此深表谢意。

最后，希望本书能为广大读者带来帮助和启发，增长学识。因个人水平和能力所限，书中难免有不足之处，恳请读者朋友们给予谅解和指正。